スタンツェ

西洋文化における言葉とイメージ

ジョルジョ・アガンベン
岡田温司 訳

筑摩書房

スタンツェ　目次

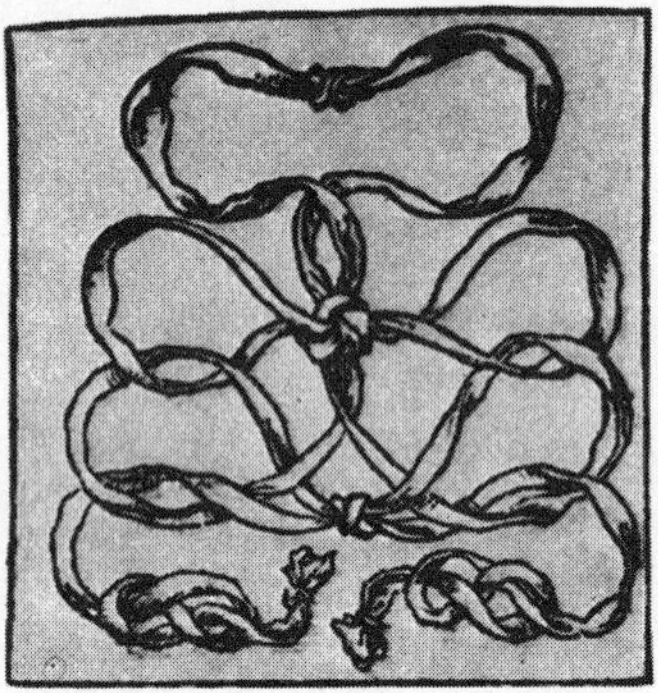

ホラポッロ（ホルス・アポッロ）
《愛》（罠は野獣としての愛を表わす）
『エジプト人の聖刻文字』（パリ、1574年）所収

STANZE
La palora e il fantasma nella cultura occidentale
by Giorgio AGAMBEN

スタンツェ　西洋文化における言葉とイメージ

そのために心得ておくべきことは、この用語がもっぱら詩法のために考案されたという事実である。というのは、カンツォーネのすべての技法を含みもつものを、スタンツァと称するからである。すなわちスタンツァは、あらゆる技法を収容するに足る小部屋もしくは容器を意味する。なぜなら、カンツォーネがあらゆる詩想のふところであるのと同じく、スタンツァは、すべての技法をそのふところに抱くからである。

ダンテ『俗語詩論』（岩倉具忠註、東海大学出版会）

プロローグ

小説では極端な場合、そこで語られるはずのストーリーが語られないまま終わるとしても許されるであろう。しかし、批評作品においては、いつも結論か、少なくとも証明されるべき命題ないしはいわゆる作業仮説なるものが期待されるのが常である。とはいえ、批評という言葉が西洋哲学の語彙に現われたとき、それはむしろ認識の限界、つまり想定することも把握することも不可能な事柄への問いかけを意味していた。たとえ批評とは、その限界を追跡するかぎりにおいて、「自然が不動の境界の中に閉じこめた孤島」のように「真実の領域」を垣間見させるものだとしても、なお「怒濤渦巻く茫々たる大洋」の魅惑へと人を駆り立てずにはおかないものなのである。それは、「あらがいがたい冒険へとたえず航海者を惹きつけるが、彼がどこにたどりつくかは決して知りえないのである」。「普遍的発展の詩学」というプロジェクトによって、詩と批評＝文献学との区別をとりはらおうとしたイェーナ一派にとって、批評と呼ぶに値する作品とは、それ自身、自己否定を内包している作品にほかならない。それゆえ、その本質的な内容は、作品それ自体の中には見いだされないものの内にこそ存在するのである。今世紀〔二〇世紀〕のヨーロッパは、この種の評論に決して恵まれていたというわけではない。厳密に言うならば、不在であるかぎりにおいてまさしく「完璧このうえない」作品、つまり「沈黙の人」フェリクス・フェネオンの作品を別にすれば、おそらくこの意味で批評の名に値するのは、ただひとつの書物だけであろう。すなわち、ヴァルター・ベンヤミンの『ドイツ悲劇の根源』がそれである。

　こうした思考の伝統の衰退のたしかな兆候は、今日、多かれ少なかれ自覚的にこの伝統に依拠しようとする人々の間にもしばしば認められる。彼らは、芸術がかなり前からいかなる創造性の要求をも放棄したのに乗じて、批評に「創造的《クレアティーヴォ》」な性格を奪還しようと要求するのである。しかしながら、たとえ古代アレキサンドリアの詩人で文献学者フィリタスにはじめて与えられた称号「詩人にしてかつ批評家」〔ποιητὴς ἅμα καὶ κριτικός〕が、今日では近代の芸術家に典型的な定義として有効になっているとしても、さらに、批評が現在まさしく芸術作品と同一視されているとしても、それは、批評もまた「創造的《クレアティーヴァ》」であるからということなのではなくて、むしろ批評のもつ否定性にこそ、その根拠が求められるのである。批評とは実際、反語的な自己否定のプロセスにほかならない。悪意はあるが予言的なヘーゲルの定義によれば、「自己滅却の無」、あるいはまさしく「自己破滅する神」である。「フリードリヒ・フォン・シュレーゲル氏」への、ゾルガーへの、ノヴァーリスへの、そして他のイロニーの理論家たちへのヘーゲルの反論によれば、彼らは「際限のない絶対的な否定性」にとらわれ、「表現されえないものが最上のもの」だと吹聴して、それほど芸術的ではないものを「芸術の真の原理」とみなす結果におちいってしまった。しかし、このように主張するヘーゲルは、本質的な事柄をとらえそこねている。つまり、イロニーの否定性とは、「止揚《アウフヘーブング》」という魔法の杖がいつも肯定に転じようとしている弁証法の暫定的な意味での否定性なのではなくて、代償のない絶対的な否定性にほかならないということである。が、だからといってこの否定性は、もちろん認識を拒絶するものではない。文献学と科学に裏打ちされた態度（それはとりわけインド＝ヨーロッパ言語学の本質的な推進力ともなった）が、まさしくシュレーゲル兄弟とともにロマン的イロニーから生まれたという事実は、人文科学の批判的な基盤という展望の中で、なお問い直されるべきであろう。人間の科学において、主体《ソッジェット》と客体《オッジェット》とが必然的に同一視されるとするならば、対象《オッジェット》なき科学という理念は、冗談まがいのパラドックスなのではなくて、おそらく現代において熟考されるべきもっとも真面目な課題なのである。斬るべきものなどもはや何もないのに、方法論の刃をひたすら磨いて、人は今ますます何を装おうとしているのだろうか。それは、理解されるべき対象《オッジェット》／客体が結局のところ認識の裏をかいたという自覚である。だが、それならすでに、特殊で固有の性格として批評が奪還済みのことである。批評のもっとも根源的な目的であるアマチュア的な啓発は、その対象／客体なるものをもたないのである。あらゆる正真正銘の「探求《ケット》」と同様、批評の「探求《ケット》」もまた、固有の対象／客体を見いだそうとすることにではなく、その接近不可能性の諸条件を確認しようとする点に存するのである。

一三世紀の詩人たちは、彼らの詩の本質的な核心を「スタンツァ」と、つまり「ゆったりとした住まい、隠れ家」と呼んでいた。というのもそれは、カンツォーネのあらゆる形式的要素とともに、「愛の悦び」[joi d'amor]を保管していたからである。そして詩人たちは、この「愛の悦び」を唯一の対象／客体としてその詩に委ねていた。だが、この対象／客体とはそもそも何なのか。いかなる楽しみのために詩は、あらゆる技芸の「子宮《グレンボ》」として、その「スタンツァ」をしつらえたのか。その「詩法《トロバール》」は、そんなにも堅固に何を閉じこめているのか。

こうした問いかけで問題となっている事柄に接近することは、われわれの文化の起源以来つくりだされてきた分離のために、忘却の中に封じこめられたままである。この分離は、ごく当然のこととして受け入れられ、いわば自明の理として認められている。しかし実際には、それはまさしく問い直されるに値するものなのである。この分離とは、詩と哲学の間、詩的な言葉と思惟の言葉の間におけるもので、かつてプラトンが「古い反目」と呼んだほど、われわれの文化的伝統の起源に根差したものである。プラトン的な詩の批評に暗示的に示され、近代に支配的となった考え方によれば、こうした言葉の分離は次のような意味において解釈される。つまり、詩はその対象を認識することなく所有するのに対して、哲学は対象を所有することなく認識するということである。こうして西洋の言葉は、自己を意識することのない、あたかも天から授かったかのような言葉と、十全なる自覚と確実さとに裏づけられた言葉とに分けられることになる。前者は、認識の対象を美しい形式の中に表象することによってこの対象を享受するのに対して、後者は、表象するすべを知らないがゆえにこの対象を享受することはないとされる。

　詩と哲学との間のこの分離が証言しているのは、認識の対象を完全には所有できないという西洋文化の不可能性である（認識の問題とは所有の問題であり、所有の問題とはすべて享受の、つまり言語の問題である）。われわれの文化において、認識は、美的＝霊感的な極と、合理的＝意識的な極との間で分離してしまった（アビ・ヴァールブルクが西洋人の「精神分裂症」と診断したアンチノミーにしたがえば）。そして、この両極のどちらか一方が他方に転換されるということは、決してありえないのである。両者がこの分離を甘んじて受け入れているかぎり、哲学は、あたかも真理を表象するという問題とはかかわりなく真理へといたる「王道《ヴィア・レギア》」を与えられているかのごとく、自らの言語を練りあげることを怠る。一方、詩は、方法にかかずらうことも、自らを意識することもない。こうして、次の事実が見落とされてしまうことになる。すなわち、詩の本来の目的はすべからく認識へと向けられるべきであるのと同様に、真に哲学するすべての行為は悦びへと向けられるという事実である。引き裂かれた言葉の統一の再発見こそが、われわれの文化にとって急を要する課題である。ここでその証人として呼びだされてくるのは、ヘルダーリンの名前（つまり、詩をなによりも問題提起としてとらえ、詩の手続きを計算され教えられるものとみなすことで、詩を古代人たちの「方法」［μηχανή］の地位にまで引きあげようと望んだ詩人の名前）であり、さらには、もはや「哲学」の用語でその固有の思索を指し示そうとは望まない思想家とヘルダーリンとの間に交わされる対話である。

批評は、分離がその頂点を極めた瞬間に生まれてくる。批評は西洋の言葉のこの分節点に位置し、そのこちら側とあちら側で、発話の統一的状態を志向している。外から見れば、こうした批評の状況は、次のような公式の中に表現されるであろう。すなわち、批評とは表象するのでも認識するのでもなく、表象を認識するということである。認識なき同化と享受なき認識とに対して、批評は、所有しえないものの享受と、享受しえないものの所有とを対比させる。ガルガンチュアの格言「自覚なき知識は、魂の破滅以外の何ものでもない」は、この意味に解釈される。批評の「スタンツァ」に幽閉されているのは、無である。だが、この無は、同化不可能性をもっとも高価な財産として保管しているのである。

続く本論において、私の認識のモデルとなるものは、メランコリーの絶望やフェティシストの「否認」［Verleugnung］におけるように、欲望がその対象を否定すると同時に肯定もするという働きに求められる。この働きによって、それ以外の仕方では表現もされず、同化もされず、享受もされえないであろう何ものかとの関係を保つことができるのである。商品によってもたらされた人間の諸対象の変貌を検討したり、寓意表象的形式やスフィンクスの「譬え話」［αἶνος］の分析を通じて意味作用の原型——それは、記号に関する西洋の考察をおしなべて支配しているシニフィアンとシニフィエという根源的な状態を逃れている——を再発見したりできるようになるのは、まさしくこのモデルによって開拓された領域のおかげである。さらに、このような視野に立ってはじめて、ファンタスマの理論の再構築という、この研究の中核をなす試みも、その本来の意味を獲得するのである。こうしたファンタスマの理論は、トルバドゥールと清新体派の抒情詩が西洋文化に遺産として残した詩の構想にはりめぐらされているものである。また、ファンタスマと欲望と言葉の間の緻密なテクスト的「交錯」［entrebescamen］を通じて、詩は、愛の経験の「終わりのない悦び」［gioi che mai non fina］に供される「スタンツァ」と自らが化しつつ、その固有の権威を獲得するのである。

それゆえこの本に集められた論文のそれぞれは、その解釈学的な循環において、「スタンツァ」のもつ「悦び」［gaudium］のトポロジーを構成している。この「スタンツァ」を横切って人間の精神は、決して同化しえないものを同化しようとする不可能な課題に挑んでいるのである。迷宮のダンスの隘路は、人間の文化の象徴的な空間のモデルであり、その「王道」［ὁδός βασιλήίη］のモデルである。それは、遠く隔てられているものの核心へと通じているが、ただその途中で「迂回《デトゥール》」することだけが許されているのである。この観点に立つなら、「死んだものを頑なに固持しようとするのはもっとも力のいることだ」ということをよく認識し、「否定を存在へと変える魔術的な力」を不当に振り回そうとはしないディスクールは、その対象を同化できないということを、必然的に認めなければならないのである。というのも、このディスクールは、対象に対して、享受の行為の中でその対象をあっさりと打ち消してしまう主人として振る舞うのでもなければ、その対象を練りあげたり変容させたりして自分の欲望を繰りのべにする奴隷として振る舞うのでもないからである。享受すると同時に繰りのべにし、否定すると同時に肯定し、引き受けると同時に拒絶する「洗練された愛」［fin'amors］の働き、それがこのディスクールの働きである。その唯一の現実とは、「微風《ラウラ》を積みあげ、牡牛で野兎を狩り、潮に逆らって泳ぐ」［qu'amas(a) l'aura/e chatz(a) la lebre ab lo bou/e nad(a) contra suberna］という言葉のもつ非現実性である。

「非現実なもののトポロジー」についてここで語ることができるとすれば、それはこうした観点においてである。「トポス」とは、アリストテレスによれば「把握するのがむずかしい」——が、その力は「何にもまして驚くべきもの」であり、プラトンの『ティマイオス』

によれば、存在の「第三番目の類型」とみなされている。おそらくこの場合、それは必ずしも「現実的」とは限らない何ものかなのである。アリストテレスが『自然学』の第四書で提出した問い、「どこにトラゲラポス（山羊鹿）はいるのか、どこにスフィンクスはいるのか」は、この意味において真摯に受けとめられなければならない。たしかにどこにもいはしない。しかし、おそらくそれら自体が「トポス」なのだ。われわれは、「場」を空間的な何ものかではなく、空間よりももっと原初的な何ものかとして考えることに慣れる必要があるだろう。プラトンの助言にしたがうならば、「場」とは純然たる差異とみなされようが、まさしく「存在しないものはある意味で存在するかもしれないし、存在するものは逆にある意味で存在しないかもしれない」という言葉のもつ力がそこには働いているのである。「大きさの分析《アナリシス・マグニトウディニス》」に対して「位置関係の分析《アナリシス・シトウス》」として定義される数学のトポロジーと同様に、哲学のトポロジーこそが、「場のない場《トポス・アウトポス》」と呼ぶに値するであろう。そしてそのボロメオの結び目を、私はここで描きだそうと試みたのである。トポロジー的な探索はこうして常に、ユートピアの光の中で導かれることになる。私の批評の意図のために、私の探求は空《くう》へと追いやられることになるかもしれない。が、この空《くう》の中に探求のテーマを据えようと私が確信しているとすれば、それはまさしく、非現実的なものや同化できないものと交流できるようになってはじめて、現実的なものや肯定的なものを自分のものにできるようになるからである。続く本論は、ムージルが未完の小説に託し、最近もまたある詩人が次のような信条の中に表明した計画の跡に沿おうとする、不十分だが最初の試みとして提示されるであろう。いわく、「もっとも大きい非現実をつかむ者が、もっとも大きな現実を打ち立てるであろう」。

マルティン・ハイデガーの思い出に

第一章　エロスの表象像《ファンタスミ》

さて、喪失がいかに残酷なものであっても、それは決して所有に対立するものではない。むしろ、所有を完成させ、お望みなら、所有を肯定するとも言えるものである。要するに喪失とは、第二の獲得——この場合まったく内的なものだが——にほかならず、同じように強烈なものなのである。

リルケ

多くの人が、いちばん愉快なことを愉快に語ろうと努めるが、それは虚しい。ついには、それは哀惜の中で表現されることになる。

ヘルダーリン

第一節　白昼のダイモン

中世全般を通じて、世俗の町の城や別荘や邸館を荒らしまくったペスト以上に容赦のない鞭が、精神的生活者の住まいにおよび、修道院の僧室や回廊、人里離れた隠修士たちの里、そして厳律シトー派の修道院の中にも侵入した。「怠惰」[acedia]、「陰鬱」[tristitia]、「生の倦怠」[taedium vitae]、「無為」[desidia] とは、教会の教父たちによって、その鞭が修道士たちの魂にもたらす死に与えられた名前である。「美徳・悪徳大全」の一覧表、写本のミニアチュール、あるいは七つの大罪の民衆的な表象において、★1 その悲嘆にくれた姿は五番目に現われるとはいえ、解釈学の古い伝統では、この怠惰はもっとも致命的な悪徳で、いかなる赦しも与えられない唯一のものであった。

ろう。

教父たちは、特別の情熱で、この「白昼のダイモン」[★2]の危険に対して攻撃を浴びせかけた。というのもこのダイモンは、聖職者をその犠牲者に選び、白昼堂々と彼らに襲いかかるからである。教父たちの著作において、他のいかなる霊魂の誘惑に対しても、これほどまでに冷徹な心理的洞察と、人をぞっとさせるほど顕著な現象学の例を示すものはないだろう。

怠惰な者の視線は、とり憑かれたかのように窓に釘づけになっている。空想の中で彼は、何者かが彼を訪ねにきたのだと想像する。扉のきしむ音。近づいてくる足音。声を聞いて、たしかめようと窓のところに駆け寄ってみる。が、道に下りていこうとはしない。もといたところに戻って、うろたえたように物憂げに腰をおろす。本を読んでいるときも、落ち着かずに中断するかと思うと、すぐに眠りに落ちてしまう。顔を手でこすり、指を広げ、本から目を離して、壁をじっと見つめる。今し方まで読んでいた本の最後の言葉をぶつぶつ呟きながら。その間も、頭の中は無益な計算でいっぱいで、本のページや四折り冊子の数を数えたりしている。目の前にある文字や美しいミニアチュールが、彼には憎らしく思われてくる。ついには本を閉じて、枕にしてしまう。そうして浅くて短い眠りに落ちていくのである。その眠りから彼を醒ますのは、充たされるべき空腹か欠乏の感覚である[★3]［図1］。

上・図1——ピーテル・ブリューゲル《怠惰》ウィーン　アルベルティーナ美術館
下・図2——ジョット・ディ・ボンドーネ《絶望》1306年　パドヴァ　スクロヴェーニ礼拝堂

不幸にもこのダイモンが人の心にとり憑きはじめると、彼のいる場所は恐怖の坩堝と化す。自分の僧室に嫌気がさし、仲間の修道士たちを嫌悪するようになる。彼らのことが、ぞんざいで粗野に見えるのだ。僧室の中で行なわれるあらゆることに対して、無気力になる。安らかに過ごすことも、読書に参加することもできなくなるのである。こうして哀れにもこの修道士は、修道院の生活からなんの楽しみも得られないなどと不平を漏らすようになる。そこにとどまるかぎり、彼の信仰はなんの実りももたらさないだろうと嘆き、苦悶するのである。呻くような声で何か修行に勤めようと宣言はするが、それもむだで、放心したかのようにいつも同じ場所にじっとして、悲嘆にくれているのである。おそらくは仲間の役に立ち、仲間を導くこともできたであろうに、いまや何かを決定することも、誰かの役に立つこともできない。人里離れた静かな修道院を大げさなまでに褒めそやし、健やかで幸せに送れる場所に思いを馳せる。仲間たちが心地よく生活し、霊的な対話が行なわれている僧院のことを物語る。しかしながら、それとはまったく反対に、身近にあるものはすべて、苛酷で困難に思われるのである。仲間の修道士たちも、彼には能力のない者に見えてくる。食事ですら、やっとの思いですませる。こうしてついには、その僧室を出ないかぎりよくはならないだろう、そこにとどまっていると死を待つだけだと確信するにいたる。夕方の五時か六時頃になると、まるで長旅か重労働で疲れ果てたかのように、体は憔悴しきり、二、三日断食でもしたかのように、猛烈な空腹に襲われる。すると、あちらこちらを見回しはじめ、何度も僧室を出たり入ったりする。あたかも日没を遅らせることができるかのように、太陽にじっと目を凝らす。そして最後には、大地を包む霧のように、その心は錯乱し、無気力な虚脱感に襲われるのである。★4

寓意化を好む教会の教父たちの精神的傾向は、「怠惰の娘たち」★5［filiae acediae］という地獄のお供を喚びだすことによって、怠惰という心理の幻惑的な星座を巧みに描いてみせたのである。この星座は、なによりもまず「悪意」［malitia］と「怨恨」［rancor］を生じさせる。前者は、善なるものに対する憎しみと愛という抑えがたい両義的感情であり、後者は、善を奨励する人々に対する邪悪な意識の燃えあがりである。さらに、次のような四人の「娘たち」が生まれる。「臆病」［pusillanimitas］あるいは戸惑い、つまり精神的な生活の負担や困難さを前に狼狽して身を引いてしまうこと。「絶望」［desperatio］、あらかじめ罪が宣告されているというぼんやりとした、しかし僭越な確信［図2］。それはまた、自らの破滅へと喜んで堕ちていこうとするため、なにものも、たとえ神の恩寵をもってしても、これを救うことはできない。「無感覚」［torpor］、回復に向かっているかもしれないあらゆる行為を麻痺させる、退屈で鈍い放心状態。そして最後に「散漫」［evagatio mentis］、魂が自分の前から逃げだし、空想から空想へと落ち着きもなく彷徨いめぐる状態。[★6] それはさらに「駄弁」[verbositas] において明らかとなる。また言い換えるなら、「詮索癖」[curiositas] の中でまさしく自己増殖する長話であり、見るために見るという癒やすことのできない渇きである。それは、たえず新しい可能性を求めること、つまり「気紛れな主題ないし話題」[instabilitas loci vel propositi] へと拡散し、さらには「無思慮」[importunitas mentis]、換言すれば、自分の思考に秩序や抑制を与えることのできない横柄な無能さへと拡散していく。

近代の心理学は、「怠惰《アケディア》」という用語から、そのもともとの意味をすっかりとりのぞいてしまい、労働の資本主義的な倫理に反する罪とみなしてしまった。それゆえ、白昼のダイモンとその「娘たち《フィリアエ》」という中世の華やかな擬人化の中で、かつて怠惰のイメージに結びつけられていた怠慢と無気力との罪のない混合を思い描くことは、いまや困難になっているのである。[★7] しかしながら、ある現象の曲解や矮小化は、この現象がわれわれとは縁遠い過去の出来事であるということを意味するどころか、実は逆に、われわれに親しいということの証である。よくあることだが、われわれは、われわれにとって堪えがたいものを偽装したり抑圧したりする。それゆえ、匿名的で本来的でない「ひと《ダス・マン》」や日常の平凡さについての有名な分析において、ハイデガーが利用したのと同じカテゴリーがすでに教父たちの喚びだした「怠惰の娘たち」の中に存在しているということに気づく者は、ほとんどいないほどなのである [『存在と時間』、第一部、第五章]。ハイデガーのこの分析は、いわゆる大衆社会におけるわれわれの実存の社会学的な特徴づけ（実のところは、いつも的を射ていたとは言えないが）に、さまざまな糸口を与えてきたものである。にもかかわらず、ハイデガーと教父たちとの一致は用語にまで及んでいるのである。「散漫」は、現存在の本来的な可能性からの逃走、逸脱となる。「駄弁」は、ハイデガーの「空談」である。それは、暴かれるべきものの正体をいつでもどこでも包み隠し、現存在を曖昧なものにしている。「詮索癖」は「好奇心」である。それは、「より新しいものへと新たに跳び移るためにだけ、新しいものを追求している」。だから、与えられているものに真に打ちこむことはできないのである。このように「滞留しないこと」（教父たちの言う「気紛れ」）という特性のために、好奇心はいつも気晴らしの可能性に配慮している［図3］。

中世において、怠惰の類型学の中で打ちたてられた心理学的な知恵を復活させることは、それゆえ、あえてそれをアカデミックな演習以上のものにしようとすることなのである。白昼のダイモンの恐ろしい仮面は、近くからじっと眺められるなら、予想していたよりもずっとわれわれに親しい特色を明らかにすることであろう。

教会博士たちが怠惰の本質に与えた解釈を検討してみるなら、それが怠慢のしるしのもとに置かれているのではなく、苦悩と絶望のしるしのもとに置かれていることがわかるだろう。教父たちの観察を厳密かつ網羅的に集めて『神学大全』に統合した聖トマスによれば、怠惰とはまさしく「陰鬱の形象」［species tristitiae］であり、より正確に言えば、人間に本質的な精神的善にかかわる苦悩、つまり神から授けられた特殊な精神の尊厳にかかわる苦悩なのである。怠惰な者を苦しめるのはそれゆえ、悪の意識ではなくて逆に、善の中でももっとも偉大なものへの配慮である。怠惰とはまさしく、神の前で人間が立ち止まるという義務に直面して、目を眩ませて怯えながら「後退りすること」[recessus]である。[★8]どうやっても避けられないものを前にして、恐怖のあまり逃走するという意味では、怠惰は死にいたる災いである。いや、それはまさに死にいたる病と呼ぶべきものである。その転倒したイメージを、キルケゴールは、怠惰の娘たちのうちでもっとも恐るべき娘の記述の中に定着させている。「絶望であることを知っている絶望。したがってここでは、ひとは自己を(ある永遠的なものを)もっていることを意識しているが、その場合、絶望して自己自身であろうと欲しないか、絶望して自己自身であろうと欲するか、そのいずれかである」[『死にいたる病』、松浪信三郎訳、キルケゴール著作集11、白水社、一九六二年]。

このような「神聖なる善からの後退り」[recessus a bono divino]の感覚、つまり精神の豊かな可能性を前にした人間のこうした逃走の感覚は、そこに根本的な両義性を内包している。心理に関する中世の学問がもたらした成果のもっとも驚くべきものが、この両義性の究明である。怠惰な者が神聖なる目的から身を引くということ、それは実際、彼がこの神聖なる目的を忘れていられるとか、望まないでいられるとかいうことを意味するのではない。神学的な用語を使うなら、彼に欠けているのは救済ではなく、救済へと導かれる

上・図3——ギュスターヴ・モロー《キマイラ》1884年　パリ　モロー美術館
下・図4——ヨアンネス・クリマクス《楽園の梯子》14世紀　ウィーン　国立図書館

「道《ヴィア》」である。心理学の用語を使うなら、怠惰な者の後退りとは、欲望の喪失を暴露しているのではなく、達成できないにもかかわらず、むしろその欲望の対象になろうとしているということなのである。対象を欲する意志の倒錯こそが、彼のものである。が、対象へと導く道は、彼のもとにはない。自己の欲望への道を、彼は欲すると同時に遮断しているのである。

　聖トマスは、絶望とその固有の欲望との両義的な関係を完全に理解していた。彼は言う。「われわれが切望しないものは、われわれの希望の対象でも、われわれの絶望の対象でもありえない」と。『神学大全』において怠惰が、「憂慮」[sollicitudo] つまり願望や気遣いにではなく、「悦び」[gaudium] つまり神のもとでの魂の満足に対比されているとすれば、それは、怠惰の両義的でエロティックな星座によるのである。[★9]

　それ自身が到達されえないものとして与えられている対象を前にして、欲望がこのように持続し高ぶるという状態をよく表現しているのは、怠惰に関するヤコポーネ・ダ・ベンヴェヌートの素朴で民衆的な特徴づけである。「怠惰はなんでも欲しがるが、努力しようとはしない」。パスカシウス・ラドベルトゥスもまた、中世の思想家たちがそのもっとも[★10]大胆な思弁的直観を傾けていた空想的な語源学のひとつの中で、その状態をほのめかしている。「絶望《デスペラティオ》」がこう呼ばれるのは、それが、キリストという道を歩く足《ペス》を欠いて《デシット》いるからである」。到達しえないがゆえにますます強迫観念となり、まさに塞がれているがゆえに暗示されるゴールのスキャンダラスな瞑想にとり憑かれて、怠惰な者は、カフカがそのアフォリズムに言うような、二律背反的な状況に直面する。「一つの目標があるのに、そこにいたる道はない」〔『罪、苦悩、希望、真実の道についての考察』、飛鷹節訳、カフカ全集3、新潮社〕。また彼には、この状況から逃れる手立てもない。というのも、到達することのできないものから逃れるということはありえないからである。

　欲望とその達成しえない対象との間で引き裂かれた深淵の中に絶望的に落ちこんでしまうこと、中世のイコノグラフィーが怠惰のタイプに打ちだしたのは、この状態である。それは、悲嘆にくれて視線を地に落とし、頭を垂れてそれを手で支えている女性の姿として、あるいはまた悪魔が差しだす枕に自らの失意を委ねている市民ないし聖職者として表象されている。[★11] 記憶術的な意図のもとで、中世がここで瞑想者の教育のために提供していたものは、怠け者の「罪深い眠り《ソンノ・コルペーヴォレ》」の自然主義的な表現ではなくて、頭と視線をたれるという典型的な身振りであり、それは、出口なしの状況に直面した霊魂の絶望的な麻痺状態の寓意となるものである。しかしながら、まさしくこうした根本的な矛盾のために、怠惰が陰極性にのみ属するという事態は回避される。精神的生のカテゴリーに固有なのは、弁証法的な転倒の可能性である。このことに直観的に気づいていた教父たちは、「死にいたる陰鬱」〔tristitia mortifera〕（あるいは悪魔のような〔diabolica〕陰鬱、神を汚す陰鬱〔tristitia saecula〕）に対して、「癒やしをもたらす陰鬱」〔tristitia salutifera〕（役に立つ〔utilis〕陰鬱、神に従う［secundum deum］陰鬱）を置いた。それとはつまり、救済の働きであり、「霊魂の貴重なる刺激」であり、そうであるかぎりで、「悪徳ではなく、美徳としてみなされるべきものである」[★12]。ヨアンネス・クリマクスの『楽園の梯子』に見られる法悦の上昇において、七番目の段階は、「悦びを引きだす哀悼」によって占められている。それはまた、「激しい渇望の対象をたえず創りださないではいられない心の悩みであり、霊魂の苦悩」として定義されている。そして、「その対象に欠けるかぎり、霊魂は切にそれを追い求め、嘆き叫びながらそれに追いつこうとするが、それは霊魂から逃れてしまう」とされる［図4］。

　怠惰のもつ両義的な陰極性はこうして、喪失を所有へと転換しうる可能性を秘めた弁証法的な原動力となるのである。その欲望が到達しえないものの中につなぎとめられている以上、怠惰とは、ただ単に「〜からの逃走」ではなくて、「〜への逃走」でもあるのだ。それは、否定と欠如という在り方において、対象と交流するのである。時と場合に応じて別様に解釈できる紛らわしい像のように、怠惰のあらゆる特徴は、その空隙の中で、それから遠ざけられているものの豊かさを示す。怠惰がその逃走において遂行するあらゆる身振りは、逃走と対象とを結びつけている絆が継続することを証言しているのである。

　怠惰の曲折した指向のゆえに、到達しえないものにもその登場の場が与えられるという意味で、怠惰な者は、かの晦渋なる知恵の証言者となっている。それによれば、もはや希望をもたない者にだけ希望は与えられるのであり、どうやっても目的に到達できない者にだけ目的はあてがわれているのである。「白昼のダイモン」の性格はかくして、弁証法的なものとなるのである。自らのうちに治癒の可能性を秘めている死にいたる病と同じように、「白昼のダイモン」の性格についても次のように言うことができるであろう。「最大の不幸とは、まだそれを一度も経験していないことである」と。

第二節　メランコリアI

サレルノの『養生集《レギメン・サニターティス》』の次の箴言は、人間の身体の四つの体液について短い言葉で要約している。

人間の身体には四つの体液がある。

血液、胆汁、粘液、黒胆汁。

土－黒胆汁、水－粘液、空気－血液、火－胆汁。

ここで「メランコリア」[★1]あるいは「黒胆汁《メライナ・コレ》」〔μέλαινα χόλη〕は、その混乱によってもっとも不吉な結果が生じるものとみなされている。中世の体液のコスモロジーにおいて、黒胆汁は伝統的に土、秋（ないしは冬）、乾いた成分、黒い色、老年（ないしは熟年）に結びつけられ、その惑星は土星、つまりサトゥルヌスであった。その息子たちの中で、メランコリー気質者は、首吊り人、跛者、百姓、博奕打ち、修道僧、豚飼いたちの傍らに身を置いている。「大量の黒胆汁」〔abundantia melancholiae〕による生理学的な症候群には、皮膚や血や尿の黒ずみ、手首の硬直、腹部の痛み、鼓腸、酸っぱいおくび、左耳の耳鳴り[★2]、便秘または過便、陰気な夢があり、病気には、ヒステリー、痴呆、癲癇、レプラ、痔、皮癬、自殺癖がある。したがって、黒胆汁が身体に増えることからくる気質も、不吉な光のもとで示される。メランコリー気質とは、「最悪の性質」〔pexime complexionatus〕、陰気、嫉妬深さ、邪悪、貪欲、詐欺、臆病、肉欲である。

しかしながら、このもっとも惨めな気質には、古くから伝統的に、詩や哲学や諸技芸の実践もまた結びつけられてきた。アリストテレスのもっとも奇抜な『問題集』のひとつは、次のように問いかけている。「哲学であれ、政治であれ、詩であれ、あるいはまた技術であれ、とにかくこれらの領域において並外れたところを示した人間はすべて、明らかに憂鬱症であり、しかもそのうちのある者にいたっては、黒胆汁が原因の病気にとりつかれるほどのひどさであるが、これはなぜであろうか」。この問いに対するアリストテレスの解答は、天才についての教義とメランコリー気質の教義とが、魅惑的な象徴の中で分かちがたく結びつく弁証法的なプロセスの出発点になっている。そしてその寓意を、有翼の天使で両義的に表現したのが、デューラーの《メランコリアⅠ》というわけである。

黒胆汁が多量で冷たい人は、無気力で鈍重であり、あまりに多すぎて、しかも熱い場合には、その人は狂気じみたり、お人好しになったり、惚れやすくなったり、激情や欲望に左右されやすくなったりする……。だが、中には、黒胆汁の熱が思考の座の近くにきているために、狂気とか狂乱の病気に冒される者も数多くある。シビュラやバッカス教徒たち、神憑きになっている者のすべても、実にこの原因から生ずるのである。もっとも、彼らがそのようになるのは、病気によってではなく、生まれつきの気質によるのだが。また、シラクサのマラコスは、忘我の状態にある時には並外れた詩人でもあった。極度の高熱がほどほどの温度にまで戻る場合には、その者は憂鬱症的ではあるが、思考はよりよく働き、奇矯なところが少なくなる一方、多くの点で他の人間に卓越するので

ある——或る者は教養という点で、或る者は技術の面で、また或る者は市民生活の上で。[★3]

さて、黒胆汁のこのような分極化は、ロレンツォ豪華王の時代のフィレンツェで、マルシリオ・フィチーノのまわりに集まっていた神秘主義的なセクトと前衛的なサロンとの奇妙な合体によって、プラトン的な「神聖なる狂気《マニア・ディヴィーナ》」と結びつけられ、とりわけ熱烈に宣伝された。メランコリー気質を自認し、「水瓶座に昇る土星」のホロスコープを示していたフィチーノの思想において、メランコリーの復権は、土星の影響の名誉回復と軌を一にしていた。[★4] 土星は、伝統的に占星術において、惑星の中でももっとも不吉なものとして、メランコリー気質に結びつけられてきたが、フィチーノは、破滅的で不透明な経験と、神的な瞑想へのエクスタシー的な上昇という二つの極端が、お互いに共存しうることを直観したのである。この観点に立つなら、土という元素の影響と土星という星の影響とが合体するとき、内的な観想や瞑想的な知への傾向がメランコリー気質者に与えられることになる[図5]。

メランコリー気質の性格は、土の特性に従う。土は、他の元素のように決して分散しないばかりか、それ自身の中にいっそう固く凝縮される。……それはまた、水星と土星の性格でもある。この性格のおかげで、精気たちは中心に集められ、霊魂の先端は、それに関係のないところから本来あるところへと呼び戻される。そして、その霊魂の先端を瞑想の中に釘づけにし、事物の中心へと浸透させるのである。[★5]

こうして、中世の寓意的表現において、死の大鎌を振りまわす跛者として表象された人食いの去勢神サトゥルヌスは、いまや、両義的な支配の記号となるのである。その支配のもとでは、もっとも高貴な種類の人間、つまり至高の神秘の探求に向かう「瞑想的宗教家」が、土星の惨めな息子たちの「粗野で下品な」一団の傍らにその居場所を見いだしている。

図5——ルーベンス《メランコリー気質者としてのヘラクレイトス》マドリード　プラド美術館

白昼のダイモンの道徳的な教義が、いつ修道院の回廊から抜けでて、黒胆汁気質の古い医学の症候群と合体したかを特定するのは、容易なことではない。このプロセスは、怠惰の図像的タイプとメランコリーのそれとが、中世末期に、月暦の挿絵や民衆的な暦書の中で合流するよりもずっと以前から始まっていたにちがいない。パノフスキーとザクスルが、デューラーの《メランコリアI》の系譜を再構成しようと試みたとき、「白昼のダイモン」に関する教父たちの文献にほとんど注意を払わなかったとすれば、それはおそらく、彼らがひたすら怠惰を曲解して、怠慢の「罪深い眠り」という後世の扮装と同一視してしまったためであろう。中世において怠惰はもっぱら否定的な評価しか与えられなかったという誤った見解（伝統的にこの問題に関心を示したすべての研究者によってくりかえされてきた）[★6]は、まさしくこの曲解に基づくのである。それとは反対に、われわれは次のように推測することができるであろう。教父たちによる「陰鬱＝怠惰」の両極性の発見こそがまさしく、ルネサンスにおける黒胆汁気質の再評価にその土壌を提供したのだ、と。こうした見地に立つなら、修道僧への誘惑としての白昼のダイモンと、瞑想的なタイプの人間に特有の病としての黒い体液とは、お互いに同化されうるものとみなされるのである。さらに、徐々に寓意化のプロセスをたどるメランコリーは、いわば修道院の陰鬱の世俗的な遺産として提示されるのである。[★7]

サン＝ヴィクトルのフーゴーの『霊魂の治療』において、体液理論の寓意的な変貌のプロセスは完結するように思われる。ビンゲンのヒルデガルトにおいてはまだ、メランコリーの否定的な極は、原罪のしるしとして解釈されているが、フーゴーでは逆に、黒い体液は「有益なる陰鬱」[tristitia utilis]と同一視されているのである。この見方によれば、体液の病理は、救済のメカニズムの身体的な媒介となるのである。

人間の魂は、四つの体液を利用している。血液のような甘美さ、赤い胆汁のような苦さ、黒い胆汁のような陰鬱さ……という具合に。黒胆汁は、冷たくて乾いている。が、こうした冷たさや乾燥は、あるときは良い意味に、またあるときは悪い意味に解釈することができる……。それは、人を眠くさせることもあれば、逆に目を冴えさせることもある。つまり、苦悩に打ちひしがれたり、天上への願望に強くとらわれたりするのである……。慈愛の甘美さは、血液によって得られるが、黒胆汁、あるいはメランコリーによって得られるのは、罪への苦悶である。★8

人間のもっとも気高い意志は本来的に死の危険を孕んでいる、あるいは、ぎりぎりの危機の中には救済の可能性が隠されているという考え方。このような考え方の中にある二重の極は、怠惰とメランコリーとが相互に浸透しあうという関係によって保たれてきたのである。それゆえ、サレルノ医学派の筆頭、コンスタンティヌス・アフリカヌスの著作において、聖職者たちが「至高の善を見ようと熱望すること」がメランコリーの主な原因に数えられているのも、いまや理解できることである。また、オーヴェルニュのギヨームのような神学者は、その当時すでに、「信仰深く敬虔な多くの者が、メランコリーの病を切に求めている」とすら宣言しているのである。★9 サトゥルヌス的な気質のもつ瞑想という貪欲な使命、そこにおいて、怠惰者の倒錯したエロスは生き返る。そして、このエロスは、近づきえないものの中に、その欲望を向け続けるのである。

第三節　メランコリックなエロス

メランコリー気質を詩、哲学、芸術に結びつける伝統はまた、エロスへの激しい傾倒をこの気質に帰する。アリストテレスは実際、メランコリー気質者たちの天才的な素質について断言したあとで、彼らの本質的な特徴の中に、肉欲をあげている。

[黒胆汁の気質は、気息の性質に基づく。]……憂鬱症の人の殆どが色情的であるのも、このような理由によるのである。なぜなら、性欲は気息に起因するものだからである。その証拠となるのが陰茎であって、それは気息で膨らむために、小さなものから急に大きなものに増大するのである。

（『問題集』九五三b、戸塚七郎訳、アリストテレス全集11、岩波書店、一九六八年）

エロティックな放埒はこのときからすでに、黒い体液の伝統的な属性のひとつとして、その姿を現わしているのである。[★1] これと同様に、怠惰な者は、悪徳に関する中世の著作の中で「快楽を好む者」[φιλήδονος]として表わされ、アルクィンもまた、「肉欲で麻痺させられている」者として語っている。一方、ビンゲンのヒルデガルトは、体液理論をきわめて道徳的に解釈しており、メランコリー気質者の異常なエロスは、獰猛でサディスティックな混乱の様相すら呈している。

[メランコリー気質者たちは]太い骨をもっているが、その中にはわずかの髄しかない。とはいえこの髄は、非常に激しく燃えあがるので、彼らは、毒蛇のように女たちに対して

抑制がきかなくなり、……驢馬のように度を超えた性欲のために、女たちに対して節度がなくなってしまう。それゆえ、こうした淫蕩を止めてしまうと、たちまち狂ってしまうほどである。……彼らの抱擁は、獰猛な狼のように憎悪に満ち、陰険で、危険極まりないものである。彼らは女たちと交わるが、女たちを憎んでいる。★2

愛とメランコリーの結びつきは、しかし、すでに古くから医学の伝統の中にその基礎をもっていた。この伝統は一貫して、愛とメランコリーを、同じとは言わないまでも類似した病と考えてきたのである。すでにアラブの医者アリ・アッバースの『旅の糧』[*Viaticum*]（コンスタンティヌス・アフリカヌスの翻訳によって、中世ヨーロッパの医学に深い影響を与えた）の中で十分に練りあげられていたこの伝統によれば、「アモル・ヘレオス」[amor hereos] ないしは「アモル・ヘロイクス」[amor heroycus] という名前で現われる愛と、メランコリーとは、隣りあう見出しで心の病として分類されている。★3 また時には、ボーヴェのウィンケンティウスの『学識の鏡』[*Speculum doctrinale*] のように、「陰険で犬のようなメランコリーと、エレオスと呼ばれる愛について」という同じ見出しのもとに登場するほどである。フィチーノの『愛について』の中で表明されているのも、こうしたエロティックな病理学とメランコリックな病理学との実質的な近接性である。そこでは、愛するというプロセスそのものが、体液の釣りあいを乱し覆すメカニズムとみなされる一方で、メランコリー気質者の激しい瞑想への性向は、彼を愛の情熱へと駆り立てずにはおかないとされる。気質の中でももっとも忌まわしいサトゥルヌス的な暗い特徴をエロスが引き受けるという象徴的な結合は、そこから由来し、愛に落ちたメランコリー者の民衆的なイメージの中で、何世紀も頑固に生き続ける。そうして、その痩せこけたいかがわしいカリカチュアは、早々と一七世紀のメランコリーに関する著作の表紙に、黒い体液の寓意に混じって登場することになるのである。

霊魂にたえずつきまとう意志がどこに向かおうとも、霊魂の道具であり手段である精気がそこに流れこんでくる。精気は、血液のもっとも希薄な部分によって、心臓でつくられる。愛する者の霊魂は、想像の中に刻みこまれた愛人のイメージや、愛人その人に引きずられる。精気もそこに引き寄せられ、とり憑かれたように飛び回って疲れ果ててしまう。それゆえ、憔悴した精気を蘇らせるためには、澄んだ血液がいつも新たに供給される必要がある。そこでは、繊細で透明な血液の微粒子が日々発散して、精気を生き返らせるのである。こうして、純粋で澄んだ血液が使い果たされると、不純で、しばしば黒く乾いた血液だけが残されることになる。これは、身体を乾燥させ腐敗させるとともに、愛する者たちを憂鬱にしてしまう。憂鬱質あるいは黒胆汁をつくりだすのは、実際、乾いた黒い血液であり、それが、その蒸気とともに頭にあふれると、脳を枯渇させ、昼となく夜となく、陰気で恐ろしい妄想によって霊魂を圧迫してしまう。……古代の医者たちが、愛とはメランコリーの病に近い情念であると主張したとすれば、それは、こうした現象を観察していたからである。医師ラシスの処方によれば、それを治療するには、性交、絶食、泥酔、歩行が有効である[★4]……。

同じ節でフィチーノは、メランコリックなエロスに固有の特徴を、転位と過剰の中に求めている。つまり彼によれば、「メランコリックなエロスは、愛をむさぼったために、瞑想の対象としてあるものを抱擁の欲望に変えてしまおうとする者によく起こる」というのである。メランコリックな混乱を駆り立てるエロティックな性向は、ここにおいて、本来はただ瞑想の対象としてのみ存在するものに触れたい、そしてそれを所有したいという性向として示されている。こうして、サトゥルヌス的気質の生気を逸した悲劇は、捕まえられないものを抱き締めようとする身振りにひそむ内奥の矛盾に、その根をもつことになるのである。パノフスキーがデューラーの版画と関連づけたガンのヘンリクスの文章は、この意味において解釈されなければならない。それによれば、メランコリー気質者たちは、「形のないものを思い描くことはできない」。なぜなら彼らは、「空間と尺度の彼方にまで知性を広げる」ことはできないからである。ここで問題になっているのは単に、よく言われるようなメランコリー気質者の心の構造の限界でもなければ、その限界のために彼らが形而上学的な領域から排除されているということでもない。そうではなくて、限界はむしろ、弁証法的な性格のものである。つまり、この弁証法的な限界は、瞑想の意志を「抱擁の欲望」に変えようとするエロティックな違反行為の衝動との関連においてこそ、その意味を獲得するのである。それゆえ、形のないものを思い描くことができないということと、それを抱擁の対象に変えようとする欲望とは、同じプロセスの二つの面にほかならない。この過程においては、瞑想というメランコリー気質者の伝統的な使命は、それを内側から脅かす欲望の混乱にさらされているのである[★5]。

奇妙なことに、デューラーの《メランコリアI》の系譜と意味を跡づけようと試みてきた研究者たちは、こうしたメランコリーのエロティックな星座にまったく気づいてはいない。このように黒い体液がエロティックな欲望の領域と根本的に関連しているのだという認識を欠く解釈は、たとえ描かれた図像の一つひとつをいかに解読できるとしても、この版画の中に寓意的に塗りこめられた神秘の脇をただかすめて通るだけである。この版画がエロスのしるしのもとに置かれるということが理解されてはじめて、その秘密を保管すると同時にあばきだすこともできるのである。その寓意的な意図は、エロスとそのファンタスマの間の空間をつないでいるのである。

第四節　失われた対象

一九一七年、『国際精神分析学会誌』（第四巻）に「悲哀とメランコリー」と題された論文が掲載された。それは、古くからサトゥルヌス的気質と呼ばれてきた心的機構を精神分析的に解釈するというテーマにとりくんだ、フロイトの稀有なテクストのひとつである。体液の医学の一七世紀における最後の分枝から精神分析を隔てる距離は、近代の精神医学の誕生および発展と一致している。近代の精神医学は、メランコリーを重い精神の病の形式に分類したのだ。それゆえ、フロイトによるメランコリーのメカニズムの分析の中に、たとえリビドーの用語に翻訳し直されてはいるとはいえ、怠惰に関する教父たちの記述や、黒胆汁気質の現象学の中に伝統的に含まれてきた二つの要素が見いだされるのは、少々不思議に思われるかもしれない。その二つの要素とは、対象からの逃避と、自分自身への瞑想的な引きこもりの性癖である。フロイトのテクストにこの二点がなおも生き続けているということは、いかにそれらがメランコリーの星座に強く結びついてきたかを証明している。

フロイトによれば実際、メランコリーの力学的メカニズムは、その本質的な特徴を、一部は悲哀に、そしてまた一部はナルシシスティックな退行に借り受けている。悲哀においてリビドーは、愛する人はもはやいなくなったのだという現実吟味に抵抗し、その人に結びつくあらゆる思い出や対象に固着しようとする。それと同じようにメランコリーもまた、愛の対象の喪失に対する反動である。だが、予想に反して、リビドーは新しい対象へと向かうというよりも、失われた対象とナルシシスティックに同一視される自我へと退行していくのである。フロイトより五年前に発表され、フロイトの研究の基礎となったアブラハムの簡潔な公式によればこうである。「対象から身を引いたのち、リビドーの備給は自我へと戻り、それと同時に、対象は自我に組みこまれる」。

しかしながらメランコリーは、悲哀の漠然としたプロセスとは異なって、理解困難なある特殊な状況にその起源をもっている。現にフロイトは、悲哀が、現実に起こった喪失に基づくのに対して、メランコリーの場合、何が失われたのか明らかでないばかりか、喪失について本当に語りうるのかさえたしかではないという否定しがたい事実に直面して、当惑を隠しきれないでいるのである。フロイトは、ある種の困惑とともに次のように書いている。「喪失のあったことはたしかに想定できるはずなのだが、何が失われたのかがはっきりとはわからない」。何かを失ったが、何を失ったかはわからないという矛盾を解消しようとしてフロイトは、そのすぐあとで、「何を失ったかを知らない喪失」、あるいは「意識を逃れる対象喪失」について語っている。フロイトとアブラハムが記述しているように、メランコリーのメカニズムの検討は、リビドーの後退こそが原初的な与件であって、それより先に遡ることはできないということを示しているのである。悲哀との類比をあえて続けるなら、メランコリーは、対象喪失に先立つが、その喪失の予感ゆえに悲哀を味わうというパラドックスをはらんでいると言わなければならないだろう。ここにおいて精神分析は、教会の教父たちの直観的な心理学が導きだしたのときわめて類似した結論に達しているように思われる。彼らは怠惰を、実際には失われていない幸福からの後退とみなし、そのもっとも恐ろしい娘である絶望を、苦悶と非‐成就の予感として解釈したのである。怠惰の退行は欠如に由来するのではなく、ますます募り高まる欲望に由来し、その欲望の対象を失うまいとしてわが身を守り、その対象が不在であるにもかかわらずその対象にしがみつこうとする絶望的な試みの中で、その対象は近づきがたいものになる。それと同じように、リビドーのメランコリックな後退は、実際にはいかなる所有も不可能な状況の中で、所有を可能にしようとする目的以外のいかなる目的ももたない。こうした観点に立つなら、メランコリーとは、愛の対象の喪失に対する退行的な反動というよりも、所有できない対象を喪失した対象として示そうとする想像的な能力のことである。リビドーが、実際には何も失ってはいないのに、あたかも何かを失ったかのように振る舞うとすれば、それは、リビドーが次のようなシミュレーションを演じているからである。つまりそこでは、一度も所有されたことがないために失うこともないものが、あたかも失われたかのように思われ、おそらく決して現実的ではないために所有できないものが、あたかも失われた対象として同化されたかのように思われるのである。ここまでくればわれわれにも、メランコリーの両義的な企てのもつ独特の野望が理解しやすくなるだろう。それは、悲哀の典型的なメカニズムと比較していたのでは、やや歪められ、理解も困難なものだが、古い体液の理論は正当にも、ただ瞑想の対象としてのみ存在しうるものを抱擁の対象に変えようとする意志の中に、この野望を見抜いていたのである。その対象を悲哀の葬列の飾りで覆い隠しながら、メランコリーは、喪失という妄想的な現実を対象に与えるのである。しかし、メランコリーが、同化できない対象への悲哀であるかぎりにおいて、メランコリーの戦略は、非現実という存在に空間を開き、自我がその非現実と交流できる舞台をしつらえるのである。そしてそこで、いかなる所有も及ばず、いかなる喪失にも脅かされない同化が試みられるのである。

このことが正しいとすれば、つまりメランコリーは喪失が確認されるかぎりでのみ対象そのものを同化できるのだとすれば、フロイトがなぜメランコリー症候の両義性に衝撃を受け、それをその本質的な特徴のひとつとみなすまでにいたったかが理解できる。憎しみと愛とがメランコリーの中に同居し、対象をめぐって激烈な戦いをくりひろげる。「前者はリビドーから対象を引き離そうとし、後者はこの襲撃に対してリビドーの位置を守ろうとする」。こうして、無意識の法則の支配のもとでのみ可能となる妥協のひとつが形成される。それを見極めたことこそ、精神分析があらゆる人間の科学に遺したもっとも実り豊かな成果であった。

ところで、フェティシズムにおける「否認」［Verleugnung］では、幼児にその妄想を断念させる現実の知覚と、この知覚を否定しようとする欲望との葛藤の中で、幼児はどちらかひとつを選ぶのではなく、むしろ二つのことを同時に行なう。つまり一方で、その知覚の明白さを打ち消すと同時に、他方で倒錯的な兆候を引き受けることによってその現実を認めようとするのである。これと同じように、メランコリーにおいても、対象は同化されるのでも失われるのでもなく、同時にそのどちらでもある。★1 フェティシムズが、あるものとその不在との記号であり、まさしくその妄想的な体制をこの矛盾に負っているように、メランコリー症候の対象は、現実的でかつ非現実的、同化されるとともに失われ、肯定されると同時に否定されている。それゆえ、メランコリーに関してフロイトが、「対象はもちろん抑圧されるが、それにもかかわらず自我よりもいっそう強く打ちだされる」ことを明らかにしつつ、「自我に対する対象の勝利」について語ることができたとしても、驚くにはあたらない。まさしく抑圧を通じて獲得される、このように奇妙な勝利。とはいえ、メランコリーが対象に極端なまでに固執するのは、まさしくその対象を破棄しようとする身振りにおいてなのである。

こうした観点に立つなら、フロイトが打ち立てた（アブラハムの足跡に基づいて）メランコリーと「リビドーの発展の口唇期ないし食人的段階」との関係が、いかなる意味で理解されるべきかもよくわかる。この段階において自我は、対象をむさぼり口に入れることによって、それを自分のものにしようとする。また、一九世紀の法廷の精神医学が、当時の犯罪記事を恐怖で満たしていた人肉嗜食《カニバリズモ》の事件を、なぜ執拗なまでにメランコリーのケースとして分類しようとしたかも理解できるだろう。メランコリーにおける対象との両義的な関係は、こうして、リビドーの対象を破壊すると同時にわがものにもする人肉嗜食にも比肩されるのである。一九世紀の法廷記録の中の「メランコリックな人食い鬼たち」の背後から、息子たちを飲みこむ邪悪な神、クロノス＝サトゥルヌスの影が立ちあがる。この神もまた、伝統的にメランコリーと結びついてきたものである。メランコリーとクロノス神とのこのような連想はまた、黄金時代の廃位君主の食人的な食事と、メランコリックなリビドーの妄想的な合体とが、同じものであることの証拠にもなっているのである。★2

第五節　エロスの表象像《ファンタスミ》

「悲哀とメランコリー」という論文の中でフロイトは、メランコリー的な心的過程にありがちな幻想的な性格を指摘したすぐあとで、次のように観察している。愛の対象の喪失に対する抵抗は強いため、主体は「現実から顔をそむけることになり、幻覚的な願望精神病になって対象を固執することになる」。ここで同じくフロイトのそれ以前の論文「夢理論のメタ心理学的補遺」も参照しよう。この論文は、メランコリーに関する論文とともに、『メタ心理学序説』として企図された著作の一部をなすはずであったが、そこでフロイトは、夢のメカニズムの分析と平行して、欲望幻想がたどるプロセスに関する研究を素描しているのである。それによると、この欲望幻想は、現実吟味という自我の根本的な機制を逃れ、意識の中に入りこんでくるのである。さらにフロイトによれば、心的生活の発展の初期段階において、実際に自我は、いまだ想像的なものから現実の知覚を区別するという能力を行使できるまでには到達していない。フロイトは書いている。

われわれの心的生活の始めに、われわれがそれを必要と感じたとき、充足をもたらす対象を実際に幻覚化していたという仮説をわれわれは立てていた。しかしながら、充足はその際得られなかった。そしてこの失敗は当然、直ちにある仕掛けをわれわれに創り出させ、この仕掛けの助けをかりてこうした欲望知覚を現実の充足から識別し、それ以後は失敗を避けられるようになった。換言すれば、われわれはきわめて早期に幻覚性欲望充足を放棄し、一種の現実吟味を設定してきた。

〔「夢理論のメタ心理学的補遺」、木村政資訳、フロイト著作集10、人文書院、一九八三年〕

とはいうものの、ある場合にはこの現実吟味がわれわれから逃れ、一時的に働きを停止するということも起こりうる。たとえば幻覚性欲望の精神病において、それは、喪失への抵抗として現われる。つまり、現実はその喪失を主張するのだが、自我は、それに耐えることができないために、その喪失を否定せざるをえないのである。

その後自我は現実との関係を断ち、知覚―意識系から備給を撤収する。……この現実からの回避によって現実吟味は取り除かれる。抑圧されない、終始意識されている欲望幻想は系の中に押し進むことができ、そこからよりよい現実として認められる。〔同〕

その著作においてフロイトは、幻想《ファンタスマ》に関する固有の体系的理論を練りあげることはなかった。それゆえ、メランコリー的な「取り込み」の力学の中で幻想がいかなる役割を果たすのかについても、明確には論じられていない。しかし、古くて執拗な伝統によれば、黒胆汁質の症候群は、想像力の異常なまでの肥大に強く結びついていると考えられてきた。したがって、表象像《ファンタスマ》についての中世の理論の複雑な背景のもとに置いてみてはじめて、メランコリー症候群のあらゆる局面を完全に理解できると言えるほどである。心的過程における幻想の役割を明らかにしてきた現代の精神分析学は、ますますはっきりと自らを幻想の一般理論とみなそうとしているように思われる。とすればこの精神分析学は、何世紀も前にすでにエロスを根本的に幻想的なプロセスとしてとらえ、精神生活における表象像《ファンタスマ》の役割に重きを置いた理論に、おそらく有益な参照点を見いだすことであろう。中世の表象理論《ファンタスモロジーア》は、霊魂の伝達手段としてのプネウマに関するネオ・プラトニズムの教義、幻惑《ファシナツィオーネ》の魔術的理論、そして精神と肉体の影響についての医学理論という三つの理論が、アリストテレス起源の想像力の理論と交わることによって生まれたものである。このように多様な理論の結合は、擬アリストテレスの『テオロギア』［*Teologia*］、アルケルスの『精気と霊魂の書』［*Liber de spiritu et anima*］、シュネシオスの『夢について』［*De insomniis*］にすでにさまざまなかたちで表明されているが、それによれば、「想像力《ファンタジーア》」（「想像のプネウマ」〔φανταστικὸν πνεῦμα〕、あるいは「想像の精気」〔spiritus phantasticus〕）は、感覚する霊魂の先端に位置する一種の繊細な物体とみなされ、対象の像を受けとるとともに、夢の表象像《ファンタスミ》を形成し、さらに特殊な状況のもとでは、肉体から離れて、超自然的な接触やヴィジョンを決定する。この「想像力」はまた、星の影響が生じる場でもあり、魔術的感化の担い手でもある。さらに、有形のものと無形のものとを媒介するものとして、他では説明しようのないすべての一連の現象にその根拠を与えているのである。たとえば、胎児という「柔らかい物体」に対する母性的欲望の反応、悪魔の出現、生殖器に及ぼす性的幻想の効果という具合に。同じ理論はまた、愛の生成を説明するのにも役立つ。とりわけ、愛の儀礼はその誕生以来、想像的な過程として示されてきたという事実を考慮しないならば、トルバドゥールの抒情詩や清新体派の詩が西洋近代の詩に遺産として残したこの愛の儀礼を理解することはできないだろう。外面的な肉体ではなく、内面的なイメージ、つまり視線を通して想像的な精神に刻みこまれた表象像《ファンタスマ》こそが、恋する心の対象であり起源である。そして、この精神の想像的な幻影《シムラクロ》を綿密に練りあげ、ひたすら瞑想してはじめて、真の愛の感情を生みだすという能力が得られると考えられた。アンドレアス・カッペラヌスの『愛について』〔*De amore*〕は、宮廷愛の模範的な理論化とみなされているが、そこでは愛は、内的な表象像《ファンタスマ》の「際限なき思いめぐらし」〔immoderata cogitatio〕と定義され、「ただこの思いからのみ……情欲は由来する」と付け加えられている。

憂鬱気質が基本的に性愛的なプロセスと関連していることが認められるならば、メランコリー症候群が当初から伝統的に幻想的な経験と結びつけられてきたとしても、驚くにはあたらないだろう。「悪しき想像力」[imaginationes malae] は長らく、医学の著作の中で「メランコリーのしるし」[signa melancoliae] のひとつとして顕著な位置を占めてきたのである。たとえばパドヴァの医師ジロラモ・メルクリアーレの表現によると、黒胆汁気質の大病は、本質的に「堕落した想像力の欠陥」[vitium corruptae imaginationis] として表わされている。[★1]すでにライモンドゥス・ルルスも、メランコリーと想像的能力との類似性を指摘し、土星サトゥルヌスの気質の者たちを次のように特定している。彼らは「はるか遠方より想像力によって感知している。それは、他のどんな気質よりもいっそうメランコリーと一致している」。またアルベルトゥス・マグヌスも、メランコリー気質者は「多くのファンタスマをつくりだしている」、というのも乾いた体液は像をより確実にとらえることができるからだ、と書いている。さらに、フィチーノとフィレンツェのネオ・プラトニストたちにおいては、ファンタスマをとどめ固定させる黒胆汁の能力は、医学＝魔術＝哲学的な理論の領域でとらえられている。この理論は、愛の幻想的な瞑想をはっきりとメランコリーと同一視する。それゆえ、メランコリーとエロティックな過程との関連性は、すぐれて幻想的な性向の中に、まさしくその存在理由を見いだすのである。フィチーノの著『プラトン神学』にはこうある。メランコリー気質者たちは、「その土色の体液ゆえに、彼らの欲望とともに想像をより効果的でより確実に固定させることができる」。前々節に引用したフィチーノの『愛について』の一節でも、エロティックな過程と黒胆汁気質の症候群の解放とを同時に特徴づけているのは、想像の精気に刻印されたファンタスマのまわりにとり憑き消耗させる活発な精気の働きであった。このような観点に立つなら、メランコリーは本質的に、ファンタスマとの両義的な駆け引きに巻きこまれたエロティックな過程として現われることになる。メランコリー気質者たちが、呪術的な魔力に病的なまでに傾倒するかと思えば、また法悦の啓示にも身を委ねているとすれば、それは、ダイモン的で魔術的、しかも天使的で瞑想的という、ファンタスマの性格の二重の極性によるのである。

頻繁に押し寄せるファンタスマと、サトゥルヌス的気質とを分かちがたく結びつけるこの考え方は、本来の分野を超えて、ただちにその影響力を及ぼした。ロマーノ・アルベルティの著書『絵画の高貴さについて』の一節では、さらにその影響が顕著で、メランコリー概念の歴史に関連してこれまでにもしばしば引用されてきた。しかしこの一節が、精神分析よりも四世紀以上も前に、幻想の働きとしての芸術という理論の基礎を先取りしていることは、これまで指摘されることはなかった。ロマーノ・アルベルティは次のように述べている。

画家たちはメランコリーになる。というのも、想像したものを模倣しようとすると、まずそれを知性にしっかりと固定させ、続いて目の前でそれを見ているかのように表現しなければならないからである。このことは、一回かぎりで終わるのではなく、くりかえし行なわれなければならない。それが彼ら画家の務めだからである。そのために彼らの心は物質から抽象され、引き離される。そうしてついにはメランコリーになってしまう。メランコリーはしかし、アリストテレスによれば、才能と賢明を意味しているという。なぜなら、同じくアリストテレスいわく、才能豊かで賢明なものはすべてメランコリー気質だったからである。★2

メランコリーと芸術的行為との間の伝統的な連想は、まさしくますます募る幻想の経験としてここで正当化されている。この経験が両者に共通する特徴だからである。どちらもが「想像の精気」[spiritus phantasticus]という繊細な物体のしるしのもとに置かれる。それは、夢、愛、そして魔術的影響の媒介物となるばかりでなく、人間の文化のより高次の創造にもまた、不可解ながらも密接に結びついているのである。もしこのことが事実とすれば、欲望幻想の分析により多くが割かれているフロイトのテクストのひとつが、ほかでもなく「白昼夢と文学的創造」という論文であったというのも、理由のないことではない。この論文においてフロイトは、芸術創造に関する精神分析的理論の輪郭を描きだそうと試みて、次のような仮説を提出した。つまり、芸術作品はある意味で子供の遊びの継続であり、抑圧されてはいるが決して放棄されてはいない大人の幻想的経験と連続しているということである。

白昼のダイモンとその地獄の従者たちの行列に始まって、デューラーのメランコリアの有翼の妖精［図6］へと通じていく筋道が、いかなる精神の輪郭をたどっているかは、ここにおいて理解しやすいものとなる。このような寓意図に結晶化された古い伝統も、この輪郭の中に置きなおしてみると、おそらく新しい基礎を見いだすことができるだろう。メランコリックな性向にとり憑いて離れない想像上の喪失は、現実にはいかなる対象ももたない。というのも、メランコリーの陰鬱な駆け引きが向けられるのは、幻想の途方もない瞞着にだからである。失われた対象とは、欲望が幻想《ファンタスマ》のごきげんをとるためにつくりだした見せかけ以外の何ものでもない。リビドーの取り込みは、非現実的なものが現実的なものとなったために、現実的なものがその現実性を失ってしまうというプロセスのひとつの側面にほかならない。メランコリー気質者が、愛の対象としての外的世界をナルシスティックに否定するとしても、幻想はこの否定から現実原則を受けとり、内面の無言の地下礼拝堂を抜けだして、根本的に新しい次元へと入っていくのである。メランコリックな取り込みの非現実的な対象は、もはや幻想ではないが、いまだ兆候でもない。この非現実的な対象が、ひとつの空間を開く。その空間は、幻想がつくりだす夢の幻覚的な場面でも

図6――デューラー《メランコリアⅠ》1514年　ドレスデン　国立美術館

なければ、自然の対象と無関係の世界でもない。そうではなくて、ナルシシスティックな自己愛と外的な対象選択の間に位置する無人地帯に出現する空間なのである。人間の文化の創造はいつの日かここに据えられることになるであろう。象徴的形式とテクスト実践との「交錯」［entrebescar］、これらを通じてわれわれは、他のなによりもわれわれに親しく、われわれの幸福や不幸が物理的な自然以上に直接に関わっている世界と接触する。「アリストテレスによれば才能と賢明を意味しているという」［ロマーノ・アルベルティの先の引用］メランコリーの「厳しい場」［locus severus］はまた、言葉と象徴的形式の「厳しい場」でもある。そこを通過することによって、人間は、フロイトの言によれば「うしろめたさも恥じらいもなく、自らの幻想を享受する」ことができる。メランコリーがその不動の弁証法の中で描きだす非現実的なもののトポロジーは、同時に、文化のトポロジーでもある。★3

この観点から見るなら、錬金術師たちがメランコリーを「黒色化」［Nigredo］と同一視したとしても驚くにはあたらない。「黒色化」とは、古い変成術の原則に従えば、非物質的なものに物質を与え、また形あるものを形のないものにもするという「大いなる作業」の第一段階のことである。★4 人間の文化のたえまのない錬金術的な努力は、こうして執拗なまでに幻想に耽ける嗜好によって開かれた空間の中でスタートを切り、否定性と死をわがものとするとともに、最大の非現実性をとらえることによって最大の現実性を形づくろうとするのである。

図7──ホラポッロ（ホルス・アポッロ）《蝙蝠》『エジプト人の聖刻文字』（パリ、1574年）所収

さてここで、再びデューラーの版画に眼を向けよう。それは、不動のまま自らの幻想《ファンタスマ》に没頭している有翼の人物像に捧げられている。その傍らには、プットの姿で表わされた「想像の精気」★5［spiritus phantasticus］が腰を掛けている。行動的生活の道具類は地面に放置され、謎めいた知恵の暗号となっている。このように慣れ親しんだ対象がもつ無気味とも言える異化効果は、不可解さを大切にしまっておく能力に対して、メランコリーが支払った代償である。いまや伝統的となった解釈によれば、瞑想する天使は、幾何学や幾何学に基礎を置く諸技芸をもってしても、非物質的な形而上学の世界には到達できないという不可能性を象徴しているとされる。しかしながら、それは事実に反する。この天使は、場合によっては深刻な心理的危険を侵してでも、自己の幻想に形を与え、芸術的な実践によっ

て、その他の仕方では知ることもとらえることもできないようなものを掌握しようとする人間の試みの寓意なのである。コンパス、球、石臼、鎚、天秤、そして定規、メランコリックな性向はこれらのものからその通常の意味をはぎとり、まさしく哀悼のエンブレムへと変貌させている［図7］。それらは、とらえることができないものが出現するまさにその瞬間に組み立てられる空間という以外に、いかなる意味ももたない。メランコリーの教訓とは、とらえられないものだけが真の意味でとらえられるということだとすれば、メランコリー気質者だけが、これら寓意の両義的な脱け殻に囲まれても安らかでいられるのである。幼年期の楽園的な暗号が刻みこまれている過去の遺物のように、それら脱け殻は、永遠に失われているという条件下でのみ所有されるかもしれないものの微かな光を、未来永劫にわたってとらえているのである。

第二章　オドラデクの世界で——商品を前にした芸術作品

第一節　フロイト、あるいは不在の対象

一九二七年の『国際精神分析学会誌』（第八巻）に「フェティシズム」と題された小論文が掲載された。それは、「対象の選択が呪物に支配されている」人間の問題がテーマとして扱われている稀有なテクストのひとつである（❶）。フロイトが観察した症例の分析によって得られた諸結果は、彼を次のような結論に導くほど一致し、曖昧さのないものに思われた。つまり、フェティシズムのあらゆる症例は、唯一の説明によって解明される、と。フロイトによれば、呪物的な固着とは、女性（母）におけるペニスの不在を幼児が認めようとしないことから生じるのである。この不在の知覚に直面して幼児は、その現実を認めることを拒否する（フロイトは「否認」［Verleugnung］という語を使っている）。なぜなら、

その知覚は、自分のペニスが去勢されるかもしれないという脅威を与えることになるからである。フェティシズムとはそれゆえ、「男児があると信じ、しかも断念しようとしない――その理由はわかっているが――女性（母）のペニスに対する代理物なのである」。

しかしながら、フロイトによればこうした「否認」は、一見そう見えるほどには単純でない。それどころか本質的に両義的な性格を帯びているのである。幼児にその妄想を断念させる現実の知覚と、その知覚を否定しようとする逆の欲望との葛藤の中で、この幼児はどちらか一方を選びとることができない。あるいはむしろ、無意識の法則の支配のもとでのみ可能となる妥協のひとつに達することで、そのどちらをも同時に実践していると言うべきであろうか。一方では、特殊なメカニズムの助けによって、その知覚の明晰性を打ち消そうとする。だが他方では、その現実を認めつつ、倒錯的な兆候を通じて、現実に直面した不安を自らに引き受ける。それゆえフェティシズムとは、それが身体の一部に関わるものであれ、無機的な対象に関わるものであれ、母のペニスという無の存在であると同時に、その不在の記号でもあるのだ。あるものの象徴であると同時に、その否定の象徴でもある。そうした象徴は、根本的に引き裂かれた状態のもとでのみ維持されうるのである。その状態において、二つの相反する反応が、真の意味で自我の分裂［Ichspaltung］の核心をなしている。

フェティシズムのようなタイプの精神的プロセスが、詩的言語にもっとも共通の転義《トローピ》のひとつにいかに内在しているかを観察するのは興味深い。提喩《シネツドケ》（そしてそれに一番近い換喩《メトニミーア》）がそれである。部分によって実現される全体に換えて、その部分を置くこと（あるいはある対象をそれに隣接する別の対象と置き換えること）。フェティシズムにおいてこれに対応するのは、完全な性のパートナーを身体の部分（あるいはそれに付随する対象）で代用することである。それが単に表面的な類似でないことは、次の事実が証明している。つまり、換喩的《メトニミカ》な代用とは、単にある用語の別な用語への置き換えに尽きるわけではないということである。それどころか、代用された用語は、この代用によって否定されると同時に換起される。そのプロセスの両義性は、フロイトの「否認」をまさに思い起こさせる。言葉に賦与されている特異な詩的潜在力は、まさしくこの種の「否定的参照」からこそ生まれるのである。こうした現象のフェティシズム的な特徴は、次のような特殊な換喩的手続きにおいて顕著なものとなる。それとは、ミケランジェロの「完成されないままの《インコンピウーテ》」彫刻に関してヴァザーリとコンディヴィがはじめて批評的に認識して以来、近代芸術に本質的な様式上の手段のひとつとなったもの、つまり「未-完成《ノンフィニート》」（❷）である。未完成への前ロマン主義的な趣味をさらに推し進めて、パッラーディオ風のヴィッラを半壊させ、人工的な廃墟に変貌させようとしていたギルピンはすでに、彼自身が「天才的な簡潔さ」と呼ぶものが、「部分を全体で代用すること」によって達成されることに気づいていた。シュレーゲルは、予言的にこう宣告する。「多くの古代の作品は、断片となっている。一方、現代の多くの作品は、まさにその誕生からすでに断片となる」。シュレーゲルは、ノヴァーリス同様、完成されたあらゆる作品が必然的にある種の限界に縛られているのに対して、断片のみがその限界を免れていると考えていたのである。この意味で、マラルメ以来の近代の詩のほとんどすべてが断片からなることは、ここに特筆するまでもないだろう。それらは、あるもの（絶対詩）に送り返されているのだが、このあるものは、全体としては決して想起されえないばかりか、その否定を通じてのみ現前してくるのである（❸）。言語における通常の換喩《メトニミー》との違いは、ここでは、代用された対象（つまり断片が送り返される「全体」）が、母のペニスと同じように不在であり、存在もしえないものだという点である。「未-完成」はそれゆえ、フェティシズム的な「否認」の正確で完璧な「対《つい》」となるのである。

同様の考察は、隠喩《メタフォラ》に関しても行なうことができる。しばしば引かれるにもかかわらずごく稀にしか読まれてこなかった本の中でオルテガは、隠喩を、近代芸術における「非人間化のためのもっとも基本的な手段」と考えた。オルテガが指摘したように、隠喩はひとつのものを別のもので代替するが、それは、後者に到達するためというよりも、むしろ前者を避けようとするためである。さらにオルテガの言うように、隠喩は名指すことの許されない対象の代用をする名前にその起源がある、というのが事実とするならば、フェティシズムとの類似は、換喩の場合よりもいっそう明らかである（❹）。フロイトはもっぱら、フェティシズムの現象を、その起源である無意識のプロセスに結びつけようとしていた。それゆえ、幼児の「否認」のもつ両義的な性格が、フェティシズム的対象の資格にいかなる結果をもたらすかに、フロイトがそれほど強い関心を払わなかったのは不思議ではないし、また、人間の文化（ものを創造する行為としての）を構成している諸対象を、フェティシズム的対象と関連づけて考えようとはしなかったとしても、驚くにはあたらない（❺）。

だが、この観点から考えるならば、フェティシズムはわれわれを、とらえられない対象のパラドックスに直面させる。この対象はまさしく、それがとらえられないというその在り方によって、人間の必要を満足させるのである。現に存在するという意味では、このフェティシズム的対象は、実際たしかに具体的で触知可能な何ものかではあるが、不在の存在という意味においては、同時に非物質的で触知不可能なものなのである。というのもこの対象は、自らを超えて、現実には決して所有できない何ものかにいつも送り返されているからである。

フェティシズムという法則のこうした本質的な両義性は、すでに以前から観察され指摘されている事実をあますところなく説明してくれる。つまり、フェティシストは、その呪物を止むことなく収集し、倍加させていくという事実である（❻）。その倒錯の対象が、ある種の肌着の先端であれ、革のブーツであれ、女性の頭髪であれ、倒錯の主体は、同じような特徴を示すあらゆる対象に対して等しく満足する（あるいはこう言った方がよければ満足しない）ことであろう。まさしくフェティッシュが不在の否定でかつ記号であるという意味において、フェティッシュは反復不可能な「唯一無比なるもの《ウニクム》」ではなくて、逆に無限に置き換わりうる何ものかであり、次々と継起してくるそれらの受肉のいずれをもってしても、その総数であるところの無を完全に汲み尽くすことはできない。フェティシストがいかにその存在の証明を倍加させ、対象のハーレムを積みあげようとも、呪物は宿命的にその掌中から逃れ、そのいかなる出現においても、自己の神秘的な妄想をたえずもてはやすばかりである。

フェティッシュ（❼）はこうして、対象の、つまり人間によってつくられた「人工品《ファクティキア》」の落ち着きのない独特の存在様態を明らかにする。だが、少し注意深くこの現象を観察してみるならば、実際にはそれは、はじめに想像していた以上に、われわれに身近な現象であることがすぐにわかるのである。

註釈

❶——**フェティシズムの誕生**　性的な倒錯を示す意味で「フェティシズム」という用語を最初に使ったのは、アルフレッド・ビネである。フロイトは『性欲論三編』（一九〇五年）を

執筆していたころ、『愛におけるフェティシズム』(*Le fétichisme dans l'amour*, Paris 1888) というタイトルのビネの研究を熱心に読んでいた。ビネの言葉を念頭に置きながら、フロイトは、「この代用を、未開人が神の受肉を見ようとする呪物と比較しても誤りではない」と書いている。今日のわれわれには、この用語の心理学的な意味の方が、もともとの宗教的な意味よりもなじみ深い。宗教的な意味では、ド・ブロスの著作『神の呪物の崇拝について、あるいは古代エジプトの宗教と現代のニグリシアの宗教との比較対照』(*Du culte des dieux fétiches, ou parallèle de l'ancienne religion de l'Egypte avec la religion actuelle de Nigritie*, 1760) にはじめて現われる。レチフ(靴のフェティシズムをテーマにしたその『フランケットの足、あるいは薔薇色の短靴』[*Pied de Franchette ou le soulier couleur de rose*] は、ド・ブロスの研究のわずか九年後である)も、サドも、その著作で数多くの性的な「フェティシズム」の事例について言及しているにもかかわらず、この用語を使おうとは考えなかった。フーリエもまた、その『愛の新世界』(*Le nouveau monde amoureux*) の偏執的な愛についての章で、踵《かかと》のフェティシストの例(彼によればそれは、まさしく「黄金時代の偏執」にふさわしい)について何度も語っているが、やはり「フェティッシュ」という語は使っていない。特筆すべきは、ド・ブロスによって提示されたこの用語を最初は受け入れていた人類学者たちも、モースの厳しい批判(「フェティッシュという概念は、科学から徹底的に抹消されなければならない」)のあとは、徐々に放棄していくようになった、という点である。それは、精神分析で広まるのと好対照をなしている。

❷——未完成《ノンフィニート》　メディチ家礼拝堂の《聖母像》について語りながら、ヴァザーリは次のよ

うに書いている。「まだそのいくつかの部分は完成されてはいないが、荒削りの不完全な状態でも、作品の完璧さは見てとることができる……」。新聖具室の彫刻に関してコンディヴィも、「荒削りの状態も、作品の完璧さと美しさを損ねるものではない」と述べる（R. BONELLI, *Il non-finito di Michelangiolo*; P. SANPAOLESI, *Michelangiolo e il non-finito*, in *Atti del Convegno di studi michelangioleschi*, 1964）。芸術や文学における未完成については、次の論文集 *Das Unvollendete als kunstlerische Form*, 1959（邦訳『芸術における未完成』J・A・シュモル編、中村二柄他訳、岩崎美術社、一九七一年）、およびエドガー・ウィントの『芸術と狂気』（高階秀爾訳、岩波書店、一九六五年）の鋭い観察を参照。

❸――**絶対詩**　「この方向から、この方向で、そしてこの言葉で私がひとつ詩について、いや詩というものについて語るとき、私はいったい何を言おうとしているのだろうか。私はまさに、存在しない詩について語っているのだ」。

「絶対詩、そんなものはない、そんなものは存在しえない」。

「だが、いまあるどんな詩にも、どんなに飾りのない詩にも、避けて通れないこの問い、この前代未聞の要求はある」（パウル・ツェラン『子午線』[P. CELAN, *Der Meridian*, in *Ausgewählte Gedichte*, Frankfurt am Mein 1970] より）。

❹――**隠喩と倒錯**　オルテガは、隠喩をこう定義する。「一つの事物を他の事物によって代替する知的行為、しかも後者に到着しようというよりも、どちらかといえば前者を回避しようという願望から代替するという知的行為を人間が行なうということは、全く不思議というほかはない」（「芸術の非人間化」、神吉敬三訳、オルテガ著作集3、『芸術論集』、白水社、一九七〇

年）。この定義は、フェティシストの「否認」ともうまく結びつくであろう。ハインツ・ヴェルナーの『隠喩の起源』（*Ursprung der Metapher*, 1919）には、タブーのために「代用された名前」としての隠喩という理論が現われている。いつもの鋭さで、性的倒錯と隠喩との類似を指摘したのは、カール・クラウスである。「エロティックな言語の中にもまた、隠喩がある。教養のない人はそれを倒錯と呼ぶ」。

❺——**フェティシズムの対象**　「フェティシズムの対象」と題された雑誌『新精神分析誌』（*Nouvelle Revue de Psychanalyse*）の最新の号（Ⅱ、一九七〇）でも、そこに寄稿した精神分析学者のうち、わずかに二人だけが、ごく簡潔にではあるが、実在しない《ファントマティコ》というフェティッシュな対象の性格の含蓄に気づいていたように思われる。ロゾラートは「対象が隠れるフェティシズム」という論文で、この対象を暗示的に「将来的見透しの対象」（objet de perspective）ないし「欠乏の対象」（objet de manque）として性格づけ、スミルノフは「フェティシズム的な取引」という論文で、この対象が、文化的創造の空間とも近いことを洞察している（G. ROSOLATO, *Le fétichisme dont se dérobe l'objet*, V. N. SMIRNOFF, *La transaction fétichique*）。

❻——**収集家**　クラフト＝エービングが語っているように、「三編みを切る人たち」や靴フェティシストの家は、まさしく三編みの髪や靴の収蔵庫の様相を呈していた。この意味においてフェティシストは、一般には倒錯者の列に加えられていない人、つまり収集家と多くの点で類似している。収集家が対象の中に求めるものは、収集家ではない人（対象を使ったり所有したりはするが）にとっては、まったく触知できない何ものかなのである。それと同じように、フェティッシュは、その物質性において対象と一致するわけでは決してない。

❼——**語源学**　ポルトガル語の‘fetiço’（フェティッシュという用語はそれをもとに造られた）は、ド・ブロスが信じていたように、ラテン語の「神託」［fatum］、「予言すること」［fari］、「聖所」［fanum］（つまり「魔力をもち、人を魅了するもの」という意味とともに）から直接に由来するわけではなくて、同じ「つくること」［facere］に起源をもつラテン語の「人工の」［facticius］という語に由来している。聖アウグスティヌスは、異教の偶像に関連して、「人工の神々の種類」［genus facticiorum deorum］と語っているほどである。そこでは、‘facticius’という語は、明らかに近代の意味を先取りしている。‘facere’のインド＝ヨーロッパ語の語根‘dhē’［据える、置く、定立する］は、実際に「神の掟」［fas］、「聖所」［fanum］、「祭日」［feria］と関連し、もともと宗教的な意味を担っていた。そのことは、‘facere’の古い意味が「犠牲を捧げる」であることからもわかる（A. ERNOUT e A. MEILLET, *Dictionnaire étymologique de la langue latin* の‘facio’と‘feriae’を参照）。この意味で「人工的な」ものはすべて、正当な権利で宗教的領域に属するのであり、呪物を前にしたド・ブロスの驚きも、理由がないわけではない。それのみか、彼の驚きは、物の原初的な性質が忘れ去られてしまったことを図らずも示しているのである。

第二節　マルクス、あるいは万国博覧会

フェティシズムに関するフロイトの論文が出版される二年前、つまり一九二五年、リルケは、ヴィトルト・フォン・フレーヴィチにあてた書簡の中で（それは、『ドゥイノの悲歌』という詩集で何を表現しようとしたのかを語っている点でとりわけ重要である）物という領域で起こった（と彼が考えた）ある変化に直面した恐れを表明している。

僕たちの父親の父親たちの世代にとってはまだ、家や噴水、見なれた塔、それから彼らの外套や衣服にいたるまで、このうえもなく親しみのあるものでした。なんであれしまいこめる、いわば壺のようなものだったので、そこに彼らは人間的なものを見いだし、さらに別の人間らしさを蓄えていったのです。ところが、いまやアメリカから、均一で空虚な物がなだれこんできたのです。物のうわべ、生活の見せかけ……。アメリカ風の家、アメリカのりんご、彼の地での生活は、僕たちの祖先の思いや希望が浸透していた家、りんごやぶどうとはなにも共通点を持たないのです。僕たちと共に生き、僕たちと通じあっている、生命の通った物は衰退し、もうとりかえることができなくなりました。

僕たちはおそらく、あの時代の物を知っている最後の人間でしょう（❶）。

一方、「商品の物神的性質とその秘密」という表題をもつ『資本論』の第一章第四節で、マルクスは人間労働の生産物が「物品の外観」に、つまり「感覚的であり、また同時に超感覚的でもある幻影」に転化するという問題にとりくんでいる。マルクスは書いている。

ある商品は一見するとなんの変哲もない、完全に理解可能なものであるように思われる。使用価値に関しては、神秘的なところなどなにもない。人間の必要を本来の属性で満足させるのであれ、またこれらの属性が人間労働によって生産されるのであれ。人間の活動が、自然によって最初に与えられた素材を役立つように変形させるのは、当然なことである。たとえば、木材の形態は、テーブルをつくろうと思えば変化させられる。とはいえ、テーブルは木材のままにとどまる。つまり、感覚のもとでは、同じ対象のままである。しかし、商品として現われるやいなや、問題はまったく別のものになる。把握可能であると同時に把握不可能なものとなり、地面に机の足をつけて立っているだけでは十分ではない。いわば、他の商品に対して逆立ちする。机自ら踊りはじめるよりももっと不可思議な気まぐれに身をまかせているのである。

商品という形をとるやいなや、労働生産物がまとうこの「神秘的な性質」は、マルクスによると、対象との関係がもつ本質的な二重性によるものである。そのため、商品はいまや使用価値（つまり、人間の特定の必要を満たすという適性）だけを表わすのではなく、使用価値が同時に、商品の交換価値という別の何かの物質的な支えにもなるのである。有用物と価値の担い手というこの二重の形態で表わされるかぎりにおいて、商品は本質的に非物質的で抽象的な財となる。しかも、蓄積や交換を通さなければ、商品の具体的な享受も不可能なものとなる。マルクスは次のように述べている。

商品という物体の物質性との明らかな対比ゆえに、商品の価値には一原子の物質も入りこんではいない。……まさに労働一般のサンプル、あるいは同一的な昇華物へと変形させられると、すべての対象はもはや素材だけを表わすのではなくなる。つまりそれらの生産において、なにがしかの労働力は消費されたのである。この共通の社会的実体の結晶であるかぎりにおいて、対象には価値があると思われる。

労働生産物は、この二重性のために時に応じて異なる側面をわれわれに見せる。そのため同時に両側面を見ることはほとんど不可能なほどである。そしてこの二重性にこそ、マルクスが商品の「物神的性格」と呼ぶものが存在している。それゆえ物神的性格は、倒錯の対象であるフェティッシュと用語上の単純なアナロジー以上のものを示すことになる。使用価値への交換価値の重ねあわせは、フェティシズムにおいては、物の日常使用への象徴的で特殊な価値の重ねあわせに一致する。さらに、フェティッシュは矛盾する二つの現実のしるしであるために、フェティシストが決して彼のフェティッシュを完全には所有できないのと同じように、商品の所有者も、使用対象でかつ価値としてその商品を享受することは決してできない。たしかに所有者は、商品が自らをさらけだす物質的な物体をどのようにも扱うことができるし、おそらく物質的に変形させたり、破壊してしまうことすらできるだろう。だが、この消滅において、商品はさらにもう一度そのとらえどころのなさを露呈することになるのである。

商品によって操作される対象の物神化は、ベンヤミンが「物神＝商品への聖地巡礼の場」と定義する万国博覧会において明らかになる。一八五一年にハイド・パークで、第一回万国博覧会が喧噪の中に幕を開けたとき、マルクスはロンドンに滞在していた。おそらく、このときに受けた印象の記憶が、商品の物神的性格についての彼の考察に、大きく貢献したのだろう。商品についてマルクスが語るファンタスマゴリアはまた、さまざまな企画の中からパクストンの案、つまりクリスタルの巨大な建造物を選んだ万博の主催者たちの意図そのものでもあった。一八六七年のパリ万国博覧会の『ガイド』は、こうした幻影的な性質の優越性を次のように強調している。「想像力を魅了する壮大な着想が大衆には必要である。産業の驚異の前で、大衆の目を瞠らせ、釘づけにさせなければいけない。大衆が見たいと欲しているのは無限の眺望であって、画一的で規格的に集められた商品なのではない」。この時代の絵葉書は、万国博覧会の建物を眩いばかりの後光に包むことで、この効果をいっそう盛りあげている。

商品が「夢幻の対象《オブジェ・フエエリック》」へと変貌するということは、商品においていまや交換価値が使用価値を凌駕しはじめているきざしである。当初は芸術作品の展示の場としても構想されていた神秘的な水晶宮のギャラリーやパヴィリオンの中に、いまや商品が展示され、大衆は夢幻の眺望に遊ぶ視線を通してのみそれらを享受することができた。

このように万国博覧会は、今ではスーパーマーケットに入ったり、広告のペテンにさらされたりしたことのある人なら誰もが身近に感じる神秘、つまりとらえどころのないものの顕現が讃えられた最初の機会だったのである（❷）。

註釈

❶——リルケと物　一九一二年の手紙でリルケは、物に生じた変化について語っている。その用語は、さながら商品の物神的性格についてのマルクスの分析を思いださせるものである。「世界は狭くなっています。というのも、物の側からもまた同じことが起こっているからで

す。物は、触知可能な現実を超越するようなたぐいの精神性を発展させながら、貨幣の振動の中にますますその存在を移しているのです。私が関心をもっている時代（一四世紀）においては、通貨は金、金属、美しい何か、もっとも使いやすいものであり、すべての中でもっとも理解可能なものでした」。このようにリルケの中に、つまり革命的という名声を得ているわけではない詩人の中に、商品に関するマルクスの批判を特徴づける使用価値へのノスタルジーと同じものを見いだすことができるのである。しかしながら、過去へ帰ることが不可能であると自覚していたリルケにあっては、このノスタルジーは、可視的なものの世界を不可視なものへと変容させようとする計画として現われてくる。先ほど引用したフレーヴィチへの手紙は次のように続く。「大地は不可視なものとなる以外の救いをもたない。つまり、存在の一部として不可視なものを共有している私たちは、不可視なものへ参加する手形を少なくとも持っているのです。また、私たちがこの世にいる間、不可視なものをどんどん増やすことも可能なのです。そうした私たちにおいてのみ、可視的なものから不可視なものへという秘められた絶えまない変容は成し遂げられるのです。……悲歌の天使とは、現在私たちが成し遂げようとしている、可視的なものから不可視なものへの変容がすでに完全な形で現われている被造物のことなのです」。この点で、リルケの天使は、商品化された対象が不可視なものへと変わることの象徴である。すなわち、使用価値のみならず交換価値をも超える物との関係の暗号なのである。かくして、リルケの天使は、商人にとって代わる形而上的な登場人物となる。晩年の詩のひとつにこうある。「……もし、商人の手から／あの天使の手へと移されて／天上で、宇宙空間を分銅にして／その釣合がとられるならば……」（リルケ

全集4、小林栄三郎他訳、河出書房新社、一二四五頁)。

❷——**万国博覧会**　一八五一年のロンドン万国博覧会の主催者たちは、パクストンの水晶宮の幻影的な性質を完全に理解していた。万博のカタログに掲載された「万国博覧会で例証された色彩の調和」というエッセーで、メリーフィールドは書いている。水晶宮は、「おそらく雰囲気なるものが知覚されうる世界で唯一の建造物である。しかも、オーウェン・ジョーンズ氏によって選ばれた適切な装飾の様式は、建物全体の効果に大きく貢献している。東翼もしくは、西翼の先端にある回廊に立ち、正面をまっすぐ見る観客には、建物のもっとも離れた部分は紺碧の後光の中に包まれて現われるのである」。

カタログの図版にざっと目を通しただけで、われわれはなんとも言いようのない不安な印象をもつ。そして、それが装飾の怪物的な異常肥大によって引き起こされたものであることが徐々にわかってくるのである。この肥大によって、もっとも単純な物が悪夢の被造物へと変化する。展示されている物の多くが装飾によって蝕まれているので、ワーナムは、恣意的に物を装飾にとりかえることから大衆を守ることが自らの責務であるとみなしているほどだ(カタログの最後を飾る「趣味のレッスンとしての万国博覧会」というエッセーで彼は装飾の必要性について熱弁を振るっているのだが)。信じられないほどの折衷主義の中で、あらゆる様式、あらゆる時代が召還され、商品の超時代的な神殿の中、事物の脱け殻の上で、饗宴がくりひろげられる。水晶宮を包む「紺碧の後光」が、物神=商品をとりまくアウラの視覚化にほかならないように、装飾の膨張は、商品化された事物の新しい性質を暴露する[図8・9]。このように、万国博覧会のスペクタクルと関係づけるなら、商品の物神的性質に

上・図8――〈食器〉『挿絵入りカタログ』1851年　ロンドン万国博覧会
下・図9――〈図書館〉『挿絵入りカタログ』1851年　ロンドン万国博覧会

ついてのマルクスの理論は、説明も哲学的参照も必要としないほど自明のものである。しかし、何人かの現代の不注意な読者には、その理論は、「あからさまではなはだしいヘーゲルの悪影響」（これはアルチュセールの不幸な表現である）と映ったのである。

万国博覧会に対する知識人や芸術家の最初の反応が、概して不快感と反感を装ったものだったことを観察するのは興味深い。一八五一年のロンドン万博に対するラスキンの反応は、はっきりと嫌悪を露わにしたものであり、その意味では象徴的である。万博と張りあおうとするたしかな意図は、一八五五年、博覧会会場の見えるパヴィリオンに自分の作品を展示しようとするクールベの決定にも見てとることができる。その後マネがそれに倣うであろう。さらに一八八九年には、ゴーギャンが、万博会場からそれほど遠くないカフェで個展を開くことになる。万国博覧会の主宰者たちは、「しばしば芸術家のおかげで豊かになるが、逆に芸術家にも新しい霊感や仕事の要素を与えることのできる産業製品という隣人を」軽蔑しないようにと、飽くことなく芸術家たちを招いていた。

一八八九年の第五回万国博覧会では、エッフェル塔の建設に対して多くの芸術家の一団が抗議を起こした。その中には、ゾラ、メッソニエ、モーパッサン、ボナ等まったく性格を異にする者が含まれていた。エッフェル塔の優美な輪郭は、今日ではパリと切り離すことができないと思われる。おそらく彼らは、事が起こったあとでは知覚するのが困難になるなにものかを直観していたのであろう。つまり塔は、どこからでも見える参照点を与えることで、古きパリの迷宮的な特徴にとどめの一撃を加えたうえに、都市全体を一瞬のうちに消費できる商品に変えてしまったということである。

第三節　ボードレール、あるいは絶対商品

一八五五年のパリ万国博覧会については、貴重な証言が残されている。ここを訪れたボードレールが、パリの新聞に相次いで発表した三つの連載記事の中に、その印象を書き残しているのである。もちろん、ボードレールは美術に話題をかぎり、しかもその記事も、一見したところ、一八四五年と一八四六年のサロン評のために書かれた報告とたいして変わらないのは事実である。しかし、よく読んでみるなら、彼の並はずれて鋭い感受性は、芸術作品が商品から受けていた挑戦の重要性と新しさを見逃してはいなかった、ということがわかるのである。

その最初の記事（「美術に適用した進歩という現代的理念について」という意味深長な

タイトルがついている）で彼は、エキゾティックな商品の光景が知性ある訪問者に喚起したセンセーションを記述している。さらに彼は、観客がそれまでには体験したこともなかった注意を、商品に対して向けはじめたという点にも気づいている。彼はこう自問自答する。「現代のヴィンケルマン流は、シナの産物、ふちどりの濃い、色彩の強い、ときとしてはまるで消え入らんばかりに繊細な、この見馴れない奇異な産物の前に立ったならば、どうするだろうか、なんと言うだろうか」。「けれどもそれは普遍的な美の一つの見本なのだ。ただ、それが理解されるためには、批評家なり、観賞者なりが、自らのうちに神秘の血をひく一個の変形を……おこな」わなければならない。「万物照応」と題された彼の詩（それは一般にボードレールの秘教主義の真髄と解釈されている）の基調をなす考え方と同じものが、一八五五年の万国博覧会に関する記事の冒頭に表明されているのは、偶然ではない。かつて資本主義の黎明期にボスが、千年王国の神秘的な予言の概念を図解すべく、フランドルで最初の国際的な大市場の光景からさまざまなシンボルを引きだしていたのと同様に、ボードレールは、第二次産業革命の初めに、万博の商品の変貌の中から、その詩の情緒的な雰囲気や象徴的な要素を引きだしたのである（❶）。ボードレールのような敏感な目にとって、万博が明るみにだした重大な新事実とは、商品が無垢な対象であることを止めたということであった。つまり商品は、その享受や意味が実際的な使用に尽きるだけの対象であることを止め、マルクスが一二年後にその「物神崇拝的な性格」、「形而上学的や小理屈」、そして「神学的なむら気」について語るときに示唆することになる、落ち着きのない曖昧さを帯びるのである。商品がひとたび、有用という隷属状態から日常品を解放すると、これらと芸術作品とを隔てていた境界は、ますます危ういものになるのである。ルネサンス以来、芸術家たちは、職人や労働者の「作業《ファーレ》」に対する芸術的創造の優位性を打ち立てることで、飽くことなくこの境界を固めようとしてきたのであるが。

伝統的には芸術作品に限られてきたたぐいの興味を、商品へと収斂させはじめていた万博の「夢幻劇《フエエリ》」を前にして、ボードレールは挑戦に応じ、まさしく商品という土俵の上で闘いに挑むのである。異国の製品を「普遍的な美のひとつの見本」と語ったとき、暗黙のうちに認めていたように、彼は、商品化が対象に刻印する新しい特色を承認するとともに、それらが芸術作品に及ぼすことになるであろう影響力をも自覚していた。だが、同時に、それらを経済の専制や進歩のイデオロギーから引き離そうと望んでいたのである。商品の侵入を前にしたボードレールの偉大さとは、彼が、芸術作品そのものを商品や物神崇拝の対象へと変貌させることで、この侵入に対処したということである。つまり彼は、芸術作品においても、使用価値と交換価値とを、あるいはその伝統的権威《アウトリタ》と真正《アウテンティチタ》さとを区別するのである。芸術作品のあらゆる功利的な解釈に対する容赦のない論争や、詩はそれ自身以外にいかなる目的ももたないという執拗な宣言は、ここから生まれてくる。さらには彼が、美的経験のとらえがたい性格を強調したり、うかがい知れない束の間の顕現としてにあったのである(❷)。

美を理論化したりするのも、そのためである。この時から芸術作品をとりまきはじめてくる、よそよそしい不可侵性のアウラは、交換価値が商品に刻印した物神的性格と相関関係にあったのである(❷)。

しかしながら、彼の発見にまさしく革命的な特徴を与えているのは、使用価値と交換価値の分裂を芸術作品にも導入したという点に限られるわけではない。そればかりか彼は、価値の形式が完全に使用価値と合致する商品をつくろうと提案するのである。いわば「絶対《アツソルータ》」商品であり、そこでは、物神化のプロセスが、商品という現実を無効にしてしまうほどまでに推し進められる。使用価値と交換価値とがお互いに打ち消しあい、それゆえその価値が無用さにあるとともに、その使途が不可侵性そのものにあるというような商品は、もはや商品ではない。芸術作品の究極的な商品化とはまた、商品のもっともラディカルな廃棄でもあるのだ。「ショック」という経験を自己の芸術の営みの中心に据えるという屈託のなさも、そこから生まれる。「ショック」とは異化の潜在的な能力のことであり、対象がその使用価値に由来する権威を失うときに、対象はこの能力を帯びることになる。この権威はまた、伝統的に対象を理解可能にしてきたものだが、それが失墜するとき、商品は謎に満ちた仮面を装うのである。芸術が産業文明に生き残ろうとするなら、芸術家は、使用価値と伝統的な可知性の破壊——それこそが「ショック」の経験の起源だが——を、その作品の中で再現しようと努めなければならないということを、ボードレールはよく理解していた。そうすることによって芸術家は、その作品を、とらえどころのないものの伝達手段とすることができるようになり、またとらえどころのなさそのものに、新しい価値と新しい権威を与えることができるようになるのである。そのことはしかし、伝統の中に組みこまれることによってはじめて芸術に与えられる保証書を、芸術が放棄しなければならないということを意味していた。この伝統を通じて芸術家たちは、現在と過去、新と旧との間を絶えずつなぎあわせる場や対象を構築してきたのだが。こうして芸術はいまや、まさしく自己否定を、その唯一の生存の可能性とみなすことになるのである。ロマン主義の詩人たちのより進んだ経験を「自己滅却の無」と定義したときに、ヘーゲルがすでに気づいていたように、自己解体は、芸術作品が近代《モデルニタ》に対して支払わなければならない代償なのである。ボードレールが詩人に逆説的な役割を振りあてたのは、まさしくそのためであったように思われる。ポオに関する論考の中で彼は、「触知できないものを捕まえることのできない者は詩人ではない」と述べ、創造の経験を、「美との決闘にのぞんで、敗れる前から恐怖の叫びをあげる芸術家」の生死をかけた決闘と定義している。

近代詩の創設者が物神崇拝者《フェティチスタ》であったというのは、幸運なことである（❸）。女性の衣装や髪、宝石やメイキャップへの情熱（「現代生活の画家」の中で彼はためらいなくそれを表明している）なくしては、商品との対決においてボードレールが勝利を収めることは困難だったであろう。まさしく否定そのものを通して不在を存在に変えるというフェティシズムの対象がもつ奇跡的な力を、個人的に経験していなかったとしたら、ボードレールが芸術に、かつて人間がその創造に与えたこともないほどに野心的な任務をあえて課するということは、おそらくなかったであろう。まさに非現実性の同化という任務を。

註釈

❶――「万物照応」と商品　「万物照応」の詩の全体は、万国博覧会を訪れたボードレールの奇妙な印象の書き換えとして読むことができるであろう。先に引用した記事でもボードレールは、エキゾティックな商品を前にした訪問者の印象について、こう語っている。「母親の居間の匂とは違ったこれらの匂、眼を奪わんばかりの強い色彩を持ち、眼差しをからうかの如き形をしたこれらの花々、感覚をあざむき、置きかえて、むしろ嗅覚に属するさまざまな想念を味覚に啓示するこれらの果物、これらすべての新たな調和の世界が、徐々に彼の中に入りこみ、香料風呂の蒸気のように、忍耐づよく滲透するであろう。この未知の生命力のすべてが、彼固有の生命力に付加されるであろう。幾千もの新しい理念、感覚が、神ならぬ身の彼の辞書を豊かにし、……」。そして、このような光景を前にして、「万物照応の鍵盤の上を自在に走りまわることのできぬ」衒学者たちについて、軽蔑をこめて語っているのである(「一八五五年の万国博覧会、美術」、中山公男・阿部良雄訳、ボードレール全集4、人文書院、一九六四年)。

ある意味でボスの《快楽の園》もまた、商品によって変貌した宇宙のイメージとして見ることができるであろう。ボスは、四世紀後のグランヴィルと同じように、自然を「特選品《スペチアリタ》」へと変貌させる。このことはまた、膨大な商品の出現をはじめて目のあたりにして、それらの対象を異化させることで表現しようとした、ボスと同時代の多くのエンブレム本の著者や「家紋《ブラゾン・ドメスティック》」の作者たちにもあてはまる。有機的なものと無機的なものが混ぜあわされ

図10・11――グランヴィル〈フーリエの体系〉『もうひとつの世界』より

た空想的なボスの被造物や建築は、奇妙なことだが、万国博覧会の商品の「夢幻劇《フェエリ》」を先取りしているように思われる。フレンガーの解釈によれば（W. FRAENGER, *Das tausendjahrige Reich*, Winkler-Verlag, 1947）、ボスはその絵で、アダム主義的な神秘理論を象徴的に表現したとされるが、われわれの観点から言えば、その神秘的な桃源郷《クッカーニャ》は、フーリエの産業革命のエロティックなユートピアとむしろ類似している。『もうひとつの世界』でグランヴィルは、フーリエの予言をイロニックに解釈した何枚かのすばらしい挿絵を残している（アダム主義の教義に対するイロニックな意図はまた、ボスにもなかったわけではないだろう）。北極のオーロラ、空に舞う娘として表わされた七つの人工の月、桃源郷の風景に変貌する自然、「移ろいやすい」感情にしばられた有翼の人間（図10・11）。

❷——ベンヤミンとアウラ　芸術作品の伝統的な権威と価値が揺らぎはじめるという兆候を感じとっていたベンヤミンも、次のことには気づかなかった。つまり、彼が総括して「アウラの失墜」と呼んだこのプロセスは、「文化の鞘《さや》からの対象の解放」や、政治的実践へのその基礎づけを結果としてもたらしていたわけではないということ。それどころかむしろ、対象は、その正当性を別の次元で要求し最大まで高めることで、商品によって倍加させられた物の交換価値と完璧に類似した、新しい価値を帯びるようになり、それによって新たな「アウラ」が再構築されたということである。

　とはいえここで、いまいちど以下の点を思いだしておこう。ベンヤミンは「アウラ」という概念——彼のもっとも典型的な概念のひとつ——を、神秘的・秘教的なテクストだけからではなく、一人のフランスの著作家からも引きだしたということである。それとは、レオン・ドーデである。今日では不当にも忘れ去られているが、ベンヤミンはドーデを高く評価していた。もちろん、その無骨な政治思想には不信感を抱いていたが。ドーデの著作『メランコリー』［*La melancholia*, 1928］には、アウラ（「雰囲気《アンビアンス》」という名前でも登場する）に関する考察が含まれており、それは、真剣にとりあげるに値するものである。とりわけ、ドーデがボードレールに与えた「アウラの詩人」という定義は、この詩人に関するベンヤミンのすぐれた研究の中心モティーフのひとつの源泉になったにちがいない。匂いに関するベンヤミンの考察もまた、ドーデの直観に予言されている。ドーデいわく、「嗅覚作用はわれわれの感覚でいちばんアウラに近いもので、その概念や表象をわれわれに提供するのにもっとも適している。嗅覚のもたらす幻覚は、もっとも得がたく、もっとも深いものである……」。さらに、ベンヤミンが『複製技術時代の芸術』で、アウラを獲得する手段としての古い写真について語ったくだりは、「アウラの伝達者」としての写真や映画に関するドーデの考察に先例がある。また特筆すべきは、医者でありかつ作家であったレオン・ドーデのアウラ概念に、ミンコフスキーのような精神病理学者が興味をもって注目している点である。彼は、その著『精神のコスモロジーへ』（中村雄二郎他訳、人文書院、一九八三年［*Vers une cosmologie*, 1936］）の中の嗅覚作用についての章で、ドーデを広く参照している。

❸——**物神崇拝者《フェティチスタ》、ボードレール**　ボードレールにおける物神崇拝的な主題の目録には、有名な詩「宝石」のほかに、散文詩「髪の中の半球」も含まれる。前者には、「いとしいひとは裸だった、しかも僕の心を知り、／響き合う宝石しか身につけていなかった……」（『悪の華（初版）』、福永武彦訳、ボードレール全集1、人文書院、一九六三年）とあり、後者には、「お

前の弾力にみちた、ままならぬ髪をしきりと噛んでいると、僕には何かしら思い出を食べているような気持さえして来るのだ」(『パリの憂鬱』、福永武彦訳、ボードレール全集1)とある。

前にも引用したコンスタンタン・ギース論「現代生活の画家」――それはボードレールの詩論の「大全《スンマ》」とも言うべきものだが――では、メイキャップについて次のように語られている。「女性が妖麗かつ超自然的なすがたに見えようと丹精するのは、まったく正当な権利だし、一種の義務をはたすことでさえある。女性は人を驚かし、魅惑する必要がある。偶像として、崇拝されるために身を金粉でおおわなければならないのだ。だから女性は、……自然の上方に高く昇る手段を、あらゆる芸術から借りてくるべきだ。……そうした手段を数え立てれば限りもないだろう。しかし、私たちの時代が俗にメイキャップと呼んでいるものに話を限るとしても、おめでたい哲学者連がおろかしくも排斥の対象としている白粉《おしろい》の使用というものは、狼藉者の自然が顔色の上にまきちらしたありとあらゆる汚点を消し去り、皮膚の木目《きめ》と色のうちにひとつの抽象的な統一をつくり出すことを、目的ともし結果ともしており、この統一こそは、肉襦袢《タイツ》によってつくり出される統一と同じように、人間をたちまち彫像に近づける、すなわち神的で一段上の存在に近づける……」(阿部良雄訳、ボードレール全集4)。

第四節　洒落男《ボー》ブランメル、あるいは非現実性の出現

一八四三年グランヴィルは、友人フォルグの本文に添えて、『人生の些細な悩み』を公にした。独創的なまでに倒錯した一連の挿絵において［図12］、グランヴィルは、近代人にますますなじみ深いものとなる現象を、はじめて提示してみせた。つまり、物の悪意である。水漏れして閉めることのできない蛇口、反り返った傘、頑固に足にへばりついて引きあげることも脱ぐこともできないブーツ、一陣の風で散らばってしまったトランプのカード、はまらない栓、引きちぎられたズボン、グランヴィルの予言的な視線は、これらの物の中に、単なる偶然の事故を超えて、人間と物との新しい関係の暗号を読みとる。馴れ親しんだ対象の不安な変貌に直面した人間の当惑を、彼ほど的確に表現したものはいない。彼の筆にかかると、物たちはその無邪気さを失い、はっきりと悪意をもっているかのように、人間に反抗する。物たちは、利用されることを回避しようとし、人間の感情や意図によって生命を吹きこまれ、怠惰にもなれば、不平がましくもなるのである。それゆえ、物たちが好き勝手な態度をとっているのを見ても、われわれは驚かないであろう。

図12——グランヴィル〈カリカチュア〉『人生の些細な悩み』より

『マルテの手記』の中で、落ちる蓋のエピソードについて同じような現象を記述したリルケは、啓示的な調子で、次のように指摘している。「最近になって、物と人間との関係には混乱が生じた」、と。こうした妄想的な反逆シーンの上演において表明されているのは、商品化された対象に対する人間の悪意である。職人的な対象が大衆的商品へと変貌するという現実の中に暗示された堕落、近代人はそれを、物との気楽な関係の喪失の中で日常的に体験している。物の堕落に対応して、人間の不様さが、つまり物から復讐されるかもしれないという恐れが現われてくる。グランヴィルが筆を託したのはまさにこの現象に関してである(❶)。

物に対して悪意を抱きはじめていた社会において、その理想像となるのが、決して困惑することのない男「ダンディ」であったという事実も、いまや非常によく理解できるであろう。イギリスのかなりの数の名士たち、さらには王自身さえも、洒落男《ボー》ブランメルの言うことに耳を傾けたとすれば、それは彼が、それなしではもはややっていけない知識の所有者たるべく振る舞っていたからである。物との気楽な関係を失った人間に対して、エレガンスと贅沢を生きる糧とするダンディは、物との新しい関係の可能性を教えたのである。その可能性は、交換価値の蓄積はもちろん、使用価値の享受をもはるかに超えるものである。ダンディとは、物の贖い主、つまり商品という原罪を自らのエレガンスで打ち消す人物なのである(❷)[図13]。

図13——洒落男ブランメル

グランヴィルの描く生命ある物たちに恐れすら抱き、ダンディズムを一種の宗教と考えていたボードレールは、はっきりと理解していた。詩人（彼自身の言葉によれば、「触れることのできないものを扱う」すべを心得ていなければならない者）はこの点でダンディからなんらかの教訓を得ることができるはずだ、と。

一方、商品の物神性に関するマルクスの分析は、次のような考えに基づいていた。「どんな物も、使用対象であることなしには、価値ではありえない。物が無用であれば、そこに含まれている労働もまた無用であり、労働としては数えられず、したがってなんらの価値も形成しない」。つまりマルクスによれば、「生産それ自体は、その全発展において、使用価値へと向けられているのであって、交換価値にではない。それゆえ、消費において使用価値に要請される度合いが過剰になる場合に限って、使用価値は使用価値たることを止め、交換の手段、つまり商品となるのである」。この前提と合致するかのように、使用価値の享受はマルクスによって、交換価値の蓄積に対比されている。それはあたかも、何か自然なものが、逸脱したものに対比されるかのようである。マルクスによる資本主義批判の全体は、交換価値の抽象性に対する使用対象の具体性の名のもとにくりひろげられていたと言ってもいいだろう(❸)。マルクスは、ある種のノスタルジーをこめて、ロビンソン・クルーソーや自給自足の共同体の例を喚びだす。そこでは、交換価値は存在せず、したがって生産者と物との関係は、単純かつ透明なのである。かくして彼は『資本論』にこう記す。「財の蓄積ではなく財の享受が、その推進の動機となっていると仮定するなら、資本主義は最初から無効になる」。マルクスの批判の限界は、彼が功利主義的なイデオロギーから抜けだしていないところにある。それによれば、使用価値の享受は、人間と物との本来の自然な関係だというのである。それゆえ、交換価値の蓄積はもちろん、使用価値の享受をも超える物との関係の可能性は、マルクスの視野からは逃れているのである(❹)。

近代の民族学は、「どんな物も、使用対象であることなしには、価値ではありえない」というマルクスの先入観を無効にした。したがって、経済生活の心理的動機は有用性の原理であるという、この先入観に依拠する考え方もまた無効となる。経済の原初的形態を検討することによって明らかとなったのは、人間の行為が生産、保存、消費には還元されないということ、そしてかつて人間はそのあらゆる行動において、むしろ喪失と非生産的な消費の原則とも呼べるべきもの（いくぶん誇張はあるが）によって支配されていたように思われるということである❺。

「ポトラッチ」と儀礼的浪費に関するモースの研究は、物々交換ではなく贈与が交換の原初的形態であること（マルクスの知らなかった点）を明らかにしたばかりでなく、儀礼的贈与から高価な財の破壊にいたる一連の行為に光をあてた。こうした行為は、経済的功利主義の観点からは説明できないものであろう。この基礎の上で、未開の人間は、富の破壊と拒否を通じてはじめて、彼が望む地位を獲得できるのである。未開人は、失うためにもまた贈るのであり、彼と物との関係は、有用性の原理にではなく、犠牲の原理に支えられているのである。他方、モースの研究はまた、未開社会において「物」は、単に使用の対象ではなく、生きものにも等しいある力、「マナ」を与えられており、宗教の領域と深くからみあっていることを示した。物は、原初の聖なる秩序から引き離される一方で、この聖なる秩序を物に回復させるべく、贈与と犠牲が介入してくるのである。この要請はあまりにも普遍的なものに見えたのか、ある民族学者は、未開文化において神々は、犠牲と譲渡という人間の必要を組織立てるためだけに存在していると主張したほどである。

ボードレールが、「北アメリカの森の中で旅人たちが出会ったかのようなタイプのダンディ」について語ったとき、暗に示していたのはこの種の振舞いであっただろう。たしかなのは、ボードレールが「胸のむかつく有用性」をあまりにも嫌悪していたために、使用価値への単純な回帰によって商品の世界が破棄されてしまうとは考えられなかったということである。ダンディにとってと同様、ボードレールにとっても、功利主義的な享受とは、商品化と同じ意味で、物との疎外された関係にほかならなかったのである。彼が近代詩に残した教訓とは、商品が商品として無効になるまでに矛盾を極限にまで推し進めて、物にその真実をとりもどしてやることが、商品を超える唯一の方法だということである。ちょうど隷属的な使用のために堕落し世俗化した物が、犠牲によって聖なる世界に戻されるのと同じように、詩的な変貌によって、物は享受からも蓄積からも引き離され、その原初的な状態をとりもどすのである。この点でボードレールは、詩的行為と犠牲、詩を謳う人間と犠牲を捧げる人間との間に大きな類似を認め、「犠牲の理論」を書くことを計画していたほどである。『火箭』の覚え書きは、そのための断片にほかならない。犠牲が捧げられるのはただ破壊を通じてのみであるのと同様に、商品の虚偽が真実へと変わるのは、商品をとらえがたいものにする異化と、伝統的権威や明瞭性の解体とを通じてのみである。そしてこれこそが「芸術のための芸術」という理論の意味にほかならない。それは、決して芸術をそれ自身のために「享受」するということを意味するのではなく、芸術を通じて芸術を「破壊」することなのである。

ダンディと詩人とが物にもたらした贖罪とは、ごく一瞬のうちに物を喚び覚まして、美的な顕現を実現させてみせることである。文化をショックの経験に譲り渡し、それが解体していく様子を再現してみせることが、こうして、物そのものにとって最後に残された可能な意味と価値の根源となるのである。交換価値の資本主義的な蓄積に対して、あるいはマルクス主義や解放の理論家たちのいう使用価値の享受に対して、ダンディと近代詩は、物との新しい関係を提出する。非現実性の同化がそれである。

こうした犠牲の任務を成功させるには、芸術家が、自己放棄と喪失という原則を極限にまで推し進めることが条件である。「わたしとは一個の他者である」というランボーの計画的な叫びは、文字どおりに受けとられなければならない。つまり、物の救済は、物になることによってのみ可能なのである。芸術作品が、絶対的商品となるために自らを破壊し異化するように、芸術家＝ダンディは、生きた屍となって、「他者」、つまり本質的に非人間的で反人間的な創造物へと常に注意を向けていなければならない(❻)。

バルザックはその『優雅なる生活』の中で、次のように書いている。「ダンディに振舞おうとすると、人は居間の調度品に、あるいは非常に巧みなマネキンになる」。バルベー・ドールヴィイもまた、ジョージ・ブランメルについて述べながら、同じような観察をしている。「彼は自分を物のランクにまで引きあげた」と。またボードレールは、ダンディズム（彼にとっては詩の実践と一心同体であった）を、「もっとも厳しい修道院の戒律に、あるいは党員に自殺を命じる山岳党の大老のあらがいがたい命令」に比較している。

創造行為は、そして創造者自身も、異化の過程を出し惜しんではならない。近代詩において創造のプロセスが前面に打ちだされ、作品から独立した自律的な価値として確立されるのは（「どうして人は、芸術作品の制作を芸術作品それ自体として考えないことがあろうか」とはヴァレリーの言）、なによりもまず具体化されえないものを具体化するという試みによってなのである（7）。作品が商品へと変貌したのちに、芸術家はいまや、商品という非人間的な仮面を自らが被り、人間らしさの伝統的なイメージを放棄するのである。近代芸術に反動的な批評家たちが、その非人間化の傾向を批判するときに忘れているのは、偉大な芸術の時代においてさえ、芸術の重心が人間の領域にあったためしは一度もないということである（8）。近代詩に新しいところがあるとすれば、それは、ますます人間を讃えると同時にますます人間を物へと還元していく社会を前に、近代詩がユマニスム的なイデオロギーの化けの皮を剝いだということである。バルザックがジョージ・ブランメルの口を借りて言わせた「頓知《ブタード》」、「人間ほど人間に似ていないものはなにもない」を、近代詩は厳密なまでにわがものとしたのである。『キュビスムの画家たち』でこの問題を申し分なく定式化したアポリネールは、「芸術家たちはなによりもまず、非人間的たらんと欲している人間たちである」と述べている。ボードレールの反ユマニスム、ランボーの「怪物のような魂をもつこと」、クライストのマリオネット、ロートレアモンの「それは人間か、石か、はたまた木か」、マラルメの「私はまさしく分解されている」、人間とタピストリーを混同しているマティスのアラベスク、「私の情熱はむしろ、死者たちや生まれていないものたちに向けられている」(クレー)、ベンの「人間らしさは関係ない」、さらにはモンターレの「ナメクジの跡の真珠の光沢」やツェランの「メドゥーサの頭と人造人間」にいたるまで、すべては同じ要求を表わしているのである。「人間の向こう側にもなお形姿がある」という。

近代詩の探求の対象にどのような名前を与えるとしても、その「探求《ケット》」が、このような無気味な領域へと差し向けられていることにかわりはない。そこには、人間もいなければ、神もいない。神聖であると同時に悲惨で、魅惑的であると同時に恐ろしくもある存在が、あたかも未開の偶像のように、不可解にもそこに屹立している。それは、死者の硬直した身体の物質性とともに、生者のとらえがたい妄想をも兼ね具えた存在である。「物神《フェティッチョ》」か、それとも「聖杯《ガアル》」か。顕現と消滅の場として、近代詩はそのつど自らの言葉の幻影《シムラクロ》へと立ち戻り、異化と認識、贖罪と没収のプログラムを最後まで貫徹することのないまま、その幻影の中に氷解していく。そのプログラムは、百年以上も前に、最初の輝かしい崇拝者たちが、詩に課したものだったのだが。

註　釈

❶——**グランヴィル小話、あるいはオドラデクの世界で**　人間と物との新しい関係についてもまたポオは、これを書き留めた最初の人物であった。『不条理の天使』というタイトルでボードレールが翻訳したその短篇には、カフカの糸巻きオドラデクの祖先とも言える、信じられないような悪夢の創造物が登場している。その身体は、どことなく人間を思わせるように、道具類でつなぎあわされ（小さなワインのデカンター、二つのビン、漏斗、一種の煙草ケース、二つの樽）、「人間の不祥事や怪事件を司る守護神」のように表わされている。その存在を信じなかったために、物語の主人公は、一連の「些細な事件」に巻きこまれ、もう少しで墓に片足を突っこむところであった。

物を前にして、自分自身も「物の見せかけ」になってしまうかのような人間の当惑は、ボスの時代にすでに表現されている。たとえば、「無機物に命が吹きこまれる」かもしれないという懸念として、さらにはあらゆる物や被造物をその固有の形態やなれ親しんだ環境に結びつけているつながりへの不信として。グランヴィルの予言的な才能が発揮されるのも、これら二つの様式化の過程においてである。「命を吹きこまれた花々」、海の植物と化した軍人の勲章、擬人化された楽器、「紋章化した動物」、飛びだした眼球、さらには彼の『もうひとつの世界』にあふれている一連の不安なメタモルフォーズにおいて、これら二つの様式化は渾然一体となり、並ぶもののないほど無気味な効果をあげている。

ボードレールは、グランヴィルの「不当な交配」に魅了されるとともに恐れすら抱き、そのデッサンに、「黙示録に変貌した自然」を見ていた。そして、一種の畏敬の念とともに、彼についてこう語っている。「グランヴィルをおもしろがる浅薄な人々もある。私はといえば、彼は私を恐怖させる」(「フランスの風刺画家たち」中山公男・阿部良雄訳、ボードレール全集4、人文書院、一九六四年)。

読者の困惑や隠れた恐怖に訴えかける「無気味」な文学のジャンルが、大衆の商品として誕生したのも、またこの時代である。グランヴィルが「マリオネットのルーヴル」で先鞭をつけた、生気を与えられた肖像画というテーマは、ゴーティエによってある物語で発展させられ、その後数多くのヴァリエーションの中で模倣された。オッフェンバックが、もっとも成功を収めた歌劇のひとつの台本に『ホフマン物語』を選んだとしても、驚くにはあたらない。そこには、ホフマンの『砂男』からとられた、生きているかのような冷たい人形オランピアが登場している。「資本の永続的支配というイロニックなユートピア」(ベンヤミンによればそれこそが歌劇である)の中で、こうして、生気を与えられた対象が不吉なその姿を現わすことになる。そしてそれは、より進んだ機械化の時代に、その第二の生を経験することになるだろう。

まさしく「無気味なもの」[Das Unheimliche]に詳細な研究を捧げ、グランヴィルにも親しい二つのテーマ、飛びだす眼球と生気を与えられた人形の例をホフマンの小説に見いだしたのは、フロイトである。雑誌『イマーゴ』第五巻に掲載されたこの研究で導きだされた結論は、非常に興味深いものである。フロイトは、「無気味な」[Unheimliche] ものの中に、抑圧された「親しいもの」[Heimliche] を見ている。「この「無気味なもの」は実際にはなんら新しいものでもなく、また、見も知らぬものでもなく、心的生活にとって昔から親しい何ものかであって、ただ抑圧の過程によって疎遠にされたものだからである」(高橋義孝訳、フロイト著作集3、人文書院、一九六九年)。もっとも親しい物たちをとりまいている不吉な雰囲気の中に、ひそかに表明されているのは、商品と化した「人工物」[facticia] の堕落を認めることを拒絶する態度である。これらの物とは、もはや安らかな関係を保つことはできないだろう。

死んだ物質を有機的な被造物へと変貌させるアール・ヌーヴォーは、この困惑を様式の原理にまで昇格させる。この新しい様式に好意的なある批評家は、一九〇五年にこう書いている。「パンコックの洗面台は、軟骨のようにふくらんだ足をしていて、まるで生きもののように見える。ヘルマン・オブリストがソファーをデザインするとき、肘掛は、ものを捕まえて離さないたくましい筋肉の腕のように見える」。その何年後かにシュルレアリスムは、異化効果を芸術作品の基本的な特徴とみなすことになるだろう。グランヴィルは、シュルレアリストたちによって、その先駆者としての地位を与えられる。マックス・エルンストのあるリトグラフには、「新しい世界が誕生する、グランヴィルに栄光あれ」とある。

❷——ブランメル小話　ボー・ブランメルのもっとも名高い台詞のひとつ(「君はこの品物をジャケットと呼ぶのかい」)、さらにはほぼ同じ意味の別の台詞(「君の足の上のこれらのものは何だい」)は、衣装の品目と「物」との根本的な相違という前提に基づいている。こ

の相違のために、ジャケットのように明らかに一般的な使用対象も、とらえがたい本質へと高められることになる。

彼の同時代人たちは、ブランメル現象が可能になる究極的な根拠が、「現実」の商品化にあるということに気づいていなかった。それは、ハズリットのような鋭い同時代人についても同様である。ハズリットは、ボー・ブランメルの「機知《ウィット》」のメカニズムを検証した最初の人物で、彼はこの「機知《ウィット》」を「ミニマリズム」と定義した。そして次のように述べる。「ブランメルは、最小限の機知にまで心をくばる。そしてそれを、器用にかそれとも苦労してか、ほとんどわからない程度まで練りあげるのである。彼のすべての〈名言〉は、ただひとつの条件に基づいている。つまり、ごくごく些細なことを、さも重要であるかのように誇張することである。……その意味は希薄で、語の間には〈何も生きていない〉。つまりナンセンスなのである。その名言は、空虚の淵を漂い、その虚ろな構文において、かぎりなく無に近い……。無から何かを引きだそうとすること、それこそが、まさしく彼の技術である」。ところで、ボー・ブランメルのジャケットは、「物」と対比される。ちょうど、商品が使用対象と対比されるように。だがさらに、彼のジャケットは、使用価値の曖昧な残滓をすべて拭いさって、商品そのものを凌駕し、その物神としての性格を、一種の弁証法的な止揚の中で解消させることで、いわば透かして見せるのである。それと同時に、とるに足らないものをもちあげることで、「ダンディ」は、ある特異な性格の使用価値を新たにつくりだす。その使用価値はもはや、功利主義的な用語では、理解することも定義することもできないものである。

偽善的とも言えるほどに装飾の膨張に傾倒していた時代にあって、ブランメルの服装の禁欲的なまでの簡潔さは、対象に対していかなる悪意も抱いていないところに由来している。さり気ないネクタイの結びというような、見過ごされがちな「ニュアンス」にエレガンスの基準を置くのも、またそのためである。ブランメルによって編みだされたネクタイ結びのテクニックは、まさしく禅の手本にも匹敵するもので、わざとらしさは何であれ避けられなければならない。召使いのロビンソンは、身仕度をした主人が、少し皺になったカラーを手に毎晩外出するのを目撃したという。「ちょっとしくじって」と、主人は弁解したことだろう。近代のすぐれた詩人たちの何人かは、ブランメルを師と仰ぐのにやぶさかでなかったが、この点でも彼は、芸術作品に「偶然」をとりもどした先駆者ともみなされるであろう。この「偶然」こそ、現代芸術におおいに浸透したものである。

自己の主観性のあらゆる痕跡を拭い去ろうとする点で、ブランメルほど徹底した域に到達したものはいない。宗教的な苦行のテクニックにも匹敵する禁欲主義によって、彼は、個性のあらゆる痕跡を自己から消し去ろうとする。まさしくその意味で、彼の「頓知《プタツド》」のいくつか、たとえば「ロビンソン、どっちのレーキ色が私の好みだろうか」は、真面目に受けとられなければならない。

知性ある同時代の何人かは、ボー・ブランメルが、その時代の精神にとって非常に意味深い何ものかを体現しているということを、見逃しはしなかった。バイロンは、ナポレオンよりもブランメルに生まれ変わりたいと語ったことがある（騎馬の社会の精神に対する「居間《ブドウワール》」の社会の精神、それは軽い褒め言葉ではない）。ブルワー＝リットンは、その小説

『ペーラム、紳士の冒険』（その主人公はまさしくブランメルの再来である）で、「ダンディ」の「些事」について書いている。「花を編んで、無駄な房飾りをつくることもできるが、また古代人たちのバッカスの杖［その先端に松笠を付けて、蔦や葡萄の葉などを巻き添える］のように、神聖な道具のうえにつけることもできる」。さらに「ワイシャツのカラーの皺には愚か者たちが考える以上の〈情念《パトス》〉が宿っている」とも。

❸——**マルクスと使用価値**　実際には、この点に関するマルクスの立場はそれほど明確ではないし、時間とともに変化もしている。一八四四年の『草稿』ではまだ、使用価値も、交換価値と同じく自然ではないものとみなされていたように思われる。「私有財産はわれわれをひどく愚かにし、一面的にしてしまったので、われわれが対象を所有するときにはじめて、したがって〈対象が〉資本としてわれわれにたいして実存するか、あるいはわれわれによって直接に占有され、食べられ、飲まれ、われわれの身につけられ、われわれによって住まわれる等々、要するに使用されるときにはじめて、対象はわれわれのものである、というようになっている」（『経済学・哲学草稿』、城塚登、田中吉六訳、岩波書店、一九六四年）。

❹——**自然の欲求と自然ではない欲求**　ブラウンやその他の「解放」の理論家たちは、次のことに気づいていた。つまり、マルクスは、「使用価値の過剰」という言葉で何を言おうとしたのか一度も説明してはいないし、また貨幣の神聖な起源も無視していたということである。しかし、それにもかかわらず彼らは興味深いことに、常識に訴えることで、自然の欲求と自然ではない欲求、あるいは必要と過剰を区別する必要があると主張したのである［ノーマン・O・ブラウン『エロスとタナトス』、秋山さと子訳、竹内書店新社、一九七〇年、とくに第一

五章、「汚れた金銭」等を参照〕。こうして彼らは、「自然の欲求」のブルジョア的な抑圧に代えて、過剰の道徳的な抑圧を置こうとする。近代芸術が、解放の理論家たちよりもいっそう革命的なものを含んでいるとすれば、それは、「自然ではない欲求」や「倒錯」を極限にまで推し進めることによってしか、人は自分自身を見いだし、抑圧に打ち勝つことはできないということを、近代芸術が最初から理解していたという点である。

❺——**バタイユと非生産的な消費**　この原理を定義し、この原理に基づいて経済の科学を打ち立てようとするもっとも厳密な試みは、バタイユの論考「消費の概念」(*La notion de dépense*, in *La critique sociale*, n. 7, 1933) に見られる。それはその後『呪われた部分』(*La part maudite*, 1949〔生田耕作訳、バタイユ著作集6、二見書房、一九七三年〕) で再びとりあげられ発展させられた。バタイユの考えのもとになっているのは、モースのすぐれた『贈与論』(*Essai sur le don*, in *L'année sociologique*, 1923-24〔有地亨訳、勁草書房、一九六二年〕) だが、モースは実際、儀礼的な浪費やポトラッチを単純に功利主義的な原理に対立させてはいないばかりか、もっと賢明に、こうした対立は社会的行為を説明するのに不十分であることを示していた。

❻——**アンチ・ヒーローの系譜**　近代の芸術家たちが自分自身を表象した人物(あるいはむしろ反-人物)の想像的な家系図には、反ユマニスムの特徴が顕著である(イジチュール、フォストロル博士、クロッシュ氏、スティーヴン・ディーダラス、ムッシュ・ル・ヴィヴィセクトゥール、プリューム、鳥の王ロプロプ〔図14〕、ヴェルフ・ロンヌ、エイドリアン・リーヴァーカーン)。

図14――マックス・エルンスト《ロプロプを紹介するロプロプ》ヒューストン　個人蔵

❼――**作品の失墜**　ゴットフリート・ベンは、正当にもその『抒情詩の諸問題』（一九五一年、内藤道雄訳、ゴットフリート・ベン著作集2、社会思想社、一九七二年）の中で、ポオからマラルメ、ヴァレリー、パウンドにいたるすべての近代の詩人は、創作のプロセスに対して同じ興味を共有し、それは作品そのものにも表わされていると述べている。同様の関心はアメリカの新しい詩の詩人たちの一人、ウィリアム・カーロス・ウィリアムズにも認められる（その『パターソン』は、オーデンの『不安の時代』とともに、おそらく現代詩における長篇詩の試みで、もっとも成功しているものであろう）。「書かれたものは取るに足らぬ。／書くにいたるまでが……／……難しさの十分の九を占める」（『パターソン』、沢崎順之

助訳、思潮社、一九九四年)。おもしろいのは、創作のプロセスの具象化が、あらゆる芸術作品に含まれる具象性を拒絶することからまさに生まれているという点である。芸術的対象を一貫して否定し、「作品」という概念そのものを無効にしようとしたダダイズムは、こうして反語的にも、精神的活動それ自体を商品化することになる(ツァラ『詩の状況』[*Essai sur la situation de poésie*, 1931])。同じことはシチュアシオニストたちについてもあてはまる。彼らは、芸術を実践することによって芸術を廃棄しようとするため、結局のところ逆に、芸術を人間の全実存にまで拡大させる結果に終わるのである。こうした現象の起源は、おそらくシュレーゲルやゾルガーのいわゆる「ロマン的イロニー」に関する理論に見いだされる。この理論はまさしく、作品に対する芸術家(つまり創作のプロセス)の優越という前提に基礎を置いており、表現と表現されないものとの間の一種ネガティヴな関係へと導く。それは、精神の留保にも比較される。

❽——**反ユマニスム的であって、反人間的ではない**　「芸術の非人間化」(一九二五年)を著わしたオルテガも、この事実をよく自覚していた。近代芸術における反ユマニスムが批判されるとき、オルテガの権威が喚びだされてきたことは興味深い。近代芸術の論争は、人間に対して向けられたのではなく、そのイデオロギー的な偽装に対して向けられた。つまりこの論争は、反人間的なのではなくて、反ユマニスム的なのである。さらに、エドガー・ウィントが鋭く洞察したように、美術史家たちもまた、この非人間化の過程を免れていたわけでは決してない。一九世紀の後半に練りあげられた様式的な方法は、その明らかな証拠である(ゴシック様式の本質は、大聖堂と同様に、先の尖った靴にも顕著に表われているというヴ

エルフリンの有名な「頓知《ブタツド》」は、それを要約している)。

第五節　マダム・パンクーク、あるいは玩具の妖精

「物神《フェティッチョ》」という用語の意味の推移の歴史には、教訓的な内容が隠されている。「反駁すべき議論の対象にもならないほど不条理なもの」として、当初「野蛮な」文化の他者性の中に追い払われていたものは、まず経済の分野で、大衆商品として再生し、続いて性生活の内奥で、倒錯的な欲望の選択として甦ったのである。一九世紀末から二〇世紀初頭にかけて増殖するフェティシズムの症例(三編みの髪を切り落とす者、糞尿愛好者、鼻を鳴らして匂いを嗅ぐ癖のある者、そして靴、ナイト・キャップ、黒いヴェール、下着、下着の染み、毛皮、かつら、革製品、指輪へのフェティシズムから言葉や象徴への変質的愛好ま

で）は、物の全般的な商品化と軌を一にし、宗教的な力を帯びた事物が日用品に、さらには日用品が商品へと変貌をとげる中で、人間の労働によって生産された「人工物《ファクティキア》」の新たな変容を予告したのである。

フェティシズムの領域へと対象が入りこむと、その物に適切な使用法を与えていた規準からの逸脱の兆しがいつも認められる。こうした逸脱が何を意味するかを特定することは、さして困難なことではない。ド・ブロスにとってそれは、物質的な対象が、触知できない神の領域へと移行することであったし、マルクスにとっては、使用価値の侵犯であった。また、ビネやフロイトによれば、欲望がその本来の対象から逸脱することであった。フェティシズムという概念の推移の地図は、こうして、ある種の抑圧によってコード化されている法則性を透かし彫りにしてみせるのである。が、解放の理論家たちも、いまだこの抑圧に、つまり物に影響を及ぼし、その使用の規範を決定するこの抑圧というものに関心を示してはいなかった。われわれの文化において、こうした法則性は、はっきりと確認されているわけではないが、あまりにも厳格なものなので、レディ・メイドの例が示しているように、ある対象をひとつの領域から別の領域へと単純に移し換えてみるだけで、その対象をわけのわからない無気味なものにするのに十分なほどなのである。とはいえ、実際にどんな使用の法則からも免れていると言えるほどに、特殊な使われ方をしている対象が存在している。玩具がそれである。賢明な芸術家ならば、玩具の中にも考察の材料を見つけることができると指摘したのは、やはりボードレールであった。『文学界』一八五三年四月一七日に「玩具のモラル」と題して掲載された文章の中で、彼は、パンクーク夫人なる人物の家を訪れた幼児期の話を語っている。

彼女は僕の手を取って、幾つかの部屋を通りすぎた。それから、一つの部屋のドアを開いたが、そこはまったく妖精の国へでも紛れ込んだような、驚くべき光景が展開していた。四方の壁が眼に見えないほど、玩具という玩具で覆われていた。天井は花が咲いたような玩具の群で掻き消され、それらはまるで見事な鍾乳石のように垂れ下がっていた。床には、やっと歩けるだけの狭い道が残っていた。……この小事件の結果として、僕は玩具屋の前で足を止めて、奇抜な形、あざとい色彩に充ちた、ごたごたした玩具の大群を見まわす度ごとに、僕にとってまるで玩具の「精《せい》」のように見えた、かの天鵞絨《びろうど》と毛皮とに身を装った夫人を、思い出さないということはないのである。

（福永武彦訳、ボードレール全集3、人文書院）

幼年期のこの思い出を喚びだすことで、ボードレールは、玩具がもつ有用性と乱用の可能性を分類するための口実にしているのである。椅子を駅馬車に変える子供たち、自分たちの玩具をまるで美術館のように注意深く並べて、それに触れさせようとしない子供たち、そしてとりわけ次のような子供たち。つまり、「最初の形而上学的傾向にしたがいつつ」、「玩具に魂を見よう」として、それを手の中で回したり、揺すってみたり、壁にぶつけたりして、ついには分解を始めて、こなごなにしてしまう子供たち（「しかしどこに魂はあるんだ」——無気力感と悲哀はこうして生まれる）。ボードレールは、このような子供たちの中に、人間と物とのあらゆる結びつきの基礎とともに、芸術的創造の基礎となる関係——うかがい知れない喜びと驚くばかりの欲求不満とが同居している——の暗号を読みとるのである。

幼児たちが玩具と交わすフェティシズム的な関係、リルケの人形に関するテクストは、それを雄弁に証言している。玩具に関するボードレールの観察を発展させながら、リルケは、「魂のない支柱」、あるいは「空の袋」としての人形を、身近で役に立つ物に対比させている。

あの《カー》のように食物の模造品で養われ、ほんとうの食物が押しつけられれば、ぜいたくにもそれを体に塗りつける人形たち、かれらの体はなにも内部に入らず、はじめからこのうえもなく肥っているので、その体のどこからも、たった一滴の水すら受けつけることができない。……それ（人形）はその恐るべき、鈍感な忘れっぽさによって私たちをほとんど憤激させてしまうだろうし、また、意識されぬままにいつも人形にたいする私たちの関係の一部をなしていた憎悪がこみあげてもくるだろう。人形はその正体を露呈し、ぞっとするような場違いの異物として私たちのまえにあることになるだろうが、実はそんな存在のために私たちは、私たちの心のもっとも混じりけのない温もりを浪費していたのだ。あるいは、それは表面が安っぽく彩られている水死体のようにも見えることだろう、それは私たちの情愛という洪水の波間を漂っていて、いつしか私たちの気持ちが涸れてしまうと、どこかの藪のなかに置き去りにされ、私たちから忘れられてしまったのだ。……奇妙な生きものではないだろうか、この私たちは——自分たちの最初の愛情を、報われる見込みのないところに注ぐようしむけられているとは？

（田口義弘訳、リルケ全集7、河出書房新社、一九九〇年）

人形は他の物に比べると、ある意味ではとらえどころがなく、かけ離れた存在であるために、ほとんどとるに足らないように思われる（「ところがただおまえだけは、人形の魂よ、いったいおまえがどこにいるのか、きちんと言い当てられたためしなんぞなかった」）。しかし、まさしくそれゆえにこそ人形は、われわれの欲望と空想の無尽の対象として、より大きな存在にもなるのだ（「人形を一個の試験管のように利用して、私たちはそのなかで、私たちの身に迫ってきた識別のつかぬものを混ぜ合わせては、それがそこで色彩を帯びたり、沸きたったりするのを眺めたわけである」）。リルケは、「物」の権威の失墜について論じ、詩人に課された任務とは、真正なる「物」を不可視のものに変貌させることだと述べた。このことを念頭に置くならば、存在すると同時に不在でもある人形とは、此岸と彼岸の間で宙吊りにされた対象の寓意ともみなされるだろう。この対象は、「商売人の手」の中ですでにその重みを失っているが、いまだに天使の手中には譲り渡されていないのである。人を不安に陥れるような人形の特徴は、ここから生まれる。リルケが、決して癒やされることのない幼年期の恐ろしい欲求不満の記憶を投影させているのも、この人形においてである。それゆえ人形はまた、欲望の対象となるものの本質とは何かについて、われわれに教えてもくれるのである。物との関係に対する異常なまでの感受性をもって、リルケがほとんど無意識のうちに書きとどめたのも、このことであった。

周知のように、玩具が決して単純なものでも、人を安心させるものでもないとすれば、対象世界におけるその位置づけもまた、一見そう思われるほどに明確であるとは言えない。『〈子供〉の誕生──アンシャン・レジーム期の子供と家族生活』のある章でアリエスは、玩具と大人の対象との間の境界線は、そう信じられているほどいつも厳密だったというわけではないことを明らかにした。一八世紀になるまで、ヨーロッパの大人たちは、人形の家や「ドイツの玩具」や「イタリアの小物」といったミニチュアを競って集めていた。「ビブロ」[bibelots]と呼ばれ、一九世紀のインテリアを満たし、今日でもプチ・ブルの家具の中にあふれている小さな装飾品は、その名も示すとおり(「玩具」[bimbelot])、そうした大人のための玩具の名残りにほかならない。が、その起源をたどっていくなら、玩具はさらに過去へとわれわれを導き、ついにはその他のものと区別がつかなくなる時代へといたる。アリエスはこう書いている。

玩具史家ならびに人形やミニアチュア玩具の蒐集家は、子供の玩具である人形を、他のさまざまな聖像や小立像と判別するにあたって、いつもひとかたならぬ腐心を重ねる。こうしたものは、発掘現場からほとんど工業的に製造されていたかと思わせるほど多量に出土することがあり、また多くの場合、家庭内での祭祀用もしくは葬儀用祭祀、巡礼者の奉納物など、宗教的意味を有していたものである。

（杉山光信他訳、みすず書房、一九八〇年）

われわれが玩具とみなしているものは、もともとは、あの世の生活で死者のお供をするために墓に埋葬されなければならないほど深刻な品々だったのである［図15］。墓に埋葬された遺品の多くが、現実の物にくらべて縮小された物であるという事実は、その置き換えが決して「経済的な」動機によるわけではないことを物語っている。

このことが事実とすれば、パンクーク夫人の部屋に保管されていた宝は、物のもっとも原初的な資格を指し示していると言えるであろう。それはまた、死者や幼児やその他のフェティシストたちが、われわれに貴重な証言を提供してくれるものでもある。幼児と外界

図 15——古代中国の副葬品の人形たち

との最初の関係についての研究において、ウィニコットは、ある種の対象を同定し、それを「移行対象」と命名した。つまり、幼児が外的現実の中から分離させ、自らに同化させる最初の物（シーツや布地の端のたぐい）であり、その場所は、「親指とテディ・ベアの間に、口唇性欲と真の対象関係の間にある経験の領域に」位置している。それゆえ、これらの「移行対象」は、文字どおり内なる主観の領域に属しているのでも、外の客観の領域に属しているのでもなく、ウィニコットが「イリュージョンの領域」と呼ぶものに属しているのである。その「潜在的な空間」の中に、遊戯ばかりでなく、文化的経験すらもまた据えられることになる。文化や遊戯の位置づけは、それゆえ、人間の内でも外でもなく、「第三の領域」、つまり「内なる心理的現実からも、個人の生きる実際の生活からも」区別される領域の中にあるのである。

心理学の言語が手さぐりでとらえたこのトポグラフィーは、実はフェティシストや幼児、「未開人」や詩人がずっと昔から気づいていたものなのである。一九世紀のあらゆる偏見から真に解放された人間の科学が、その探求の先を向けなければならないのは、この「第三の領域」に対してであろう（❶）。物は、使用と交換の中立的な対象、「前に置かれたもの」［ob-jecta］として、われわれの外、つまり計量できる外の空間にあるのではなくて、それ自身が、われわれに原初的な「場」を開示しているのである。そして、この「場」から出発してはじめて、計量できる外の空間の経験は可能となる。つまり物それ自体は、最初から、世界内存在としてのわれわれの経験が据えられる「場なき場」〔topos outopos〕の中でとらえられ、理解されるのである。「物はどこにあるのか」という問いは、「人はどこにいるのか」という問いと切り離すことはできない。物神として、玩具として、物は本来いずこにもない。なぜなら、それらの場は、対象の此岸でしかも人間の彼岸に、つまり客観的でも主観的でもない、人称的でも非人称的でもない、さらに物質的でも非物質的でもない領域に位置しているからである。が、その領域の中で、われわれは突然、一見したところは非常に単純に見える未知数 x、つまり人間と物に直面するのである。

註　釈

❶――**物はどこにあるのか？**　「彫像」を意味するギリシア語の「アガルマ」〔ἄγαλμα〕という単語は、人間の「つくりだしたもの」〔facticia〕という本来の性格をよく表わしている。論文「彫像《アガルマ》、似像《エイコン》、影像《エイドロン》」のケレーニイによれば、「〈アガルマ〉という語は、ギリシア人たちにおいて、ある特定の堅固なものを指していたのではなく、……人間のみならず神もまた関係していると考えられる出来事の永遠の源泉のことを指していた」（K. KERÉNYI, *Agalma, eikon, eidolon*, in *Archivio di filosofia*, 1962)。「アガルマ」（「喜ぶ、喜び勇む」という意味の「アガロマイ」〔ἀγάλλομαι〕に由来）の語源学的な意味は、「喜び、歓喜」である。ヴィラモーヴィッツは、「カレス・エイム・アガルマ・トゥ・アポロノス」〔Χάρης εἰμί ἄγαλμα τοῦ Ἀπόλλωνος」という銘をもつ古い影像の例を引いているが、それは、「我こそカレス、アポロンの影像／喜びなり」と訳されるべきであろう。「アポロンの」という属格はここで、等しく主格的にも目的格的にも機能している。このような影像を前に、われわれは「客体」を前にしているのか、それとも「主体」を前にしているのか決定することは不可能である。なぜならそれらの影像は、主体‐客体というわれわれの区別以前の、しかもこの区別を超える場からわれわれを見つめているからである。ギリシアの影像ならずとも、未開文化に属するなんらかの対象のことを考えてみれば、それは、主観的‐客観的というわれわれの区別以前に属するばかりか、人間‐非人間という区別以前のものでもあることがわかる。が、つきつめればそれは、影像であれ詩であれ、人間の創りだすあらゆるものについて言えることであろう。このような観点に立ってはじめて、未来の人類学は、文化的対象の性格を定義し、人間の「つくる《ファーレ》」生産品をそれ本来の「トポス」に位置づけることができるようになるであろう。

第三章　言葉と表象像《ファンタスマ》——一三世紀の恋愛詩における表象像の理論

アビ・ヴァールブルクとロベール・クラインの手になれば
「神は、細部に宿りたもう」
アンリ・コルバンとジャック・ラカンの才知によれば
「そは、危険なる鏡なり」

欲望にて新たなる人物をつくりつつ
グイド・カヴァルカンティ

聖霊が像とならざれば、世もろとも灰燼に帰す
シモン・マゴス

ならず者は惚れっぽく、詩人たちは、偶像崇拝者
ボードレール

第一節　ナルキッソスとピュグマリオン

『薔薇物語』の終盤あたりで、主人公もその一員である「愛神」の軍勢は、薔薇の花を厳重に保管する城を攻略しようとして失敗を喫したあと、女神ウェヌスに救いを求めることになる。急いで派遣された使者たちがキタイロン山に到着したときには、折しも女神は、アドニスとともに戯れている最中。とはいえ女神は、六羽の鳩に引かれる黄金と真珠で飾られた戦車に乗って、戦場へとただちに駆けつけ、城砦を守る「羞恥」と「小心」へ威嚇するかのように降伏をうながす。ところが彼らは、その申し出を拒絶する。それを見たウェヌスは、憤怒に駆られ、くるぶしもあらわに衣装の裾を翻らせる。その様子を詩人は、魅力あふれるリアリズムによって、怒れる女性として表現している（「彼女は、衣をまくりあげた」[la sua roba ha soccorciata] と、イタリア語による模作である『イル・フィオーレ』[薔薇物語を模倣した一三世紀のアレゴリー詩で、作者とされるドゥランテは、ダンテ・アリギエーリともダンテ・ダ・マイアーノとも言われる] という名で有名な恋愛物語の作者は書いているが、これは、ジャン・ド・マンの「そうして、ウェヌスは衣をたくしあげた」[lors s'est Venus haut secourciee] という文面にほぼ由来している)。かくしてウェヌスは、弓矢に手をかけて、城に向かって火矢を射かけようとする [図16・17]。だが、物語のこの決定的な瞬間に、ジャン・ド・マンは、五〇〇行をも超える脱線話を語り始めるのである。クレマン・マロ [一六世紀に『薔薇物語』を古仏語から訳した詩人] の手になると推測される『薔薇物語』の版は、簡潔にして要を得た見出しで、こう切りだしている。「ピュグマリオンの彫像の話/ここに始まる」[Ci commence la fiction / de l'ymaige Pigmalion]。自分の造った彫像に恋をしてしまった彫刻家の物語の大筋は、オウィディウスの『変身物語』に由来している。だが、この話に対するジャンの叙述は、きわめて豊かで仔細にわたるので、この脱線を、時間稼ぎによって読者の緊張感を詩の大団円にまで盛りあげてゆくためだけの単なるレトリック上の方便ではないと考えるのは、当然である。

とりわけ、恋に落ちるピュグマリオンの描写には、随所に、宮廷愛を謳う詩人たちの「狂気の愛」[fol amour] を想起させるものがある。「身じろぎひとつせず、耳も聞こえず口もきけない彫像[★1]」[une ymage sourde et mue / qui ne se crole ne se mue] を愛してしまった不幸

上・図16――《ウェヌスと彫像》(Ms. 387, fol. 144r) ヴァレンシア
下・図17――《ウェヌスと彫像》(Ms. fr. 380, fol. 135v) パリ　国立図書館

な彫刻家を執拗に描くとき、ジャンは、一字一句にいたるまで、この「狂気の愛」を喚起している。しかも、ジャンは、その彫像からは「いかなる慈悲も期待できない」[ne ja de moi merci n'avra]と付け加えているが、これは、ほとんどトルバドゥールの抒情詩のひとつのステロタイプとなっていたものである(ゴセルム・フェディの「彼女は、わたしにいつまでたっても/哀れみをかけてはくれない」[Ja n'aura un jor / merci de moi]やベルナール・ド・ヴァンタドゥールの歌にある「わたしを決して哀れんでくれない彼女」[celeis don ja pro non aurai]を思いだしておくだけで十分だろう)。[★2]オウィディウスの精緻な詩句には、一点の翳りも見られないのに、ジャンの筆致においては、ピュグマリオンの感情は、すでにはっきりと、無垢とは言えない希望と、清新体派の詩人たちがのちに「不安」[dottanza]と呼ぶことになる恐ろしい絶望とが、両義的にないまぜになっている。

このようにピュグマリオンは戦い、
この戦いには平和も休戦もない。
片時も同じ状態にとどまってもいない。
愛したり憎んだり、笑ったり泣いたり、
うれしがったり落ちこんだり、
苦しんだり気が晴れたり。[★3]

おおよそこの場面全体は、「像」［ymage］に対する愛の、病的で倒錯的な性格が強調されているように思われるが、それとともに、色欲の罪や一種の宗教的盲信のようなものも感じられる。ピュグマリオンは、その独白の中で、自分自身の像に恋をしたナルキッソスと自らを比較している。たしかにナルキッソスの方がずっと狂っていたのである。[★4] そして、「あまりにも恐るべき」情熱の焦燥と鬱屈を赤裸々に描写している。

恋人を抱いて口づけし
悦びを得ようとしても、
彼女は棒杭のように
頑なであまりに冷たいので、
口づけして唇が触れたとたん
私の口許は凍てついてしまう。[★5]

裸の彫像に衣装を着せる様子を描くのに、オウィディウスは、わずか三行で手っ取り早くすませているのに反して、ジャンは、七〇行以上も費している。恋の虜になった男が、色とりどりの何着もの衣装を試着させ、自分の「乙女」の足に履物を合わせる場面に、ジヤンは意固地なほどに執着するからである。それゆえ、少なくとも履物の点で、トルバドゥールの抒情詩との関連がここでもふたたび問題となる、[★6]ということを知らない読者ならば、レチフ・ド・ラ・ブルトンヌの小説にもまさるほどのフェティシズムに満ちたエピソードと、こんなところで出くわすことに驚かされることであろう。

また時には彼女の着ている衣を
なにもかも脱がせたくなり、
黄や緋や緑や藍の色をしたリボンや
小粒の真珠を配した
優美な絹と金の細編紐で
飾りたくなることもある。
房飾りの上にきわめて精巧な留め具をつけ、
房飾り全体を覆うように
高価な宝石をぎっしりちりばめた
巧緻を極める黄金の冠を戴くようにする。
［……］
さらに細心の注意を払って

彼女の両足に靴を履かせる。
その靴は、床から指二本分の丈の高さで
入念に裁断されたもの。
彼女に革脚絆などは贈られない、
パリ生まれでもあるまいし。
こんなうら若い乙女には
あまりに粗野なお召し物★7［図18］。

ピュグマリオンがその像に黄金の指輪を捧げ、彼女と結婚の宴をとりおこなう場面には、グロテスクな宗教的パトスがみなぎっている。この結婚の儀式は、キリスト教の秘蹟のパロディなのであり、「ミサのかわりにいろいろな歌」が歌われ、中世の世俗音楽のすべての楽器がその伴奏をしている。式ののち、ピュグマリオンは、新婚の初夜の新郎の習いにしたがって、新婦と臥床を共にしようとする。

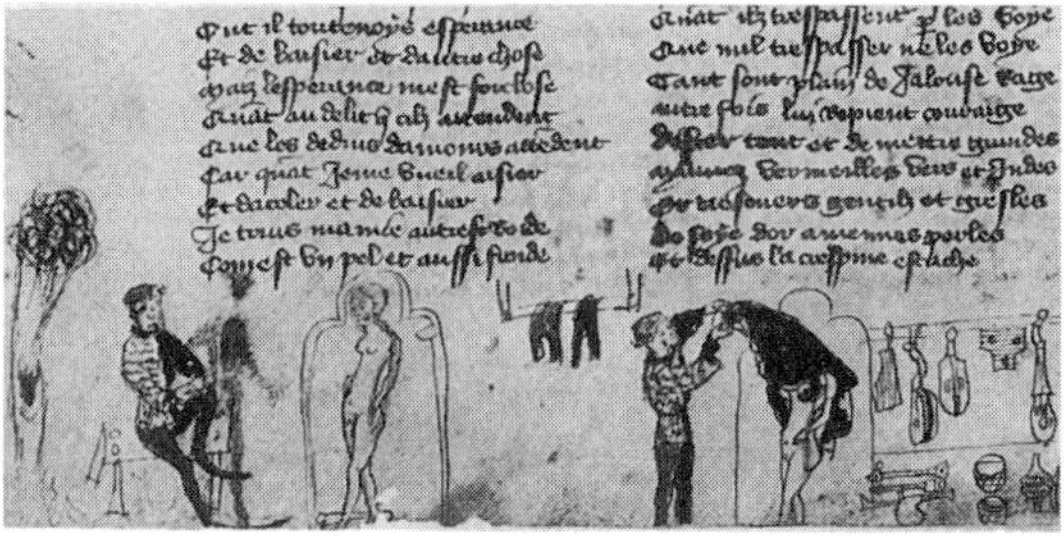

図18——《ピュグマリオンの物語》（Ms. fr. 12592, fol. 62v）パリ国立図書館

それからふたたび彼女を抱き
腕に包みながら褥に寝かせ、
幾度も口づけしてはふたたび抱きしめる。
だが、実に残念でならない、
二人が口づけしても
どちらにも心地よいものではないのだから。[★8]

ジャンが描写しているような、ピュグマリオンの愛の倒錯的であると同時に、ほとんど儀礼的であるとすら言える性格は、われわれ近代の読者だけがもつ印象なのではない。そのことは、この詩の古写本の挿絵から確認される。こうした挿絵の中では（たとえばオックスフォードのMs. Douce 195, fol. 150rやヴァレンシアのMs. 387, fol. 146r）、ピュグマリオンは、自分が造った裸の像を淫らに愛撫し床を共にする、愛に狂った男として表現される［図19］と同時に、恍惚として「像」［ymage］の前に跪いて崇拝を捧げる敬虔なる男としても表現されているのである（Douce 195, fol. 149v）［図20］。しかもときにピュグマリオンは、教会とおぼしき室内で祈りを捧げている[★9]（たとえば、Douce 364, fol. 153v）。

これまで述べてきたところからも、ピュグマリオンの物語がジャンにとって特別な重要性をもつことは、明らかであろう。だが、もしその証拠をもっと挙げる必要があるとする

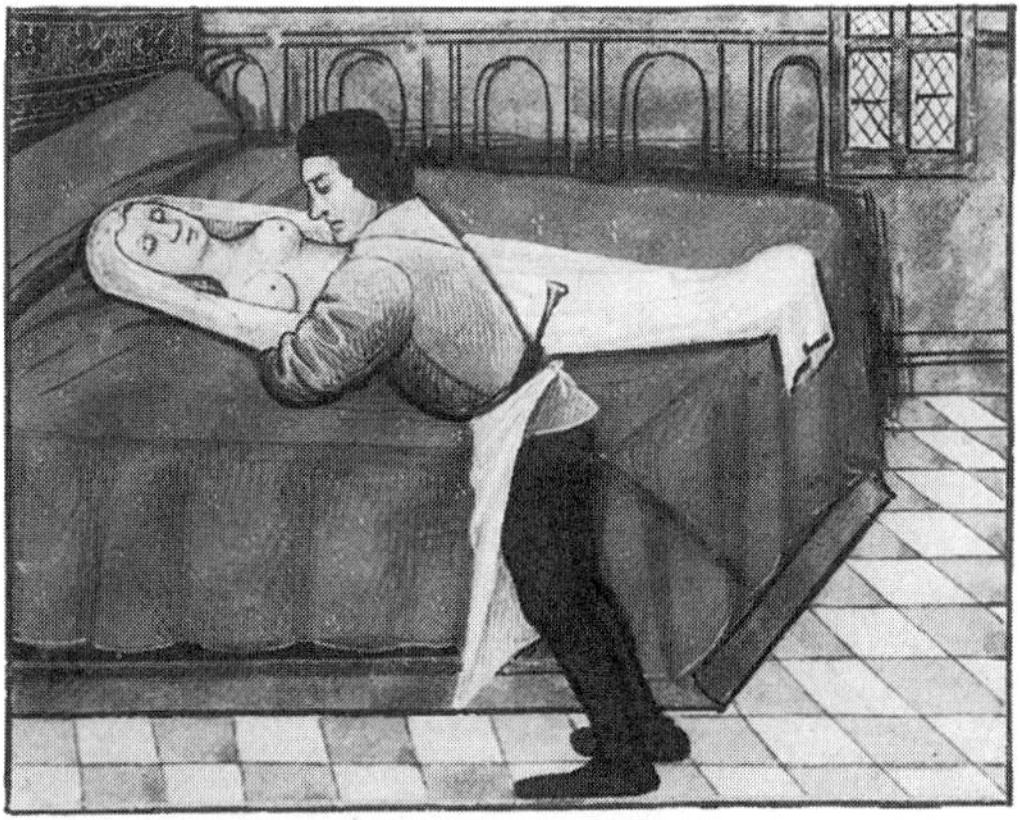

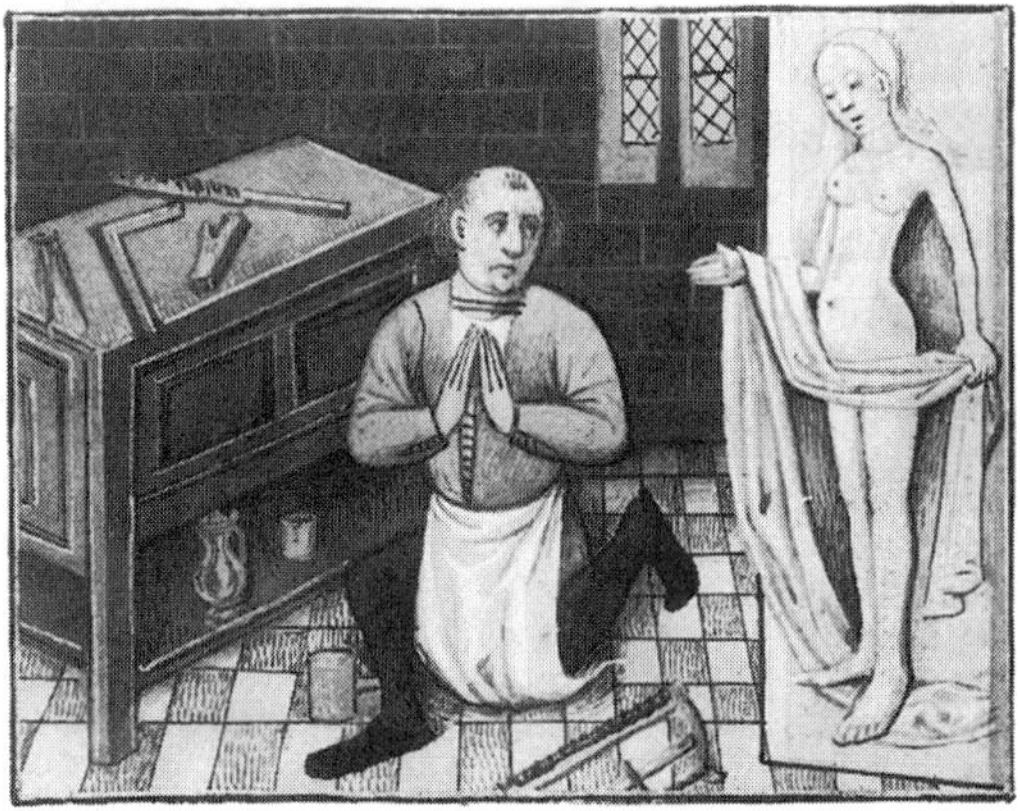

上・図19――《ピュグマリオンと彫像》(Ms. Douce 195, fol. 150r) オックスフォード　ボードリアン図書館
下・図20――《偶像崇拝者としてのピュグマリオン》(Ms. Douce 195, fol. 149v) オックスフォード　ボードリアン図書館

ならば、次のような事実からも裏づけられよう。すなわち、ピュグマリオンの物語は、実は脱線などではなく、むしろ、そのすぐあとに引き続くこの詩の結末を導き、それをより受け入れやすくするのに役立っているのである。たしかにわれわれは、ウェヌスを、いまにも矢を射かけようとするところでそのまま置き去りにしてきてしまった。しかし、われわれが語っていなかったのは、女神が狙いを定めようとしていた標的が、二本の支柱の間にある一種の銃眼のようなもの（狭間［archiere］、すでに引用したイタリア版『薔薇物語』の中では、「矢狭間」［balestriera］）であった、ということである。

聖遺物匣《シャス》のかわりに置かれた彫像は、
高すぎず低すぎず
太りすぎず痩せすぎず、
腕も肩も手も、なにもかも
見事な均整で彫りつけられており、
なんら付け足されたり、削ぎ落とされたりする必要もない。★10

火矢が銃眼を貫き、城に火が放たれたときに、はからずも明らかになるのは、この像こそまさしく、主人公の愛の「探求《ケット》」の対象であったということである。城を防衛していた者たちが散り散りに逃げてゆく中にあって、巡礼者のいでたちで巡礼杖と喜捨袋とを携えた主人公は、その像に向かって突き進んでゆくのである。そのあとに続く叙述は、いまやいったい何が起ころうとしているかについて、なんら疑いの余地を残さない。つまり、われわれの感覚には嫌悪感を催させるものとはいえ、恋する男は、跪いたあと、男性器のかわりに巡礼杖を用いて彫像との性交を模しているのである。

『薔薇物語』の古写本の挿絵画家は、この場面を描くときにもまた、いささかの恥じらいも見せてはいない。たとえば「彫像」［ymage］は、裸の女性半身像で、二本の支柱が脚のかわりを果たし、「狭間」は、ちょうど女性器のある箇所に位置している（Valencia, Ms. 387, fol. 144r, 146v）。そして、愛の城の廃墟の只中で、恋する男は、横たわるその偶像の近くに半ば寝そべりながら、自らの巡礼杖を狭間の中に差しこんでいるのである［図21・22］。

この詩がナルキッソスの泉から語り起こされていること、そして、この「危険なる鏡[11]」［miroërs perilleus］に映った像［immagine］によって主人公の愛が引き起こされていることを考えあわせてみれば、「像」［ymage］への愛こそがこの『薔薇物語』の真のライト・モティーフであるように思われてくるだろう。実際に、ピュグマリオンと彼の彫像の物語と、鏡に映った自分の像に恋をしてしまった「伊達男」［demoisiaus］のエピソードとは、シンメトリカルに符合している。そのシンメトリーが計算されたものであることを多くのモティーフが示唆している[12]。そして、ナルキッソスの鏡は、「愛の泉」と同一視され、中世に

上・図21——《愛人と彫像》(Ms. 387, fol. 146v) ヴァレンシア
下・図22——《愛人，彫像，薔薇》(Ms. 387, fol. 147v) ヴァレンシア

おける愛の概念を典型的に規定することになるひとつの伝統をつくりだしている。[★13]このような見通しのもとで、この詩全体は、さながら愛の巡礼記といった様相を帯びるにいたる。つまり、ナルキッソスの鏡からピュグマリオンの「アトリエ」へといたる行程、いうならば、反射した像から出発して芸術的に造形された像へといたる巡礼の旅路なのである。そしてそのいずれもが、同じ常軌を逸した情熱の対象にほかならないのである。だが、われわれは、こうしたたぐいの愛にいったいどんな意味を与えたらよいのであろうか。そして、この「像」[ymage]はいったい何を表象しているのであろうか。すべてがアレゴリーの原理に従って擬人化され、生命が与えられているはずのこの詩の中で、いったいなぜ、愛の対象が、肉体を具えた生身の女性ではなく、不動の像によって表わされているのであろうか。

実を言えば、像への愛というテーマは、中世ロマンス語文学においては、けっして珍しいものではない。たとえば、オイル語圏に限っても、一三世紀の恋愛文学中もっとも優美な作品のひとつ、『御影のレー』[*Lai de l'ombre*]という題名で知られる短詩において、われわれはこの種のテーマに出会うのである。作者ジャン・ルナールは、ここで勇気と礼節の体現者として、一人の騎士を登場させている。彼は、愛神の矢によって深手を負わされ、イゾルデに恋したトリスタン以上に愛に狂ってしまう。紆余曲折を経て、意中の女性のいる城へと迎えられることとなった騎士は、彼女に自らの愛を打ち明けてはみるものの、拒絶されてしまう。まさに愛の対話詩とも言うべきその長い語らいの合間、女性が注意を逸らしたほんの少しの隙をついて、騎士は、彼女の指に指輪をはめることにまんまと成功する。しかし、それに気づいて苛立った彼女は、騎士を呼びにやり、指輪を抜きとるよう要求する。かくして恋する騎士は、指輪を引き抜くときですら、このうえない礼を尽くしたので、彼女はいままでの考えを改め、ほんの少し前まで拒んでいたなにもかもすべてを許す気にすらなるほどであった。とはいえここは、ジャン・ルナール自身に語らせる方が得策である。なぜなら、この場面は、疑いなくこの短詩、いやそれどころかオイル語文学全体の中でも、もっとも成功した詩の一節のひとつに数えられるからである。

指輪を外しざま、騎士いわく。
「幸いなるかな、愛らしい指から外されたのに、
黄金の輝きが褪せてしまうことはないのだから」。
それを耳にして彼女は微笑む。いずれ自分のもとに、
指輪が戻ってくることを信じていたから。
でも逆に、彼の様子はまさに冷静そのもの。
そのことが彼に、のちに大いなる悦びをもたらす。
かくして騎士は、井戸の上へともたれかかった。

その井戸は、深さにして、わずか一トワズ半たらず。

清澄に透き通ったその水面に、騎士は、世界の誰よりも彼の愛する意中の女性の御影が映っているのを見逃しはしなかった。

騎士いわく。「すぐにお判りになるでしょう、わたし自らが、この指輪を持ち帰るのではなく、わがいとしき恋人に捧げるのだということが。あなたをおいてわたしが一番に愛する方に、です」。

彼女は答えて、「おや、ここにはわたしたち二人きり。その方をいったいどこでそんなにもはやくお見つけになったの」。

「誓いましょう、あなたに、指輪を身につけた、貞淑にして高貴なる方をすぐにでもお目にかけることを」。

「いったいどこにいらして」。「神の御名において、ほらここにいます。待ち望んでいるあなたの美しい御影がその方です」。

そういうと騎士は、指輪をとり、井戸の方に差しだした。

「ほら、わたしのいとしい人よ、

わたしの愛した女性は指輪を望まないようだから、
その人のかわりに、どうか心おきなく、この指輪を受けとっておくれ」。
指輪が落ち、
水がかすかに乱れた。
水面の上の御影がかき消えると、
彼がささやく、「ほら、彼女は受けとってくれた」、と。[★14]

この騎士の振舞いは、なにゆえに他のいかなる道理も通用しないほどにまで、理にかなった勇気と礼節を具えていたのか（「彼の様子は冷静そのもの」［un mout gran sen］）。それは、現代のわれわれには理解しがたいことである。にもかかわらず、ルナールを読んだ当時の読者にとっては、それは完全に理解できるものであったにちがいない。さらに、「御影」に対してなされた求愛（自分の造った彫像に指輪を捧げたピュグマリオンを想起しないではいられない）も、なにがしかの意味をその当時にはもっていたが、その一部はいまでは忘れ去られてしまったと考えなければならないだろう。

こうした求愛の主題がきわめて顕著に、しかも奇抜なかたちをとってすら現われるオック語文学（たとえば、「継ぎ接ぎの女性」［*domna soiseubuda*］の物語におけるように、吟遊詩人ベルトラン・ド・ボルンが、意中の女性にふられたときつくったのは、他の女性たちの各部分を寄せ集めた想像上の女性であった）を別にしても、イタリア俗語詩の出発点に位置するシチリア派の第一人者ジャコモ・ダ・レンティーニのあるカンツォーネにおいて、像のテーマにふたたび出くわすこととなろう。ここでは、彫像か、それとも水面に映った像かといったことは重要ではない。むしろ、まさに恋に落ちた者の心に描きだされた姿であるという点が問題なのである。こうしたモティーフは「公証人」［Notaro］（ダンテが『煉獄篇』の有名なくだり［第二四歌、五四］の中でジャコモの異名としてこう呼んでいる）にとっては重要であったはずであり、「心の中の像」は、シチリア派の詩人たちの常套句となり、彼らによって、のちのイタリア宮廷詩に遺産として伝えられたのである。ともかくジャコモに耳を傾けてみよう。

　　手本に心を研ぎ澄ましつつ、
絵を描く男が
瓜二つに似せて描くように、
　美しき方よ、
わたしは、わたしの胸中に
あなたの御姿を抱く。

あたかも壁に描かれているように
心のうちに描かれたあなたを、わたしは懐中に育むかのような心持ちがして、
そのために、あなたは余所《そと》にいるとは思われない……。

大いなる渇望を抱き、
美しいあなたに似せて、
絵一葉を描く。
あなたのいないとき、
わたしがその似姿を見つめれば、
あなたがまるで目の前にいるかのような心地がする[★15]……。

Com'om che pone mente
in altro exemplo pinge
la simile pintura,
così, bella, facc'eo,
che 'nfra lo core meo
porto la tua figura.

In cor par ch'eo vi porti
pinta como in parete,
e non pare di fore...

Avendo gran disio
dipinsi una pintura,
bella, voi simigliante,
e quando voi non vio,
guardo 'n quella figura,
e par ch'eo v'aggia avante...

このジャコモの例においても、『薔薇物語』と『御影のレー』という先に掲げた例の場合と同じく、愛のテーマは一見、像のテーマと密接に、しかも謎めいたかたちで結びついているように見える。とはいえジャコモは、愛と像とのこの結びつきの意味がいったいいかなる点に求められねばならないのか、という問いに対して答えるに足るいくつかの示唆をわれわれに与えている。「ところで、一体どうすれば、これほど大きな女性が入ることができるのか」［Or come pote sí gran donna entrare］で始まるあるソネットの中で、実際ジャコモは、あれほど大きな彼の恋人が、いったいどうやって「こんなにも小さい」眼を通じて彼のうちに入りこむことができるのかと、むしろ真剣に自問している。そして、それに答えて曰く、光がガラスを通り抜けるように、眼を介して彼の心のうちへと入りこんだのは、「彼女本人ではなく、その像《フィグーラ》」なのだ、と。ヤーコポ・モスタッチやピエル・デッラ・ヴィーニャとの論争詩の中にある、もうひとつ別の有名なソネットの中で、この「公証人」は当時流行していた愛の生理学に則って、「まず第一に、愛を生みだすのは眼である」と主張したのち、さらに付け加えて、見るものすべての形を心に描写するのが眼である、と言っている。

かくして、その受けとり手たる心は、
想像をめぐらせ、かの憧れを楽しむ。

e lo cor, che di zo è concepitore,
imagina, e li piace quel desio.

こうした言明は、中世の心理論や生理学に通じた人にはよく知られた感覚論にわれわれを導く。中でも、ダンテは『饗宴』（Ⅲ・9）において、ほぼ同じような用語で次のように説明している。「これら目に見えるものは、目に見えるがゆえに、固有であると同時に共通でもある。それは、あたかも透明なガラスのように透き通った媒体を介して、現実にというよりは意志によって——つまり事物ではなく、その形相が——目のうちに入りこんでゆく」。

ここでは、ごく大雑把な輪郭を先取りするだけにとどめたいのだが、この理論によれば、感覚でとらえられうる対象は、諸感覚にその形相を刻印する。すると、イメージと呼ぶにせよ、表象像《ファンタスマ》（中世の哲学者は、アリストテレスのひそみに倣って、こう呼ぶことを好む）と呼ぶにせよ、こうした感覚的な印象が、空想力ないしは想像力によって迎え入れられる。これらの力によって、たとえ感覚的印象を生みだした当の対象が不在であったとしても、印象は保存される。ジャコモが語る「壁の上に描かれたように」心に描かれた像とは、おそらくこの表象像《ファンタスマ》にほかならない。これは、われわれがこれから見てゆくように、中世の心理学の中できわめて重要な役割を果たすものである。われわれがジャコモから学びとることができるのは（他の出典からすでに知られていることを別にすれば）、現在のわれわれにはわからない理由から、この表象像《ファンタスマ》が恋愛のプロセスにおいても際立った役目を担っていたということである（「かくして、その受けとり手たる心は／想像をめぐらせ、かの憧れを楽しむ」）。これが事実だとすれば、当初われわれには理解しがたいと思われていたルナールの短詩も、ある意味でわかりやすくなってくるであろう。つまり、その短詩の中で愛する女性の像に捧げられた崇拝は、異常な行為であるどころか、逆に、きわめて具体的な愛の証だったのである。さらにこうした観点に立つならば、『薔薇物語』の中でなぜ主人公がナルキッソスの泉に反射した像を見つめることで恋に落ちるのかということも、また、長いエロティックな脱線話の末に、なぜ主人公は、もう一度「彫像」[ymage]を前にしたピュグマリオンのようにふるまうのかということも、おそらくより理解しやす

上・図23——《ナルキッソスの泉の愛人》（Ms. fr. 12595, fol. 12v）パリ　国立図書館
下・図24——《ナルキッソス》（Ms. fr. 12595, fol. 12v）パリ　国立図書館

いものとなるだろう〔図23・24〕。だが、仮説を急いで、奇妙な結論に陥ってしまうことのないよう、まず、中世の表象理論《ファンタスモロジーア》をその複雑な全体において再構築し、できるかぎりその系譜をたどり、その発展を追ってみる必要がある。以下のページでわれわれが試みようとしているのは、まさにこのことである。

第二節　鏡の前のエロス

ソクラテス　記憶がもろもろの感覚と合して一つになり、またこれらに関連のある情態変化も加わって、これらがわれわれのたましいに言表となるべきものを、まるで書きこむようなことをその時すると見られるのだ。そしてそれの書きこむものが真ならば、思いなしも言表もそこから真なるそれとして、われわれに生ずるという結果になるが、しかしそのようなわれわれの筆記者が偽を記入すれば、真なる思いなしや言表とは反対のものが結果することになる。

プルタルコス まったくその通りと思います。わたしは以上に言われたことを承認します。

ソクラテス それなら、もう一人職人がわれわれのたましいのなかに、その場合出て来るのだけれども、これも承認してくれたまえ。

プルタルコス それは何の職人ですか。

ソクラテス 絵師だよ、筆記者の後をうけて、そこに言われていることの絵すがたをたましいのなかに描くわけだ。

プルタルコス その絵師はまた、いったいどのようにして、いかなる場合にそうするのだと言うわけですか。

ソクラテス それはこういう場合だ、視覚からか、あるいは何か他の感覚から、その時思いなされたり言われたりしたことを取り出した上で、そこに思いなされ語られたことの絵すがたとなるものを、自分自身のなかで何かこう見ているという場合なのだ。それともそんなことはわれわれに起ったりすることではないのかね。

(『ピレボス』田中美知太郎訳、プラトン全集4、岩波書店)

プラトンの『ピレボス』のこのくだりから、表象像《ファンタスマ》をめぐるこの私たちの探求《ケット》を始めるとしても、中世文化とそのさまざまな変容に多少ともなじんでいる人ならば違和感を感じることはないだろう。想像力に富んだ時代は、しばしば自身の独創的な衝動や創造的な衝迫を、他の時代から借りてきた形態や形象のうちに隠しこもうとする要求がある。他方、想像力に欠ける時代は、自ら新しいものをつくりだすという欲求とうまく折りあいをつけることが、総じて苦手である。アラビア＝中世文化は、自分自身を古典的テクストの補遺であり註釈《グロッサ》であるとみなしていた。必ずしも適切ではないが、示唆に富む呼び名を借りれば、この現象は「仮晶[★1]」とも呼ばれるだろう。こうした観点からすれば、まちがいなくアリストテレスが中世の哲学者の中でもっとも重要になってくる。他方、プラトンは一見したところ、中世の思想のうちでは、それほどの重要性を占めてはいないように見える。中世はプラトンの作品をほとんど知らなかったとか、少なくとも直接的には知らなかったとよく言われるが、これは誇張しすぎというものである。というのも、まず第一に、「直接的に知ること」と「間接的に知ること」という区別を、中世のような「仮晶」と註釈の時代に適用するのは、あまり賢明とは言えないからである。第二に、たしかに、ヴァールブルク研究所のクリバンスキーが企画・出版した『プラトン・ラテン著作集』が示すように、当時ラテン語訳で確実に入手できるプラトンの著作は、『パルメニデス』、『メノン』、『パイドン』、『ティマイオス』の四作品だったにしても、その一方で、古典ラテンの著述家たちや東方教父たち、そしてなによりもアラブの哲学者たちとネオ・プラトニストたちの、数えだしたらきりがないほど多くの作品が、直接的にせよ間接的にせよプラトンの思想を伝えていたからである。★2 実際のところ中世においては、ある著述家の作品が、厳密に特定の年代へと位置づけられることはない。それはむしろ『失われた時を求めて』の登場人物たちに似ているのである。

プルーストは、登場人物を「持続」の中に途方もなく引き伸ばされたものとして記述している。それは「あたかも長い年月の中に深く横たわる巨人たちのように、遠く離れた時代を同時に生きている」。中世において各著作は、それらが背負っている伝統と一体化していた。文献学的な感性になじんだ私たちには、たとえどれほど耐えがたいことであっても、それら著作の一貫性をはっきりと認めることはできないのである。プルーストが人間の身体について考えていたように、著作もまさに文字どおりの意味で、時間の産物なのである。したがって、中世が「(偉大な)典拠」の原則に支配されていたのは事実としても、この場合の「典拠」は非常に特殊な意味で理解されなければならないだろう。つまり、ここで言う「典拠」とは、「典拠」と「引用」の悪循環とはいかなる関係もないものなのである(「典拠」は「引用」の根拠となるが、「引用」もまた「典拠」の根拠となる)。そうした悪循環が、現代においては、真の意味で「典拠(出典)」というものを不可能にしているのである(あるいは、より厳密に言えば、ただ「典拠であるかのような[権威的な]」装いを可能にしているだけなのだ)。中世には、語の現代的な意味で「テクストを引用する」いかなる可能性もなかった。というのも、ある「著者《アウクトル》」の作品とは、その引用をも含むものであり、それゆえ、いささか逆接的に聞こえるかもしれないが、「いにしえの著述家たち《アンティクイ・アウクトレス》」のテクストに引用として含まれるべきものが中世のテクストなのである（このことは、中世において「註釈《グロッサ》」が著述の形態として偏愛されていたことを、よく説明してくれる）。

プラトンは先のくだりで、魂のうちに事物の絵姿［εἰκόνας］を描きこむ絵師とされるのは、想像力であると述べ、そのすぐあとで（四〇a）、これらの絵姿とは影像［φαντάσματα］であると定義する。とはいえ『ピレボス』の中心的テーマは、認識ではなくて、快楽である。この本の中でプラトンが記憶と想像力の問題をもちだしているとすれば、それは、欲望も快楽もともに、この「魂のなかの絵姿」なしには成り立たず、またもっぱら身体的なだけの欲望のようなものも存在しないということを示したいがためである。われわれは探求の冒頭から、とりわけラカンのテーゼ「幻想《ファンタスマ》は、欲望に固有の快楽を遂行する」[★3]を先取りする直観に導かれている。ファンタスマはそれゆえ、欲望のしるしのもとに置かれる。忘れてならないのは、まさしくこの点なのである。

プラトンは、別の対話篇の中で、この「内なる絵姿」の隠喩を、また別の隠喩に置き換えて説明している。その隠喩はのちの時代に豊かな実りをもたらし、フロイトの記憶痕跡の理論のうちにも、まちがいなくその反響を聞きとることができるほどである。

さあ、それでは、言論をすすめるために、どうかこういう想定をしてくれたまえ。われわれの心のなかには蠟のかたまりが〔素材のまま〕あるのだと、こう思ってくれたまえ。それは人によって、どっちかといえば大きいのもあるし、比較的小さいのもある。また比較的清らかな蠟からできているものもあれば、また比較的きたないものからなるものもある。またどちらかというとひからびたものもあるし、比較的濡《やわら》かいものもある、そしてそれのほどよいのもあると、こうしてくれたまえ。（……）それでは、それをわれわれは詩歌をつかさどる雅神ムゥサイたちの母神なるムネモシュネ（記念、記憶）の賜物であると言おう。そしてそのなかへ、何でもわれわれが記憶しようと思うものを、何にせよわれわれの見るもののうちからでも、聞くもののうちからでも〔中略〕取って、その感覚や思いつきに今言った蠟を当てがって、その形跡をとどめるようにするのだとしよう。ちょうどそれは指輪についている印形を捺印する時のようなものなのだ。そして一たび印刻されたものは、それの形象〔τὸ εἴδωλον〕が蠟上に存する限り、これをわれわれは記憶し、また知識するのであるが、拭い去られたものや印刻されえなかったものは、これを忘却したり、知識しなかったりするのであるとしよう。

（『テアイテトス』田中美知太郎訳、プラトン全集2、一九一d—e）

古典時代の心理学（精神理論）の歴史とは、これら二つの隠喩の歴史であると言っても過言ではない。実際、アリストテレスにおいてもこれらの隠喩の両方が見いだされるが、アリストテレスは、隠喩をある意味で字義どおりに受けとっている。つまり、表象像《ファンタスマ》が非常に重要な機能を担う、精神の器官理論《オルガニカ・テオリア・プシコロジカ》のうちへと組みこまれているのである。そして、この精神の器官理論こそ、中世の釈義が、とりわけ精力的にその活動を展開した場なのである。『霊魂論』（四二四a）では感覚のプロセスは次のように要約されている。

> しかしすべての感覚について一般的に次のことを理解しなければならない、それは感覚が感覚対象のもつ形相を、それの質料を抜きにして受け入れることのできるもので、例えば封蠟が指輪の印形〔σημεῖον〕を〔それの材料である〕鉄や金を抜きにして受け入れ、……ようなものである。しかしそれぞれの感覚も同様に、色、あるいは味、あるいは音をもつものによって作用を受ける……
>
> （山本光雄訳、アリストテレス全集6、岩波書店）

また『記憶について』（四五〇a）では、この「印形」は「肖像」〔ζωγράφημα〕として定義される。

なぜなら感覚を通して霊魂のうちに生じ、またその感覚を持っている身体の部分に生じるところのもの、すなわちそこに受け取られた影響、その保持をわれわれは記憶といっているのだが、このようなものはあたかも何か描かれた肖像のようなものとひとは考えねばならないことが明らかである。というのはそこに生じた刺戟が、ひとが印形でもって捺印する場合のように、たとえば感覚されたものの或る種の印象を刻み込むからである。

（福島民雄訳、アリストテレス全集6、岩波書店）

このようにアリストテレスは、視覚メカニズムを、眼から対象へ向かう流出として説明しようとする人々に反駁して、影響として説明する。つまり色彩によって大気中に刻印され、さらに大気中から目に伝えられ、水分を含んだ眼球の部分にまるで鏡のように反射される影響として説明するのである。

感覚によって産みだされた、動きあるいは情動（影響《ファンタスマ》）は、ついで、表象能力へと移し置かれる。この能力は、事物の知覚なしにも、表象像を産みだすことができるものである。さまざまな表象像が本来のすみかとする霊魂のこの部分がいったい何であるかは簡単には特定しがたい。アリストテレス自身も、それは「袋小路の問い」だと告白している。[★4] とはいえ、アリストテレスは表象能力を、自律的な活動として明確に理論化した最初の一人である。表象能力とは「それを通して、われわれのうちに表象像が産みだされる」能力である、と（『霊魂論』四二八a）。続けて次のように述べる。目を閉じているときのように、感覚がなくとも表象像は産みだされる。それゆえ、表象能力は感覚能力とは異なる。また誤ることもあるため、学知や知性認識のように、常に真なる働きとも同一視することのできないものである。そして、次のように結論する（四二九a）。

> ところでもし以上に述べられた特性をもっているものが表象より他に何もない（しかしこれがわれわれの主張したことだが）なら、表象は現実態にある感覚から生じた運動であるだろう。しかし視覚は特に優れて感覚であるから、〔感覚によると考えられる表象 φαντασία という〕その名前もまた光〔φάος〕からつけられたのである。それは光なしには見ることができないからである。そして表象は〔感覚器官に〕残留していて、感覚に似たものであるために、動物は多くのことをそれによって為す、それは例えば野獣のように、動物の或るものは理性を持たないためであり、また例えば人間のように、その或るものはその理性が感情や病気や睡眠によって覆われるためである。
> （山本光雄訳、アリストテレス全集6、岩波書店）

またアリストテレスによれば、記憶は、表象能力と密接に結びついている。というのも記憶は、「それについて表象するところの事物の肖像」と定義されるからである。この定義は、既視感《デジャ・ヴュ》や記憶錯誤といった異常な現象を説明するものである。★5 両者の結びつきはとても強いので、知的に認識する事物についてすら、表象像なしにその記憶をもつことができないほどである。

認識過程における表象像の役割はそれほどまでに根源的なものであるため、表象像は、ある意味で、知性認識の必要条件だとも言えるのである。アリストテレスは、知性とは、ある種の表象能力［φαντασία τις］であるとさえ言い、中世の認識論を支配し、スコラ学が定式化することになる次のような原則をくりかえすのである。「人間は表象像なしには何ものをも知性認識しえない★6 (*nihil potest homo intelligere sine phantasmata*)」。

しかし表象像の機能はこれに尽きるわけではない。表象像は、また夢の中でも本質的な役割を果たす。アリストテレスは、夢を、睡眠中に現われるある種の表象像［φαντάσμα τις（幻影）］として定義する。というのは、アリストテレスによれば、感覚器官によってつくりだされた運動は、覚醒中のみならず、睡眠中も感覚器官の内で持続するからである。あたかも投げられたものにおいては、それを動かすものがもはやそれに触れなくなったのちでも、その動きが続くように★7。また、古代においてもてはやされた睡眠中の予見も、夢中の表象像によって説明される。つまりこの夢の表象像は、ひとたび目覚めると人を行為へと駆り立てるが、この行為は、一般に知らず知らずのうちに、夢の表象像に結びつけられているというのである。あるいは、眠っているときや忘我の状態にある

ときには、表象能力は、運動や外から流出されてくるものをいっそう受けとりやすいと説明される。★8

また、アリストテレスの表象理論において、ここで強調しておきたい別の側面は、表象像が言語活動の中で果たす役割である。『霊魂論』（四二〇b）の中で、発声に関して、アリストテレスは次のように述べている。動物の発する音がすべて声だというわけではない、ただある種の表象像をともなう［μετά φαντασίας τινος］音のみがそう呼ばれるのである。なぜならば、声とは意味作用をもつ音のことだからである。言語が意味を有するという性格は、このように、解きがたく表象像の存在と結びつけられている。この結びつきが中世思想にとっていかに重要であったかは、のちに見ることになるだろう。

このようにアリストテレスの思想において、表象像は精神の星座の中心に現われる。それは次ページのように図示されるであろう。

近代人は、おそらく認識過程の理性的で抽象的な側面を強調する習慣が身についているため、かなり前から、内的イメージのもつ神秘的な力に驚くことができなくなっている。さらに、われわれの夢を活気づけ、また目覚めているときも、ふつう考えられているよりもいっそう強くわれわれを支配している「混血児」（フロイトがそう呼んだように）のざわついた群集に驚くこともなくなってしまっている。これとは反対に、中世の心理学はアリストテレスの表象理論に対して、強迫観念的で、またほとんど畏敬の念にすらあふれる

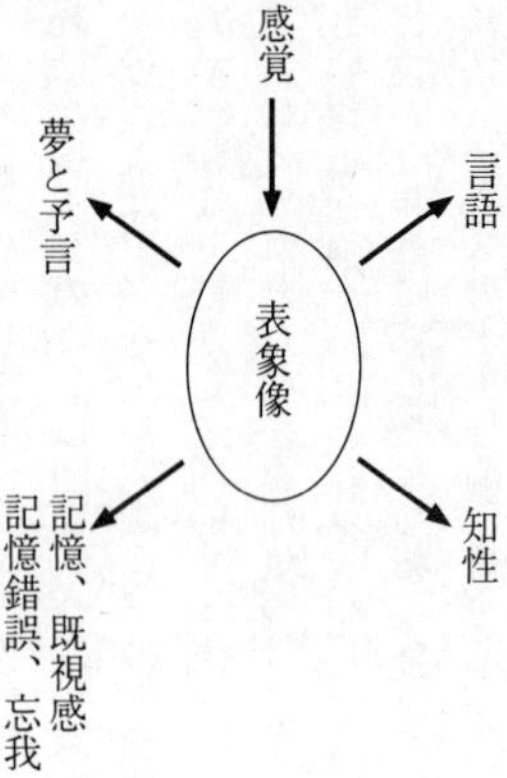

関心の眼差しを向けていた。われわれにとって、素直にこの事実を受け入れるのは、やはり容易なことではない。しかし、アリストテレスの表象理論は、ストア派とネオ・プラトニズムの寄与によっていっそう華やかに練りあげられることで、中世精神の天蓋の中心を占める星座となるのである。中世のもっとも独創的で創造的な意図のひとつは、このアリストテレスの表象理論への註釈のプロセスの中に秘められているが、このプロセスにおいて、表象像は二極分化し、霊魂の極端な経験の場となるのである。つまり霊魂は、一方で神的なものの眩いばかりの極限へと登りつめることもできるが、他方で堕落と悪の目もくらむほどの奈落へと堕ちこむこともありうるのである。まさにこの二極性こそ、なぜこの時代が、他には見られないほど「偶像崇拝的」であると同時に「偶像破壊的」でもあったのかを説明してくれるのである。表象像は、一方でダンテが自らの至高のヴィジョンを託した「気高い想像《アルタ・ファンタジーア》」とされ、他方で、七つの大罪に関する教父たちの著作に見られる、怠惰な魂を悩ませる「悪しき思いめぐらし」[cogitationes malae] とされる。あるいは、一方でサン＝ヴィクトルのフーゴーが語るように、ヤコブの神秘の梯子に

そって感覚から理性へと人間を高める媒介の精気《スピリト》とみなされ、他方で聖アウグスティヌスがマニ教的堕落の中で身をもって体験した過ちへと魂を誘いこむ「無駄な想像力」[vane immaginazioni]とされる。

われわれが、中世の表象理論《ファンタスモロジーア》の探求をアヴィセンナから始めるのは、彼がはじめてその理論に明確な定式化を与えたからというよりも、彼の詳細な「内的感覚(内官)」の分類が大きな影響を与えたからである。この影響は、「一三世紀の精神的革命」と呼ばれるものを方向づけたばかりか、ユマニスムがもっとも栄えた時期においてもその痕跡を見いだすことができる。加えてアヴィセンナは、アヴェロエスがそうであったように、まずなによりも医学者だった[★9]のであり(その著『医学典範』[*Canone*]は少なくとも一七世紀にいたるまで、ヨーロッパのいくつかの大学の医学の教科書でありつづけた)、すでにそのテクストにおいて、霊魂の能力と脳の解剖学とが完全なかたちで関連づけられているのが見られるのである。それによれば、霊魂のそれぞれの能力は、すでにガレノスによって十分に練りあげられていた医学的伝統の中で脳に同定されていた三つの房室、あるいは腔のそれぞれへと位置づけられる。とはいえ、この問題についてまず次のことに留意しておくのがよいだろう。今日われわれは、哲学的著作の中に医学や解剖学への直接の参照を見いだせば驚く。だが、中世の知的体系においては、それらは一体化したものであり、われわれにとって哲学的あるいは宗教的と思われる著作が、脳の解剖学的、臨床病理学的な問題を主題として詳細に論じていることも、またその逆も稀ではないのである（たとえば、まさにアヴィセンナやアヴェロエスのように。ミーニュ版教父著作集に含まれる著述家の大部分についても同じことが言えるだろう）。端的に言って、哲学と医学を分けることは不可能なのである。純粋に医学的なモティーフと、われわれが哲学＝文学的とみなす主題のこうした絡みあいは、詩人たちにおいてもまた見られるものである。彼らの作品は、のちに見るように、眼や心臓、脳の解剖学についての十分な知識、さらには当時の循環器系のモデルや発生学に関する十分な知識なしには、しばしばまったく理解不可能なものなのである。それは詩人たち自身が、当時の生理学の学説に直接言及しているからというだけではない。詩人たちの言及は、とりわけ人体の解剖学と生理学のもとで特権的に鍛えあげられたアレゴリカルな意図によってしばしば複雑化されているからである。

アヴィセンナは外的感覚［vis apprehendendi a foris］を内的感覚［vis apprehendendi ab intus］から区別することから議論を始め、次いで内的感覚を五つの「能力」［virtù］へと区分する。★10

内的な理解能力のうち、最初のものは表象力あるいは共通感覚である。これは脳の第一房に位置し、五感のうちに刻印され、ここへと移し置かれたすべての形相を、自らのために受けとる能力である。次いで想像力がくるが、これは脳前方の房の先端に位置し、共通感覚が五感から受けとり、可感的対象が失われたあとも房のうちに残るものを保持する能力である［ここでアヴィセンナは、想像力は表象力とちがって、単に受動的ではなく能動的であり、水が影像を受けとりはするが保持はしないように、単に「受けとること」と「保持すること」とは違うと説明している］。……そして想像力の次には、生物の霊魂においては空想力［immaginativa］が、人間の霊魂においては思考力［cogitativa］と呼ばれる能力がくる。これは脳中央部の房に位置し、その意志によって、想像力の中の形相を、他の形相と結びつける。★11次いで、判断力［estimativa］がくる。これは脳中央部の房の頂点に位置し、個々の感覚的な対象のうちに見いだされる非感覚的な志向《インテンチオ》★12を把握するものである。これはたとえば羊に、狼がきたので逃げろと判断させるような能力である。……そして最後に、記憶［memoriale］と想起［reminiscibile］の能力がくるが、これは脳後部の房に位置し、個別的対象の非感覚的な志向《インテンチオ》から判断力が把握したものを保持する能力である。この能力と判断力との関係は、想像力と共通感覚の関係と類似している。また、この記憶能力と志向の関係は、想像力と表象像の関係に類似している。

アヴィセンナは、この内的感覚の五つの段階を、表象像がその質料的な附帯性を順次「剝ぎとること（裸形化する）」［denudatio］として提示する。五感は可感的形相を「完全な剝ぎとりによって」［denudatione perfecta］裸にするわけではない。これに対して想像力は、質料的な附帯性をとりさるわけではない。なぜならば、想像力の中にある表象像は「ある量と質、そしてある場に従っている」からである。つまりいわば、個別的なイメージにとどまり、抽象的な概念ではないからである。脳中央部の房の頂点に位置する判断力は、さらにこの表象像の「剝ぎとり（裸形化）」を続けることで、表象像から、善意や悪意、適合や不適合といった非感覚的な志向《インテンチオ》を把握する。そして、この内的感覚のプロセスが完了してはじめて、知的な霊魂は、完全に剝ぎとられた（裸形化された）表象像から情報を受けとることができるようになるのである。知性認識の行為においては、形相は裸形化される。「もし万が一、いまだ剝ぎとり（裸形化）が完了していなくとも、ただちに裸形となる。というのも観想の能力は、いかなる質料の影響もその形相のうちに残らないように剝ぎとる（裸形化する）からである」。

この心理学的図式は、しばしば医学的伝統の論ずる脳の三つの部屋に対応して、三つの能力という形に単純化されるとはいえ、中世の著作に一貫して見いだされるものである［図25］。たとえば、一二世紀のシャルトル学派を代表する一人コンシュのギヨームの『世界の哲学』においては、心理的過程は体液医学の気質論の生々しい用語で記述されている。

頭部には三つの房室がある。……はじめの房室は暖かく乾いており、表象的［fantastica］

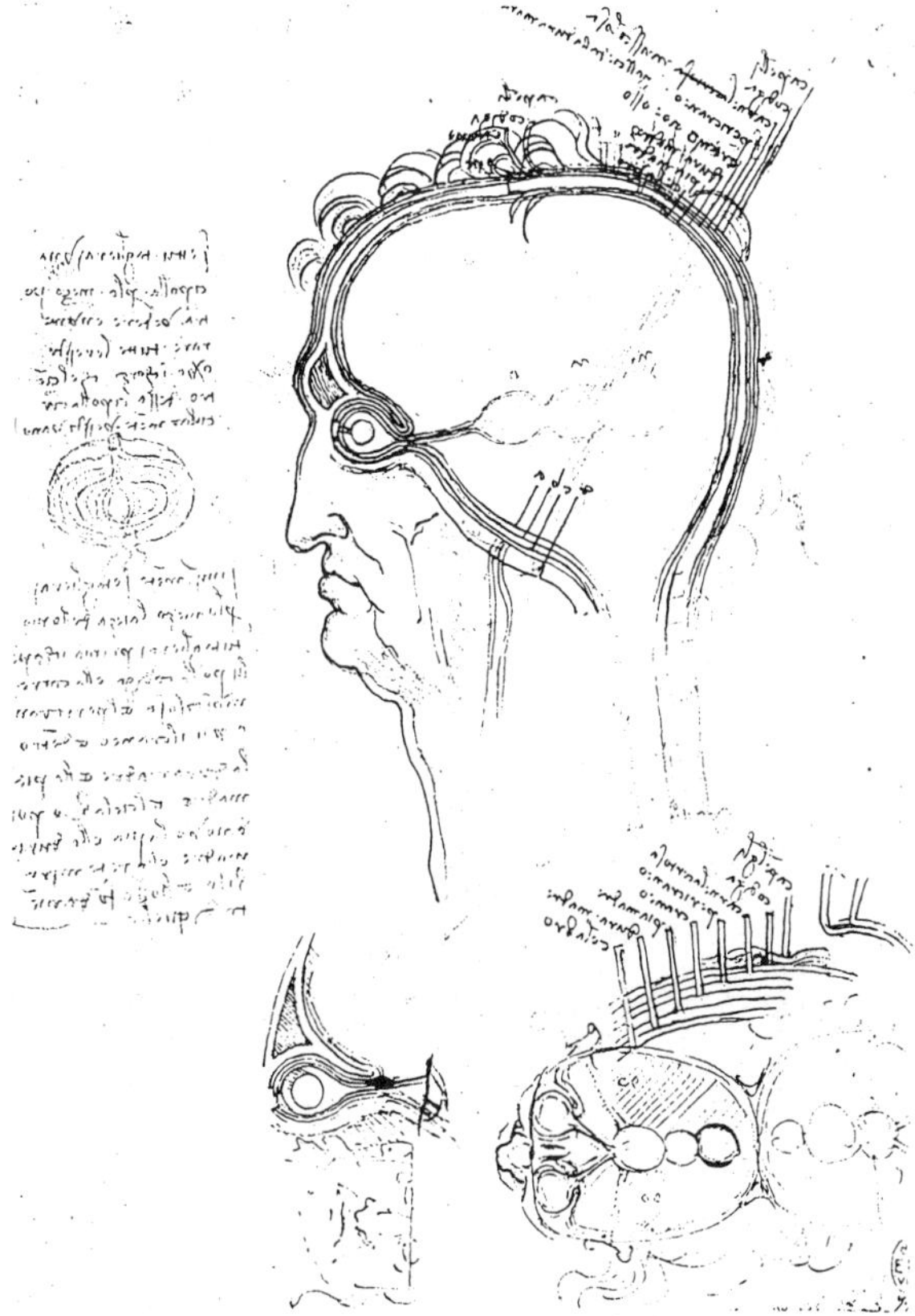

図 25——レオナルド・ダ・ヴィンチ〈頭部の解剖図〉ウィンザー宮殿　王立図書館

と呼ばれる。つまり視覚的、想像的ということであり、その房室にはものを見たり想像したりする能力がある。また、暖かく乾いているのは、事物の形相と色彩を引きつけるためである。真ん中の房室は理性的部分［λογιστικόν］と呼ばれる。つまり、そのうちには理解する能力が存在する。最初の房室にとりこまれたものが、ここに移り、この房室で魂によって理解される。この房室は暖かく湿っているが、それは、よりよく理解することで、事物の特性に適合できるようにするためである。三番目の房室は記憶的［memoriale］と呼ばれるが、それはこの房室が、記憶の中になにがしかを保持する能力を具えているからである。[★13]

このケースに限らず、中世における思想の展開は、「主題に基づく変奏曲」という名の作曲技法にたとえることができる。実際その展開は、与えられた主題の上で行なわれるのだが、時にはその出発点にあった素材を完全に変形させることもありうるような、さまざまな小さな変奏を通じて、主題を再生産したり置き換えたりするのである。アヴィセンナの「主題」は、変奏をともないながらアルベルトゥス・マグヌス、トマス・アクィナス、ラ・ロシェルのヨアンネスらの著作に現われる一方、他方では、三分割の図式は、リカルドゥス・アングリクスの『解剖学』、ロジャー・ベイコンの『大著作』、詩人フランチェスコ・ダ・バルベリーノの『愛の文書』［*Documenti d'amore*］、そしてカヴァルカンティのカンツォーネ『婦人がわたしに願うのは』[*Donna mi prega*]へのディーノ・デル・ガルボの『註釈』といった、さまざまな書物の中に現われるのである。

それゆえ、類似した心理学上の「主題」が(この場合、意義深い変奏をともなって)、一三世紀を通じて他の誰よりもアリストテレス読解を後世に伝えた思想家アヴェロエスの著作に現われるとしても、何も驚くことはない。ダンテは、彼をアリストテレスのテクストへのもっとも優れた註釈家とみなし、いみじくも「偉大な註釈をなしたアヴェロエス」と呼んだほどである。アヴェロエスは、『感覚と感覚されるもの』への註釈において、感覚から想像力へのプロセスを、ひとつの総合として要約しているが、ここに中世の心理=生理学のもっとも典型的な例を見いだすことができる。そこにはまた、ジャコモ・ダ・レンティーニが彼のソネットの中で立てた問い「ところで、一体どうすれば、これほど大きな女性が入ることができるのか」に対する説明がすぐに見つかることだろう。

可感的対象の形相は、身体的な印象とともに魂のうちに刻まれるという人々の意見は破綻する。……それに加えて、瞳孔はかように小さくとも、そこを通じて視覚はより大きな物体を把握するという事実がある。……このため、これらの感覚は、質料から抽象されたかたちでなければ可感的対象の志向を把握する(含みこむ)ことができないと言われるのである。★14

眼はここで、そのうちで表象像が反射するような一枚の鏡として現われる。というのも「この器官においては、澄んで透明な水が支配しており、可感的事物の形相は、鏡におけるようにこの水に映しとられるからである」。また、鏡が像を反射するには照明が必要なように、眼もその中の水（中世解剖学によると、眼球は皮膜によって覆われており、その複雑な構成の中に眼房水が含まれる）が大気を通して照明されないならば、見ることはできないのである。アヴェロエスは次のように続ける。

それゆえ、このように言おう。大気は、光に媒介されて、まず事物の形相を受けとり、次いで、それを眼の外側の網状体へと運び、さらにその形相を次々と網状体の終端まで転送する。その後ろには、共通感覚がある。この網状体は鏡のようなものであり、その性質は、大気と水の中間である。中央にある粒子状の網状体が、事物の形相をとらえる。このため、鏡に似ているがゆえに、まず網状体は大気から形相を受けとり、次に、水と大気の両方の性質をもつがゆえに、その形相を水に伝えるのである。この水についてアリストテレスは、粒子状の液体の後ろにあるといい、ガレノスはそれを水晶体と呼んでいるが、これは、眼の末端の一部である。この水を通して、共通感覚は形相を見るのである。共通感覚は、形相を受けとるやいなや、それを想像力へと転送する。この能力は、形相をいっそう霊的な形で受けとる。こうして、形相は三番目の秩序に属することになるのである。事実、形相は三つの秩序をもっている。第一は物体的（身体的）なもの、第二は共通感覚におけるもの、第三は想像力の中に見いだされるものであって、この第三のものはよりいっそう霊的なものである。それは、共通感覚におけるよりもいっそう霊的であるために、想像力は、形相を現前させるのに外的事物の現前を必要としないほどである。だが逆に感覚においては、長く注意深い洞察のあとでしか、想像力はこうした形相を見ることも、志向を抽象することもできない。これら諸能力における形相の秩序は、それゆえアリストテレスによれば、両面鏡を持った人が、その裏面を水の方に向けて、表面をのぞきこむようなものである。もし、このとき誰かが裏面の鏡を、つまり水に向いた鏡をのぞきこむならばそこに、水から鏡のうちに映される姿を見るだろう。鏡をのぞきこむ人の姿は可感的事物に、鏡は中間にある大気に、そして水は眼に相当する。裏面の鏡は感覚能力であり、それを理解する人は想像力である。もしここで、鏡の表を見ていた人が、今度は裏面をのぞきこんだならば、鏡と水からその姿は消え、裏面をのぞいてその姿を想像している人が残るだろう。共通感覚の中にある形相と想像力との間に起こるのは、このようなことである。というのも、可感的対象が不在であれば、ただちに共通感覚からその形相も不在となり、ただ形相を想像する想像力だけが残る。このことは次の事実によって説明される。つまり、共通感覚は眼を通じて形相を見、眼は大気の媒介によって、眼の中の水状の液体中に形相を見るのである★15……。

われわれが、アヴェロエスのこの一節を長々と引用したのはほかでもない。ここでは、認識の全プロセスが、厳密な意味での反映《スペクラツィオーネ》＝思索として、つまり鏡から鏡へと表象像《ファンタスミ》が反射することとして理解されているからである。鏡と水は、眼と感覚であり、対象の形相を映しだす。想像力もまた反映＝思索であり、対象が不在であっても、表象像《ファンタスミ》を「想像」する。認識するとは、世界が映しだされる鏡へと身を屈めることであり、天空《スペラ》＝鏡から天空《スペラ》＝鏡へと反射する似像を探ることとなのである。中世人は、自分のまわりを眺めるときにも、また自分の想像力に身を委ねるときにも、いつもいわば一種の鏡を前にしていたのである。ところで、愛もまた、必然的にひとつの反映《スペクラツィオーネ》＝思索である。しかしそれは、詩人たちがくりかえすように「眼が最初に愛を育む」からでも、またカヴァルカンティがそのカンツォーネで書いているように、愛は「志向され、見られた姿からやってくる」（つまり、先に説明したようなプロセスにしたがって、外的感覚と内的感覚を通して入ってきて、想像の房と記憶の房の中で表象像と「志向」になる形相からやってくる）からでもない。そうではなく、中世の心理学によれば、愛とは本質的に妄想的《ファンタスマティコ》な過程であり、人間の内奥に映しだされ描きだされ似像をめぐるたえまない激情へと、想像力と記憶を巻きこむものだと考えられるからである。こうした愛の発見こそ、中世の心理学が西洋文化に伝えたもっとも豊かな遺産のひとつなのである。[★16] アンドレアス・カッペラヌスの『愛について』は、この新たな愛の概念の模範的な理論化とみなされている。彼は、愛を内面の表象像の「際限なき思いめぐらし」〔immoderata cogitatio〕であると定義し、「かの情念は、なによりも魂が見たものについて抱く思いから生じるのである」[★17]と付け加えている。中世における愛の発見は、これまで頻繁に論じられてきたが、それは必ずしも的を射ていたとは言えない。愛の発見とはまさしく、愛の非現実性、すなわちその妄想的《ファンタスマティコ》な性格の発見だったのである。中世の性愛概念の新しさは、この発見にあるのであって、よく言われるように古典世界が性愛の精神に欠けていたからというわけではない。中世は、古典世界がプラトンの『ピレボス』でかろうじて予感していたにすぎない欲望とその幻影《ファンタスマ》の結合を、その極限の帰結にまで推し進めたのである。

古典世界は、もちろん愛の「高い」理論化を欠いていたわけではない。それどころか、そうした「高い」理論は、いつの時代でもその原型・模範となるモデルをプラトンのうちに求めてきた。しかし、愛を「妄想的《ファンタスマティコ》な」過程ととらえるような考え方は古典世界にはまったく見られないのである。この考え方は、ただ末期のネオ・プラトニスムと医学（もちろん八世紀以降のことだが）のうちに、その範例を見いだすことができるだけである。とはいえ、これら二つの伝統で問題となっていたのは、ダイモンの影響と考えられるにせよ、あるいは端的に精神の病と考えられるにせよ、愛の「低い」理解であった。表象像《ファンタスマ》が、

図26——ジョヴァンニ・ディ・パオロ『神曲』天国篇第三歌挿絵
ロンドン　大英図書館

愛の起源でしかも対象として前景に姿を現わし、エロスに固有の場が視覚から想像力へと移るのは、ただ中世文化においてのみなのである〔図26〕。

したがって、中世におけるもっとも典型的な愛の場が、泉や鏡であるとしても驚くことはない。さらに、『薔薇物語』において愛神が住まう場所が泉、つまりまさにナルキッソスの「危険な鏡」〔miroërs perilleus〕であるとしても驚くにはあたらない。現代の心理学は、ナルシシズムを「リビドー」への自我の閉鎖や退行と定義することで、ナルキッソスの神話を解釈している。われわれはこの解釈にあまりにも慣れ親しんでいるため、神話の中で少年は直接に自分自身に恋するのではなく、水に映った自分の像を現実の人間ととりちがえて、それに恋してしまったということを、結局のところ忘れてしまうのである。われわれとは違って、中世の人々がナルキッソスの一連の不幸の際立った特徴とみなしていたのは、彼が自己を愛したということではなく（自己愛［Filautia］は中世人のメンタリティにとっては、必ずしも非難すべきものではない）、彼が鏡像に恋をしてしまった、つまり「影によって恋に落ちる」という点なのである。そしてもし、表象像《ファンタスマ》が中世の心理学においてもっていた重要性を考えてみれば、それ以外にはありえなかっただろう。★18 これこそまさに、ナルキッソスの寓話が、中世的な愛の観念の形成において、際立った役割を果たした理由なのである。それゆえに「危険な鏡」は、愛の儀礼において欠くことのできないアクセサリーのひとつとなり、中世のエロスにまつわるイコノグラフィーの中で、泉に映る若者の鏡像が、好まれるテーマのひとつともなったのである。ナルキッソスの物語もピュグマリオンの物語も、ともにいわば愛のアレゴリーであり、本質的に鏡像への強迫的な憧憬にとらわれるという愛のプロセスの妄想的な性格を、ある心理理論の図式にしたがって、典型的なかたちで示してくれているのである。その心理理論の図式によれば、本来の意味で恋に落ちることとは、何であれ常に「影を通して」あるいは「形象を通して《ペル・フィグーラ》」★19「愛すること」なのであり、いかに深いエロス的志向でも、常に「イマージュ」［ymage］へと偶像崇拝的に向けられているのである。

こうした観点から見るなら、『薔薇物語』の中で主人公がエロス＝ナルキッソスの泉で恋に落ちるシーンは、先に検討したアヴェロエスの一節に記された表象像の心理学に十分に忠実な寓話であるとみなしても支障はないであろう。アヴェロエスの言うように「水は眼である(aqua est oculus)」(このことはまた、なぜ「すべてを見守る太陽が/その光線を泉に投げかけ/光が底にまで到達するときにのみ/水晶の中に……/百を超える色彩が現われる」のかを説明してくれる)。さらに二重の水晶は、ある時は庭の半分を、またある時は別の半分を反射するが、同時に両方を反射することはない。アヴェロエスが語っていたことを思いだしてみるなら、この二つの水晶とは、明らかに感覚能力と想像力の水晶のことである。つまり、同時に両面をのぞきこむことができない鏡のイメージを用いて彼が説明したように、想像力の中に表象像を観想したり[cogitare]、感覚の中に対象の形相を観想したりすることはできても、その両者を同時に観想することはできないのである★20[図27・28]。

要するに、「生者たちを死に酔わせる」愛神アモルの泉、そしてナルキッソスの鏡はどちらも、表象像《ファンタスマ》が住まう想像力を暗示しているのであり、その表象像《ファンタスマ》こそが、真の愛の対象なのである。鏡像に恋するナルキッソスは、「雅びな愛」[fin'amors]の模範的な例だが、それと同時に、中世の心理学の知恵を特徴づける二極性によれば、「狂気の愛」[fol amour]の典型ともなる。この「狂気の愛」は、あたかも現実に存在するもののように影像をわがものにしようとして、幻想の中の循環を断ち切ってしまうのである。

それゆえ、たとえいまだ多くのことが解明されなければならないとしても、恋愛詩において像[ymage]の主題が現われることも、エロスとナルキッソスが愛の泉のそばで出会うことも、同じように十分に理由のあることだと考えることができる。表象像の星座の重力圏にエロスを位置づけたこと、そして、想像力の「危険な鏡」にエロスがその姿を映すように導いたこと、このことは、中世末期の心理学がもたらした大いなる発見であり、一見そうは見えないにもかかわらず、当時の心理学がアリストテレスの表象理論《ファンタスモロジーア》にもたらした、もっとも独創的な寄与なのである。

アヴェロエスをあとにするまえに、彼の思想のある側面にしばしとどまる必要がある。それは、一三世紀の哲学におけるアヴェロエス派と反アヴェロエス派の論争を理解するための核心となるものだからである。つまり表象像を、個体と単一の可能知性とが結合する

上・図27――チェーザレ・リーパ《愛の起源》
下・図28――チェーザレ・リーパ《分別》
いずれも『イコノロギア』(1618年　パドヴァ) 所収

点、「コプラ」とみなす彼の説である。

とはいえ、アリストテレスの『霊魂論』の曖昧な一節に由来し、一三世紀の知的生活をはっきりと二分した、可能知性が単一か複数かという有名な論争を再構成することが本稿の目的ではない。ここでは次のことを理解しておけば十分だろう。アヴェロエスは、唯一無比で個体を超えた何ものかを知性の中に認めるという鋭い着想のスポークスマンとして、可能知性は単一で離在すると主張した。この考え方によれば、各個体はただもっぱらこの単一で離在する知性の「借家人」[coinquilini] ——プルーストの美しいイメージを借りれば——であり、それぞれの視点から眼差しを知性にもたらすことができるだけである（こうした考えは、今日のわれわれには奇異に聞こえるが、たしかに中世の思想におけるもっとも深い表現のうちに数えられるものだ）。可能知性は不滅で永遠であるが、しかし、個々の人間へと結びつく [copulatur]。こうして、個々の人間のそれぞれは、内的感覚の中にある表象像を介することで、知性認識を具体的に働かせることができるのである。[21]

さて、カヴァルカンティのアヴェロエス主義に関するこれまでの諸研究は、アヴェロエスの思想の中で表象像が占めるこのような位置を考慮にすら入れてはこなかった。このことはひとえに、清新体派の詩において表象像の果たす役割が過小評価されてきたためにほかならない。[22] ところが、問題となるのはまさしく表象像と可能知性の「結合」[copulatio] なのである。トマス・アクィナスが反アヴェロエス主義の論戦をはったときに、主要な標的としたのもこの点であった。彼は次のように反論する。もし可能知性を、単一でかつ離在するような何ものかとみなすならば、可能知性と表象像が連続しているために個々の人間は具体的にものごとを理解できるのだと主張することはできないだろう。

ただし可能知性が表象像に接続されるのは、鏡がその中に姿を映している人間に接続されるようなものであると言うなら、おそらく別であろう。しかしそういう接続は、働きの接続としては十分でないことは明らかである。なぜなら、映しだすという鏡の働きが、その働きゆえに人間に帰属されることがありえないことは明らかだからである。したがって可能知性の働きが、上述のような結合のゆえに、たとえばソクラテスという人に帰属され、この人が知性認識するというようなことはありえないのである。……次のことは明らかである。すなわち、あるものが知性認識されるのは可知的形象によってであるけれども、あるものが知性認識するのは知性認識する能力によってである。たとえばあるものが感覚されるのは可感的形象によってであるにしても、あるものが感覚するのは、感覚する能力によってであるのと同様である。したがって色のついた壁は、その可感的形象は視覚のうちにあるとしても、あくまで見られるのであって、見るのではない。他方、見る能力をもっている動物がその能力のうちにそういう形象を有するならば、その動物は見るのである。可能知性と人間との結合は、このようなものである。なぜなら人間のうちに表象像があり、その表象像の形象が可能知性のうちにあるからである。それはちょうど色のついた壁が、その壁の色の形象を有する視覚と結合するようなものである。したがって、壁が見るのではなく、壁の色が見られるように、人間が知性認識するのではなく、人間の表象が可能知性によって知性認識されるという帰結が生じるのである。ゆえにアヴェロエスの説によるかぎり、この人間が知性認識することを説明するのは不可能である。[23]

近代的な主観主義のスポークスマンをここで演じているトマス・アクィナスは、次のことを理解していないように思われる。つまり、アラブの一著述家アヴェロエスにとって、鏡像とは、そこにおいて、見ている者と見られているものが結合する点にもなりうるということである。実際、中世の光学においては、鏡とは、まさにそこにおいて「眼がみずからを見る」[oculus videt se ipsum]場であり、同じ人物が見ると同時にまた見られる場でもあった。[24]また、アラブの著述家たちに深く影響を与え、[25]中世のキリスト教的伝統にとっても十分になじみ深い[26]神秘主義の伝統によれば、完全に澄みわたった鏡の中の自分の像と結合することは、しばしば感覚を超えたものとの結合を象徴していた。さらに、次の章で見るように、とりわけ表象像をこの媒介的な機能にふさわしいものにしている、いわば「科学的」と言える十分な根拠が存在するのである。われわれが前に見たように、想像力の

「危険な鏡」に反射する鏡像は、恋に落ちるメカニズムの中で重要な役を担っていたが、こうしたかたちで、思いがけない広がりをもつことになるのである。鏡像は、個人の魂の頂点に位置づけられることで、そして個物と普遍、物体的なものと非物体的なものの境界に位置づけられることで、いわば燃え尽きたひとつの灰燼として姿を現わす。それは、個別的存在が燃焼すると、離在しかつ永遠なるものの入口――それを踏み越えることも傷つけることもできない――に残されるのである。

だがしかし、われわれがこの章で再構成しようと努めてきた表象像の心理学の中で、恋愛詩における「心臓(心)のうちの似像」とそれほど一致しないように思われる点がひとつだけある。われわれが引用してきたテクストにおいては、似像に固有の場は、実際のところ、心臓(心)ではなく脳の部屋のひとつなのである。理論的な関心が中世の恋愛詩に特徴的である以上、あまりにはなはだしい不正確さは許されなかっただろうことを考慮するなら、こうした相違はわれわれを困惑させるかもしれない。しかし、より注意深くテクストを読むならば、疑問はあとかたもなく氷解するだろう。中世の生理学によれば、生命の宿る場所は心臓であり、まさにこの心臓から、霊魂は生命体全体を活気づけているのである。それゆえ心臓は、他の器官を道具にして働く諸能力の原理であり、起源なのである。滋養の能力は肝臓のうちで、想像と記憶の能力は脳のうちで働くといった具合に。アヴィセンナは次のように説明している。「身体において感覚能力を担っている精気の調子が完全なものとなるのは、まさに脳のうちにおいてである」にしても、諸能力の原理は心臓の内にあるのである。アヴェロエスはその著作で、アリストテレスの権威に依りつつ、この説を完全なかたちで述べている。

たとえ、脳の部屋がこれら諸能力の実現される場所であるとしても、諸能力の根源は心臓にあるのだということを忘れてはならない。……このことを理解するには、次のように考えてみればよい。諸能力は、内部の熱なしには働かず、そして内部の熱はほどよい熱でなければ各能力にまで伝わらない。また、選定したり調整したりする能力は、必然的に心臓にある。したがって、これらの諸能力の根源は心臓にあることになるのである。同様に、想像力の働きは、霊魂に関するアリストテレスの書物の中で述べられているように、共通感覚の中に残った可感的対象のしるしを通して生じるのであり、また同書によれば、共通感覚の場所と根源は心臓のうちにあるのだから、想像力の場所は必然的に心臓にあると結論される。[★27]

したがって、似像は心臓のうちにあるという詩の理論は、恋に落ちた詩人たちの勝手な発明と言うわけではなく、堅固な医学的伝統に基づいているのである。それゆえ、自分の詩の理論的な厳密さに常に注意をはらっていたダンテが、一度ならずそうした伝統へ言及しているとしても驚くにあたらない。[★28] しかし、ある「能力」が身体の一部分にその場所と根源をもちながら、それにもかかわらず、それとは別の場所で固有の機能を働かせるというメカニズムは、容易には理解できない。先に見たように、脳のうちで完全な姿をとる「精気《スピリト》」についてアヴェロエスが語るとき、あるいはまた、心臓に起源を持つ「内部の熱」についてアヴィセンナが語るとき、両者とも、このメカニズムを参照している。さらにわれわれは、想像力の中にある表象像が有する「精気的」な性質を、アヴェロエスが強調していることも見てきた。詩人たちに関して言えば、彼らはしばしば完全に慣れ親しんだ現実のことを語るかのように、「微細な」[sottili]「生命の」[animali]「柔軟な」[gentili] 精気について語るが、別のときには、外部に出て、眼を通って入っていく精気についても語っている。詩人たちはこのときプネウマ理論に言及しているのだが、われわれはこれまでこの理論を考察の対象から外してきた。しかしながら、もし本当に中世の表象理論《ファンタスモロジーア》をその全体性において再構築しようと望むのであれば、いまや、この問題にとりくまなければならない。完遂には程遠く、われわれの探求はようやくその緒に就いたばかりなのである。

第三節 「想像の精気《スピリトウス・ファンタスティクス》」

私は誠実にこう言おう。その時、内奥に秘められた心臓の部屋に住まう、生命の精気が震え始めたが、その震えはあまりに強く、かすかな脈にも恐ろしいまでにはっきりと現われるほどであった。そして震えながら、次の言葉を語った。「見よ、我よりも強き神の来たりて我を従わしむるを」。またその時、高き部屋（あらゆる感覚の精気たちによって知覚がもたらされるのは、そこにおいてである）に住まう魂の精気が、強い驚愕を覚え始め、とりわけ視線の精気に向かって語りかけ、次なる言葉を残した。「汝らの至福はや現われぬ」。さらにその時、われわれの糧が与えられるかの場所に住まう、自然の精気が泣き始め、涙ながらに次の言葉を語った。「嗚呼、哀れなる我よ、今より我は道を阻まれん」。

『新生』の冒頭を飾るこの有名な一節においてダンテは、血紅色の衣をまとった「意中の淑女」ベアトリーチェの出現に関して、三つ組のアレゴリーを用いながら省察をめぐらせている。この一節の根底にあるものはいったい何かについて、研究者たちはたしかにある程度まで考察を進めてきた。彼らは、この三つの精気《スピリト》が、当時の医学用語と厳密に対応していることを明らかにしたのである。★1 しかしわれわれの見方では、こうした再構築の作業は不十分なものだ。というのも、それは精気に関する中世の生理学の全容を解明するまでにいたっていないばかりか、この一節に現われているプネウマ論的な学説を単なる医学的・生理学的文脈へと還元することは、いかにしても不可能だからである。むしろ、このプネウマ論的学説においては、医学から宇宙論、心理学から弁論術、救済論にいたるまで、中世文化のあらゆる側面が複雑に絡みあっている。そして、このプネウマ論の相においてこそ、これら中世文化の諸側面は、聳え立つ一個の建築、おそらくは中世末期の思考が築きあげたもっとも荘厳な知の大聖堂へと、調和的に融合することができるのである。ところが、この大聖堂の少なくとも一部が今日もなお地中に埋もれたままであるために、われわれはこれまで、そのもっとも完璧な成果である一三世紀の恋愛詩でさえ、あたかも美術館の展示室でわれわれに謎めいた笑みを投げかける、あの彫像の残骸のようにしか見てはこなかった。しかしそれは、ギリシアの神殿の破風やロマネスク聖堂のタンパンから時の翁サトゥルヌスが剝ぎとったものだ。しかもヘーゲルが記したように、これらの美しい果実を木から切りとってわれわれに差しだす優しき運命の女神は、その果実とともに、「それらを培った大地も、その果肉を養った諸要素も、その個性を育んだ気候も、その成長の推移を司った季節のめぐりも」、何ひとつわれわれの手にとりもどしてはくれないのである。したがって、前節において、表象像《ファンタスマ》をめぐる中世の理論の概要を再構成することに努めたわれわれがいまや、プネウマ論的学説を発掘することで再び呼び戻そうとするのは、こうした「大地」、「気候」といったものである。というのは、表象理論《ファンタスモロジーア》がこのプネウマ論の学説の中にあますところなく溶けこんでいるからである。

プネウマの学説の起源はきわめて古いと考えなければならない。アリストテレス『動物生成論』[*De generatione animalium*]の以下の一節（七三六b）は、中世の著述家たちが頻繁に参照した箇所である。

精液に繁殖力を与えるものは、常に精液の中にある。つまりそれは、いわゆる熱である。この熱は、火やそれに類する力ではなく、精液と泡の中に蓄えられたプネウマであり、このプネウマの性質は、天体の構成要素と類似している。

この一節は、きわめて整然とした理論の存在を前提としているように思われる。またここにはすでに、中世プネウマ論に特徴的な二つの要素が内包されている。すなわち、プネウマが天体的な性格を有しているということ、そして、それが精液の中に存在しているということである。おそらくアリストテレスは、この理論を古い医学書の中に見いだしたと考えられる。ストア派もまたそこから着想を得ていたようである。ヒポクラテスの著作におけるプネウマへの言及が、この推測を裏づけているように思われる[★2]。このプネウマ論的な学説について、ある程度たしかなかたちで跡づけることのできる最初の医学者は、カリュストスのディオクレスであるが、彼はイェーガー[★3]によって、紀元前三世紀初め、つまりストア派の創始者ゼノンの同時代人とされた。だがここでわれわれがその大筋を追跡しようとするプネウマ論は、エラシストラトスからガレノスにいたるまで、その後のギリシア医学全般にとって共有財産になるとも言うべきものである。この理論の中心をなすのがプネウマという概念である。この熱い気息は、血液から発散すると考える者もいれば、たえず呼吸される外気から生まれるとする者もいる（ガレノスによれば両方からである）。このプネウマは、カリュストスのディオクレスによれば単一のものだが、次の二つに分類されることもしばしばある（たとえばエラシストラトスのように）。すなわち、生命のプネウマ（ζωτικός——その中心は心臓の左心室にある）と、精神のプネウマ（ψυχικός——脳に位置づけられている）である。プネウマは、人体のあらゆる部分に張りめぐらされている循環系統を通じて、心臓から全身へと拡散していき、肉体に活力と感覚能力とを与える。この循環経路である動脈は、血液の流れる静脈とは異なり、プネウマしか通らない。動脈と静脈はその末端で連結しているが、動脈が切れて目に見えないプネウマが流出すると、それに続いてすぐ静脈から血液があふれだす理由もここにある[★4]。このプネウマの循環が支障をきたすと病気になる。たとえば、血液の量が著しく増加して動脈の中に流れこむと、プネウマは心臓の近くへと圧迫され、それによって発熱が起こる。これに対し、血液がプネウマの導管の末端に追いこまれて鬱積すると炎症を起こす。

ストア派の思想家たちは、おそらくこうした医学理論からプネウマに関する知識を得て、自分たちの宇宙論や心理学の中心的原理とした。ゼノンやクリュシッポスの思惟において、プネウマこそ物質の根源、すなわち発光する繊細な物質〔λεπτότερον σῶμα〕であるが、それはまた火と同一である。これが宇宙の隅々にまで充満し、多かれ少なかれあらゆる存在に浸透し、成長や感覚の原理を形づくっている。この神的な火という「職人」〔τεχνικόν〕はまた、太陽やその他の天体の本質でもあるため、動植物の生命を司る原理は天体と同じ性質を有し、その唯一の原理こそが宇宙に活力を与えていると言える。この気息あるいは火は、各人の中に宿って生命を賦与する。つまり個々の魂は、この神的原理の断片にほかならないのである。しかしプネウマは外界から人体へととりこまれたものではなく、各人の肉体に「生まれつき具わって」おり、これにより生殖や感覚知覚についても説明が可能となる。つまり生殖は、睾丸へと達するプネウマの流れを通じて行なわれ、その流れは精液の中で子孫へと受け継がれる。また感覚知覚は、心臓から瞳へと向かうプネウマの循環(ὁρατικόν πνεῦμα——中世の生理学における「視覚の」精気)を通じて達成されるが、そのとき視覚器官と対象の間に置かれている空気の一部とプネウマが接触する。この接触によって空気中にもたらされた緊張は、目を頂点とし、視野を底面とする円錐によって伝達される。この循環の中心にあるのは、魂の「主導的な」部位の座、すなわち心臓であり、そのプネウマの繊細な物質の中に、あたかも蠟の板の上に筆跡が刻まれるかのように、想像力のイメージが刻みこまれるのである。さらに、声もまたプネウマであり、それは主導的な部位（心臓）から発され、喉頭を通じて舌を動かす。つまり、同一のプネウマ循環が、知性や声、精液、五感に生気を与えているのである。このプネウマは死後も消滅することなく、その軽さのため、天上域まで上昇していく。そしてそこに自らの場所を見いだし、天体と同様に地球から立ち昇る大気を糧に、不変不滅の状態を保つのである。

ネオ・プラトニズムにおいては、プネウマというストア派の主題は、『ティマイオス』★5の助言にしたがって、媒介物［ὄχημα］、すなわち、天体から地球へと救済論的な物語をめぐる魂に同伴する繊細な物体としてとらえられている。かくしてポルピュリオスにあっては、天体の諸軌道を経て地球へといたる魂の降下は、魂が天空の衣、すなわちプネウマ的な繊細な物質を新たに身にまとう過程として現われてくる。そのプネウマ的物質の実体は、天上の物質によって形成されているが、天体間を旅するうちに、徐々に翳りと湿り気を帯びる。肉体が死を迎えたあと、もし魂が物質と手を切る術を心得ているならば、その魂はプネウマという媒介物とともに空へと昇っていく。その反対に、魂が物質から離れられない場合、プネウマ＝媒体は重さを増し、まるで貝殻に塞がれて身動きのとれない牡蠣のように、魂は地上へと引きとどめられ、懲罰の場へと連行されるのである。[★6] 地上での生活においては、プネウマは想像力の道具であり、そのようなものとして、それは夢や宇宙的な感応力、そして予知や法悦といった天啓の主体となる。すなわち、イアンブリクスによれば予知とは、「魂をとりまいて輝くエーテル的な媒介物が神の光に照らされ」、「神意によって動かされた神の表象像《ファンタスマ》がわれわれの想像力をとらえる」ことである。また法悦に関してイアンブリクスは、神のプネウマが肉体に降りきたることとして説明している。[★7] さらにプネウマという概念は、ネオ・プラトニズムのデモノロジー（神霊学）にも関わりをもっている。たとえば、煉獄で飛行する魂の体というダンテの着想のもとになったことがたしかな（間接的にではあるが）一節において、ポルピュリオスが主張するところによると、空を飛ぶダイモンの肉体は自らの想像力によってその姿を変え、まるで鏡の中のように、周りの空気に自分の姿を映しだすため、ダイモンはわれわれには常に異なる姿で見えるのである。またイアンブリクスの方も、叙事詩に登場するダイモンや英雄、アルコン〔古代アテネの九人の高級執政官の一人〕の光り輝くプネウマについて、何度となく語っている。

ストア派とネオ・プラトニズムのプネウマ論において、プネウマと想像力がしばしば特異なかたちで結びつけられているとすれば、これらが「想像の精気」〔φανταστικόν πνεῦμα〕という概念の中で完全に融合するのは、シュネシオスの『夢について』〔*De insomniis*〕においてである。「想像の精気」とは、感覚や夢、天啓、神的感応力の主体であり、この相において想像力は、肉体的なものと非肉体的なもの、理性的なものと非理性的なもの、人間的なものと神的なものを媒介する存在として、その力を最大限にまで高めるのである。シュネシオスにとって想像力とは、「感覚の中の感覚」であり、神的なものの認識にもっとも近い。何となれば、

想像の精気は、もっとも普遍的な感官であり、魂にとってもっとも根源的な物質だからである。それは内奥に身を潜め、砦から見下ろすかのように生ある存在を支配している。自然はその周りに、頭部のあらゆる部位を築きあげた。聴覚と視覚は、実際は感覚ではなく、感覚の道具、共通感覚の使者、生ある存在の門番と言うべきものであり、外界で知覚したものを主人へと報告するのである……これに対し、想像の精気はどこをとっても完璧な感覚であり……なんら媒介を必要とはせず、魂にもっとも近く、そしてもちろんもっとも神的なものである。★8

また同時に、想像の精気は、もっとも完全な感覚にして魂の第一の媒介物であるため、「理性的なものと非理性的なもの、肉体的なものと非肉体的なものの間の仲介者となり、この共通項を通じて、神的なものは自分からもっとも離れたものと対話することができるのである」。このように密接に絡みあった救済論的・心理論的主題において、シュネシオ

スは想像力を帆船になぞらえている。この巧みなイメージは、長い間その影響力を保持することになる（ダンテの「才知の小舟」[navicella dell'ingegno] にもおそらくその反響を認めることができる）が、生まれたばかりの魂は、この帆船に乗って天界から降りきたり、物質世界と結びつくわけである。[★9] シュネシオスが想像力に対して賛辞を贈るのは、夢に関する著作においてである（「眠っていないときには人は賢者にすぎないが、夢の中では神となる」と彼は書いている）。そのため、彼にとっても想像の精気とは、とりわけ夢の主体であり、予知の器官であるということは念頭に置いておくべきだろう。[★10] この機能ゆえに、想像の精気は一枚の鏡に喩えられている（したがってナルキッソスの鏡もまたプネウマの鏡である）が、このイメージは以後長く受け継がれることになる。この鏡は物体が発する「像《イドリ》」を受けとめ、また然るべく澄んだ状態にあるときは、未来に起こる出来事のイメージをそこに予見することができる。さらにネオ・プラトニズムの伝統によれば、この精気は地上にある間、より軽やかなエーテル的存在となることもあれば、翳りや重みを増すこともあるという。後者の場合、この精気は「影像」[εἴδωλον] となり、そこで魂は罰を受けることになるのである。

シュネシオスのこの奇妙な小冊子においては、アリストテレスの表象理論における内的イメージと、ストア派＝ネオ・プラトニズム的プネウマ論における熱い気息（つまり魂と生命の媒介物）とは同一視されている。一一世紀から一三世紀まで続く知の復興期において、科学や思弁や詩作に豊かな実りをもたらすことになるあの学説は、少なくともその本筋において、ここですでに、まとまった教義として調えられているのである。われわれがここまで、シュネシオス（彼は殉教したネオ・プラトン主義者イプツィウスに学んだのち、キリスト教に改宗した）[★11]のこの著作について長々と論じてきたのも、このためである。このようにして生まれた統合の特異性に鑑みるなら、当時のヨーロッパ文化を一個のプネウマ＝ファンタスマ論と定義することも可能かもしれない。宇宙論や生理学、心理学、救済論を包含するこのプネウマ＝ファンタスマ論の文脈においては、宇宙を活気づけ、動脈内を循環し、精液に多産性を賦与する気息《プネウマ》は、われわれが目にしたり想像したり、夢に見たり愛したりする事物の表象像《ファンタスマ》を、脳や心臓において受けとり形成するものと同一である。魂の繊細な物体に関して言えば、それは魂と物質、神的なものと人間的なものの間の仲介者でもあるため、魔術による幻惑から、星の感化にいたるまで、肉体的なものと非肉体的なものの間の感応は、すべてこれによって説明がつくのである。

　このように組織された学説を広めるにあたって、中心的な役割を果たしたのは医学である。実際、一一世紀におけるプネウマ論の再興は、コンスタンティヌス・アフリカヌスが『王の書』〔*Liber regius*〕において、アリ・イブン・アッバースの説をラテン語に訳したことに始まる。そしてそれは、一二世紀半ば、アラブの医学者コスタ・ベン・ルカの『魂と精気の相違について』〔*De differentia animae et spiritus*〕が翻訳されたことで最初の絶頂期を迎えるのである。このような時間的アーチにおいて、医学者たちのプネウマ論的生理学は、同時代の文化に多大な影響を及ぼすこととなった。たとえば医学者であるイギリス人アルフレッドの著『心臓の鼓動について』[*De motu cordis*]には、次のようにある。

堅固で鈍重な素材から成る肉体と、このうえなく軽やかで非物質的な性格をもつ魂は、なんらかの中間的存在によって結びつけられる必要がある。この中間項は、両方の性質を併せもっているため、かくも大きな相違の折りあいをつけることができる。もしこの中間項がまったく非物質的な性格をもっているとすれば、魂からは区別できないだろう。その反対に、もし物質の法則に完全に服従しているならば、鈍重な肉体となんら変わるところがなくなってしまう。したがって必然的に、この中間項は完全に感知できるものでも、また完全に非物質的でもないことになる……。両極をつなぐこの絆、肉体の運動を司るこの器官が精気と呼ばれるのである……。★12

ある著作家たちによれば、精気には生命の精気と霊魂の精気の二種類があるとされるが(上に引用したアルフレッドや、彼の説の基となったコスタ・ベン・ルカも含まれる)、医学者の大部分は、精気を三つに分類している。まず第一に「自然の精気」。この精気の源は肝臓(ダンテの言葉によれば、「われわれの糧が与えられるかの場所」)にあり、そこで浄化と消化とがなされる血液の発散によって生みだされる。この自然の精気は、肝臓から静脈を通じて全身に流れこみ、体の自然な生命力を増進させるのである。第二に、心臓から発せられる「生命の精気」。この精気は動脈を通じて全身に浸透し、体を活気づける。そして第三に、この生命の精気が脳の部屋で浄化されて生まれる「霊魂の精気」。生命の精気は、心臓の左側から動脈を通って脳へと上昇し、脳の三つの小部屋を通り、ここで「想像力と記憶力によってより純化され消化されて（digestior purgatiorque）、霊魂の精気となる」[13]。脳から発された霊魂の精気は、神経に充満して全身へと拡散し、感覚力と運動とを生みだすのである。想像力の住まう小部屋からは、視神経が枝分かれしながら広がり、目にまで達している。霊魂の精気はこの神経の窪みの中に入り、そこでより軽やかになる[14]が、ある学説によると、それは視覚の精気として目から放射され、空気中を通って対象まていたるという。空気によって「補充」されながら、精気は対象の形と色に関する情報を得て目に戻り、そしてそこから想像の小部屋へと帰還するのである。他方、別の学説によると[15]、視覚の精気は目から発されるのではなく、空気を通じて対象の型を受けとり、それを想像の精気へと伝達するとみなされる。同様のメカニズムは、聴覚など他の感覚の場合にもあてはまる。霊魂の精気は、想像力の小部屋では想像力のイメージを実現し、記憶の小部屋では記憶を、また論理に関わる小部屋では理性を生みだすのである。

われわれが前節で記述した心理学的プロセスはすべて、このプネウマ循環の用語に翻訳し直すことで、いわば「精気化する」ことができる。たとえば、先にわれわれが純粋にスタティックな用語で解説したアヴィセンナの心理学も、本来の「精気的」な文脈に戻してやると、こんな風に響くのである。

……［事物の］類似性は、視覚の力をもたらす精気とまず結びつき……次に脳の一番目の房室にある別の精気の中へと浸透してゆき、共通感覚の力をもつこの精気に刻みこまれる……さらにその共通感覚は、この形相をまた別の精気（共通感覚をもつ精気の隣に位置する）へと伝達するが、この精気はその形相を刻みこみ、形相を受けとる力の中にそれを置く。この形相を受けとる力が想像の力である……次に、想像の中にあるこの形相は、後部にある房室へと入っていき、想像の力（人間では認識力と呼ばれる）をもつ精気を通じて、判断力をもたらす精気と結びつく。想像力の中にあった形相はこうして、判断力の精気の中に刻みこまれるのである……。[★16]

われわれはいまや、その首座を心臓に置く感覚や想像力が、脳の中で自己を実現するというこの学説を、難なく理解することが可能となった。心臓に端を発する生命の精気は、浄化され純化されて脳へと上昇し、霊魂の精気となる。全身を循環するプネウマの流れはただひとつであり、スタティックに考えれば個々別々にすぎないものが、この中でダイナミックに結合するのである。
さらに霊魂の精気は、精液の中へと自然に入りこんでいく。すなわち体に熱を与えつつ睾丸へと達し、「粘り気のある乳状の液体に変容し、性交が果たされると外へ流出する」[★17]。そのさいに女性の精液と結合することで胚を形成し、星の感応力を手に入れる。

医学者たちのプネウマ生理学が中世のキリスト教的人間学にもたらしたのは、精気と魂の関係はいかにとらえられるべきかという問題であった。その著『技術大全』[*Pantechne*]においてコンスタンティヌス・アフリカヌスは、霊魂の精気を、すぐれて理性的な魂の機能である知性認識と同一視しているようであり、さらに、「脳に住まうこの精気は魂であり、その魂とは肉体的なものであると主張する幾人かの哲学者たち」の見解に言及している。すでにコスタ・ベン・ルカが、死すべき運命にある肉体的な精気と、非肉体的で不死の精気の間の相違について論じているが、医学者たちのプネウマ論とキリスト教の教義とを結びつけることに対する懸念は、サン＝ティエリーのギヨームに明らかである。すなわち彼は、「人間を汚れなき神のイメージとし、また人間をすべての魂ある存在の上に、すなわち理性的な魂へと高める、人間のかの卓越した部位」と精気とを同一視する者たちの重大な誤謬をあからさまに非難しているのである。キリスト教的存在論を特徴づける、現前の形而上学的亀裂を模範的に示す原理に則って、彼はこう記す。「自然という創造者は、魂と肉体の結合を神秘のヴェールで包んでしまっている。この二つの実体の邂逅は、言葉で語れるものでも理解できるものでもないのである★18」。

一二世紀におけるもっとも特異な著作のひとつ、サン゠ヴィクトルのフーゴーによる『肉体と精気の合一について』〔*De unione corporis et spiritus*〕の主題を成しているのは、まさにこの「語りえない神秘」なのである。サン゠ティエリーのギヨーム同様、フーゴーもまた、肉体的なものと非肉体的なものとを性急に同一視するあらゆる考え方に対して不信感を表明し、「肉によって生まれたものは肉です。御霊《みたま》によって生まれたものは霊《れい》です」というヨハネ福音書の言葉を枕に語り始めている。しかしフーゴーは、この二つの実体を隔てる深い断絶の上に、ヤコブの神秘的梯子とも言うべきものを架ける。この梯子を通じて肉体は精気の方へと昇っていき、また精気は肉体へと降りきたるのである。彼はこう記す。

もし精気と肉体をつなぐものが何もなかったとしたら、精気が肉体と出会うことも、肉体が精気と出会うこともできなかっただろう。肉体と精気を隔てる距離は長く、それらは互いに遠いところにある。したがって、肉体が精気に近づくためにそれを通じて昇っていくことができるような何か、また逆に、精気が肉体に近づくためにそれを通じて降っていくことができるような何かが存在していることになる……肉体はすべて同じ性質をもつわけではなく、優れたものもあれば劣ったものもあり、もっとも卓越したものは、肉体の性質を超越するほどである。同様に、精気の中にも優れたものもあれば劣ったものもあり、もっとも卑しいものは、精気の性質から堕落してしまうほどである。そしてこのようにして、最高のものと最低のものとが結びつくことになる……肉体は昇りいき精気は降りきたる。精気は上昇し神は下降する……肉体は諸感覚を通じて昇っていき、精気は官能性を通じて降りてくる……ヤコブの梯子のことを考えてみたまえ、地面の上に立てられながらも、その先は天にまで届いていたではないか。★19

このヤコブの梯子を探求する中でフーゴーは、肉体的なものと非肉体的なもの、非理性的なものと理性的なものの媒介者として想像の精気をとらえるネオ・プラトニズムの理論に想を得て、想像力を再評価している。そしてこれこそ、中世文化の歴史において決定的な転換点を画すものなのである。

肉体の中でもっとも高貴でもっとも精気の性質に近いのは、不断の運動を自らの力で保持し、外から止めることが決してできないものである。これは、感覚を惹起する点では理性的な生命と似ており、また想像力を形成する点で、生きた叡知と類似している。感覚を超えたその上に想像の力が生まれるこの部分よりも高貴で精気の性質に近いものは、肉体の中には存在しえない。この存在はきわめて崇高であり、それよりも上に位置するのは理性のみである。外界から形相を受けとった燃えさかる力は、感覚と呼ばれる。この形相が内面へととりこまれると、それは想像力と呼ばれる。視覚の光線によって外界から集められた可感的な物体の形相が、自然の働きによって目へと導かれ、目がそれを受けとると、視覚がもたらされる。それに続いて目の七つの膜と三つの分泌液を通り、最終的に純化されて内に導かれると、脳へと達して想像力の源となる。この想像力は、前頭部から中心部にいたると、理性的魂の実体そのものと接触し、判断力を惹起するが、いまや想像力は純化され明敏になっているため、精気そのものと直接結びつくことができるのである……したがって想像力とは、感覚の像であり、肉体的な精気の最上位に、また理性的な精気の最下位に置かれる……非理性的な動物においては、想像力は想像の小部屋を超えでることはないが、理性的動物にあっては、想像力は理性の小部屋まで到達し、そこで非物質的な魂の実体そのものと接触するのである……理性的な実体が肉体の光であるとすれば、想像力は、肉体の似像であるかぎりにおいて、影である。このため、想像力が上昇して理性にいたると、光に近づいたり、光と重なったりする影とほとんど同じようなことが起こる。つまりこの影は、光に近づくかぎり、くっきりとその輪郭を浮かびあがらせるが、光と重なる場合には、光を翳らせ、覆い隠してしまうのである。理性が瞑想のみを通じて自分の方に想像力を受け入れるだけの場合、想像力は単に理性を外から覆う衣服のようなものであるため、この衣服を脱ぎ捨てることはたやすい。

これに対し、理性が喜びとともに想像力を迎え入れる場合、想像力は理性にとって皮膚のようなものとなり、愛で結びつけられているがゆえに、その皮膚を引き剝がすには苦痛をともなう……このように、肉体の最下部から肉体の精気へといたるにあたっては、感覚と想像力（この二つはともに肉体の精気に存する）を通じて前進することになる。肉体のすぐあとに、非肉体的な精気が位置し、その中には想像的な感情がいる。魂は、肉体との結合を通じて、この想像的な感情を受けとるのである。そして、その上には、想像力に働きかける理性が存在している。★20

フーゴーからとくに強く影響を受けた、イサク・ステルラやクレルヴォーのアルケルスなどの神学者は、想像の精気がもつこの仲介者としての機能についてくりかえし論じ、より厳密なものとしている。「真の精気たる魂と、真の肉体たる肉とは、それらの極点、すなわち魂の想像的な力においてたやすく適切に結びついている。この魂の想像的な力は、肉体ではないが、肉体に類似したものであり、ほとんど精気と同一であるような肉の官能性の中にあるものなのである★21……」。

こうした著作においてなされた、想像力の再評価の重要性を理解するためには、中世キリスト教の伝統において、想像力はきわめて否定的にとらえられることが多かったということを念頭に置く必要がある。この点に関して、次のことを想起するのは的外れなことではない。つまり、淫らな半裸の女性や、半人半獣の生き物、恐ろしい悪魔など、「聖アントニウスの誘惑」のイコノグラフィーに結晶化している、奇怪だが魅惑的なイメージの数々はすべて、誘惑者によって聖アントニウスの想像の精気の中に惹起された幻影《ファンタスマ》を表わしている、ということである。中世の思惟に特徴的な二極化した直観によって、肉体的なものと非肉体的なもの、光と影とがいまや「語りえない結合」を果たす場となるのは、まさに目も眩むようなこの魂の経験なのである。ネオ・プラトニズム的な思想の枠組みにおいて、この結合を媒介する精気は、想像的プネウマと同一視されることが可能となった。ロマン主義の理論がどんなに想像力をもちあげようとも、決してこの時代ほどに高められ具現化されることがないのは、精気とプネウマに関するこうした考えを欠くからである。まさに「イメージの文明」と呼ぶにふさわしいのは、現代よりもこの時代なのである。そして、愛と表象像《ファンタスマ》の間にある密接な結びつきを考慮するならば、この想像力の再評価が愛の理論に与えたであろう多大な影響もまた容易に理解できる。さらに、のちにわれわれが見るように、想像の精気の致死の病、つまり「愛」の中に、ポジティヴな極や「精神性」を再発見できたのもまた、想像力のポジティヴな極が明るみに出されていたからなのである。

中世文化から受け継がれたネオ・プラトニズムの想像的プネウマ論は、さらに別の一面をもっている。すなわちプネウマを、魔術的な感応力を媒介するもの、あるいはその主体とみなす側面である。「魔術的な現象」という語が何を指すのかについては、これまでしばしば議論されてきた。通常この語は気軽に用いられているが、文化によって異なる差異のルールを考慮することなく、「魔術的な現象」なるものがそれ自体として定義できるかどうかは定かではない。しかしながら、少なくともここで問題となっている時代に関して言えば、次のことを主張しても、それほど確実さを欠いていることにはならないだろう。すなわち、プネウマ論から切り離された世界として魔術を語っても、あまり意味がないということである。プネウマ論の文化、すなわち、肉体的なものと非肉体的なものの「媒介者」としての「精気」という概念に基礎を置く文化においては、魔術と科学（あるいは魔術と宗教さえ）を分けて考えても、なんら役には立たないのである。プネウマ論が廃れ、それに引き続いてその内容が変化することで、「精気／精神《スピリト》」という語は、われわれにとってなじみ深い概念と同じものになる。ただ、この概念は、「物質」という語と対比されてはじめてなんらかの意味を獲得する曖昧なものである。そしてこの結果、肉体的なものと非肉体的なものという二項対立が生じ、それが科学と魔術を分かつための必要条件となったのである。一方、中世のいわゆる魔術書（占星術や錬金術に関するものなど）は、プネウマ論の諸側面（とりわけ精気と精気、あるいは精気と肉体の間の感応力）をもっぱらその対象として扱っている。そしてこの点からすれば、これらの魔術書は、カヴァルカンティやダンテの詩といったテクスト、つまり「魔術的」と定義づけようものなら言語道断という誹りを免れないようなテクストとも、本質的には違いはないのである。かくして、ルネサンスのヘルメス主義に多大な影響を及ぼした、西洋では『ピカトリクス』の名で知られるアラブの論考においては、「叡知の鍵」は「完全なる自然」として定義され、さらにこの「完全なる自然」は、「自分の星と結びついた哲学者のプネウマ」と定義されている（読者諸氏にはいまやこの定義は完全に理解可能なものであろう）。さらにそこでは、何を対象とするかによって、魔術のさまざまな形態が分類されている。つまり、「精気からの精気」を対象とする実践魔術とファンタスマゴリア、「物体からの精気」を扱う厄除け術、そして「物体からの物体」を対象とする錬金術である。[★22] とりわけ、われわれがまさに魔術としてとらえてきた現象、たとえば幻惑といった現象は、プネウマ的感応力の学説に完全に包含され、そのようなものとして中世の著述家たちによって説明がなされてきた。そして、幻惑という現象が早い時期から、典型的モデルとして「愛」に結びつけられていたとすれば、それは、この二つがともに想像の精気の世界に属していたからなのである。[★23]
かくして、「女性のある振舞いや悪魔の力によって、男性は狼や盛りのついた牛馬にさえ変わりうる」という見解を、アルケルスは、想像の精気に対するダイモンの働きかけとして説明している。彼によれば、「眠っているというよりは、朦朧とした感覚で生きている人間の肉体が、ある場所に横たわっていると、その肉体はなんらかの動物の形をとって、他人の感覚に現われることがある」という。またチェッコ・ダスコリによれば、それは想

像のダイモン的幻影、あるいは、浮遊する物体をダイモンが引き受けることである。★24

プネウマ論を理解するための鍵を失ってしまった世代、その学説の統一性や結合の正確な意味を理解できない（あるいは理解しようとしない）世代は、中世プネウマ論の核心から、魔術的世界、あるいは魔術的文学だけを摘出してしまった。この過程はすでにスコラ神学とともに始まっていた。スコラ神学は、精気に関する医学的学説は受け入れながらも、それを人体の生理学の分野にむりやり押しこめ、それがもつ救済論的・宇宙論的含意をすべて奪い去ってしまったのである。こうした含意によってこそプネウマは、魂と肉体との間の「語りえない結合」を実現する、具体的で現実的な媒介者たりえたにもかかわらず。★25プネウマ論の衰退はここに始まり、秘教的サークルの闇の中へと追いやられる運命にあった。その闇の中でプネウマ論は、長い間一本の道として生き永らえる。われわれの文化はこの道に進もうと思えばできたかもしれないのに、実際にはそうしなかったため、今ではもはや通行不可能になってしまった。一方、光の世界では、プネウマ論は肉体の精気という医学的学説の中にのみとどまった。デカルトの中になお生きていたこの学説は、ハーヴェイが血液循環の新しいモデルを提供したあとでさえ、煙霧《ヴァプール》と名を変えて『百科全書』に登場している。だがプネウマ概念は、闇の中へと消え去るまえに、遅まきながら再び見事な果実を実らせる。すなわち、「愛の精気」に姿を変えて、清新体詩人の抒情詩の中により高次の表現を見いだすことになるのである。

第四節　愛の精気たち

前節に述べてきたような広く生き生きとした背景のもとに、われわれはダンテや清新体派のプネウマ論を位置づけなければならない。『新生』の冒頭の「三つの精気」は、純粋に装飾的なアレゴリー的意図に奉仕するためだけに独立して顕われてくるのではない。ソネットの冒頭における主題の提示として、生理学から宇宙論、心理学から救済論まで、プネウマ理論のあらゆる領域が戯れるコンテクストの中に挿入されるものなのである。そして、クラインが見事に観察しているように、『新生』を締めくくるソネット「いとも広く廻転する天のかなたへ」には、こうしたモティーフが集められ、その多くの詩句が、『神曲』の恍惚とした旅を予見し、要約している。心臓（周知のとおり、生命の精気の座）から出発して、「いとも広く廻転する天のかなたへと」天上の旅を成し遂げる「巡礼の精気」［spirito peregrino］は、ダンテが教えてくれるように、「思い」［pensero］、すなわち想像力［immaginazione］、あるいはまた、もっと適切に定義するならば、想像の精気［uno spirito fantastico］である。それは、周知のとおり身体から離脱し、ヴィジョンというかたちをとることができる。あたかも、「わが知性はそれをとらえることができない」かのように（あるいは「そうした性質のために」）。アヴィセンナによると、感覚的な性質から表象像《ファンタスマ》が抽象されないならば、知性は、この表象像《ファンタスマ》を受けとることはできない。しかし、まさにこの限界のゆえに、ここで、想像の精気のもつヴィジョンとしての能力と、いわば知性に対するその優越性が基礎づけられるのである。想像の精気を天上の感応力の座、そして媒体としてとらえる概念は、すでにシュネシオスにおいて出会ったものだが、ダンテによって、『煉獄篇』第一七歌の名高い「想像の力」［immaginativa］への祈りにおいて、はっきりと打ちだされている。そこで彼は、ヴィジョンにとらわれた想像が、感覚によって動かされないときには、いったい何がこの想像を動かすのか、と自問している。

おお、千の喇叭があたりに鳴り渡っていても
気がつかないほどに、しばしば外界の事物から
人の注意をそらす想像の力よ、

もし感覚が汝に何ものも与えないなら、汝を動かすのは誰か。
天において形づくられる光自らか、
あるいはそれを下界へと導く意志が汝を動かすのである。

プネウマ＝媒体［ὄχημα］というネオ・プラトニズム的な星辰のテーマと、想像の精気という心理学的テーマとの連帯は、ダンテが『饗宴』の中で、「この精気は星の光線を通ってやってくる」［questo spirito viene per li raggi de la stella］と記すとき、なおも彼の中にしっかりと生きづいている。★1『煉獄篇』の第二五歌において、ダンテはスターツィオの口を借りて、われわれがすでに医学の伝統の中に見いだしてきた胚種のプネウマ論と、死後の世界の霊魂の空気のような身体という理論を表明している。それは、ポルピュリオスやシュネシオスにおいて見てきたように、われわれにもなじみ深いものである。「渇いた血管からは、けっして吸収されることのない完全なる血」［sangue perfetto, che poi non si beve / da l'assetate vene］とは、かくもしばしばくりかえされるような、単なる血ではなく、血のもっとも純粋で精製された部分からつくられて、睾丸へと下り、種子へと変化し、「別の血」［altrui sangue］とともに「自然の小さな器」［in natural vasello］の中で結合して胚種を形成する精気であることは、周知のところであろう。さらに煉獄における霊魂の「影」［ombra］説も、影像《シムラクロ》としてのプネウマというネオ・プラトニズム的な概念の特異な転写にほかならない。そこにおいて霊魂は、自らの刑罰を受けるのである（オリゲネス、アヴィセンナ、そして後にはフィチーノがこのテーマを、地獄の刑罰の純粋に空想的な現実という意味において発展させることになる）。他方、「種々の欲望や／その他の情動がわれわれを悩ますためにできる」［secondo che ci affiggono i disiri / e li altri affetti］影の「形成」［figurarsi］とは、ポルピュリオスの理論、つまり表象像《ファンタスマ》によって形を変えられるほど展性のあるダイモンの「空気のような身体」という理論の反響にほかならない。

清新体派の抒情詩全体は、こうしたプネウマの星座の徴のもとに配置され、その領域においてのみ、十分に理解可能となる。カヴァルカンティが「微細な精気」［spiriti sottili］、「妖精」［spiritelli］、そして「愛の精気」［spiriti d'amore］について語るとき、忘れてはならないのは、一見かけ離れているように見えるこれらの言葉の中に、調和のとれた倍音が鳴り響くのを聴くことである。ここで問題なのは、これまで考えられてきたように、多かれ少なかれ真剣に、しかし逸脱しつつ、詩人の側から言及されている医学理論なのではなく、むしろ一貫した思想の体系である。その領域において、これから見るように、詩そのものが、ささやくアモールの書きとりとして、自らに固有の場と、きわめて含蓄に富む意味とを見いだすのである。したがって、たとえば、「精気」［spirito］という言葉が強迫的なまでにくりかえされている「目を通して微細な精気が刺激する」［Pegli occhi fere un spirito sottile」といったソネットは、しばしばあまりにも難解で風変わりなため、パロディ的な（むしろ自らをパロディにしてしまう）意図を含まないではいられないと考えられてきた。しかしまた、われわれが再構築を試みてきたプネウマ論のコンテクストに照らしてみるならば、それは理解可能に見えるだけでなく、まさにエロスのプネウマ的メカニズムの厳密なる記述として、あるいはまた、愛の想像的な心理学をプネウマ論の用語へ的確に翻訳し直したものとして提示されるのである。

目を通して微細な精気が刺激する、
それが心の中に精気を目覚めさせ、
そこから愛の精気が身を動かし、
他のすべての妖精たちを気高いものにする。

卑しい精気はそれを感じとることはできない、
かくも大いなる美徳をもった精気が現われるのを。
これは震えさせる妖精であり、
女性を謙虚にする妖精である。

次にこの精気から身を動かすのは、
もうひとつの甘く甘美な精気であり、
そのあとに続くのが慈悲の妖精である。

この妖精は精気たちを雨のごとく降らせる、
というのもそれらを見る精気のおかげで、
各々の精気たちの鍵をもっているからである。

Pegli occhi fere un spirito sottile,
che fa 'n la mente spirito destare,
dal qual si move spirito d'amare,
ch'ogn'altro spiritel[lo] fa gentile.

Sentir non pò di lu' spirito vile,
di cotanta vertú spirito appare:
quest'è lo spiritel che fa tremare,
lo spiritel che fa la donna umìle.

E poi da questo spirito si move
un altro dolce spirito soave,
che sieg[u]e un spiritello di mercede:

lo quale spiritel spiriti piove,
ché di ciascuno spirit'ha la chiave,
per forza d'uno spirito che 'l vede.

目を通して侵入する繊細な精気は、周知のとおり、「より高くより微細な」〔altior et subtilius〕視覚の精気である。それは目を通して「刺激し」、脳の小部屋にいる精気を目覚めさせ、女性のイメージによってそれを知らせる。そして愛が生まれるのは、この精気からであり（「愛の精気」）、それは他のあらゆる精気（すなわち生命の精気と自然の精気）を洗練させ、震えさせる。グイドのプネウマへの固執は、彼がたえまなく心理学的プロセスを「精気に関する」用語へと翻訳するといったたぐいのものなのである。つまり、すでにアフロディシアスのアレクサンデルが恋人たちの眼差しと同一視していた愛の矢[★2]は、清新体派において、プネウマからプネウマへと伝わる感応力となり[★3]、他方、内的イメージとしての表象像《ファンタスマ》は、常に想像的プネウマとしてとらえられ、精気たちの愛の動きの中にその高揚と終末を見いだす循環へと挿入されるのである。このため、愛の対象であるファンタスマは、カヴァルカンティにとっては、文字どおり「欲望によって形づくられる」［formato di desiderio］（「欲望によって新たな人物を形づくりつつ」［formando di desio nova persona］、「戯れによって愛の形につくられた」［fatta di gioco in figure d'amore］★4）ものなのである。目から想像へ、想像から記憶へ、そして記憶から身体全体へと流れるプネウマの循環という経験は、むしろカヴァルカンティに根本的な経験であるように思われる。というのも、想像的プネウマというネオ・プラトニズムの公式において要約されている精気と表象像《ファンタスマ》との完璧な対応関係が、常にカヴァルカンティにおいて証明されうるからである。そこで、もしバッラータ「わが婦人の眼の内を見る」［*Veggio negli occhi de la donna mia*］を例にとるならば、それが先のソネットのプネウマのメカニズムに、いわば正確に照合していることも容易に観察できよう。もっともこのバッラータでは、愛の生成は表象像《ファンタスマ》に関わる用語で記述されてはいるのだが。つまり眼を通して刺激し、心の中に精気を呼び起こす微細な精気に対応するのは、女性の顔から発してきて、想像の中にその姿を刻印するイメージであり、次々と続く精気たちの行列に対応するのは、「新しい美」［bellezza nova］のイメージのたえまない生成である。

わが婦人の眼の内に
愛の精気にあふれる光を見る、
それは心の中に新しい喜びをもたらし、
それゆえ朗らかなる生命を目覚めさせる。

彼女の前に立つと、私の身に起こることを
私は知性に語ることはできない。
その顔から発せられるように見えるのは、
一人のとても美しい婦人、心は
彼女をとらえることかなわず、たちまち
そこから新たにもう一人の美女が生まれる。
すると彼女からひとつの星が動きだしてくるように見え、
そして告げる、「あなたの救いが現われました」と。

この美女が現われる場所に
彼女から発される声が響き、
恭しく彼女の名を唄うようである、

かくも甘美に。それゆえそれを称えようと望むと、
　その美徳ゆえに私は震撼を覚える。
魂の中で精気が動き、
告げる、「ご覧なさい。汝が彼女を見つめるならば
彼女の美徳が天に上るのを眼にするでしょう」と。

Veggio negli occhi de la donna mia
un lume pien di spiriti d'amore,
che porta uno piacer novo nel core,
sí che vi desta d'allegrezza vita.

Cosa m'aven, quand'i' le son presente,
ch'i' no la posso a lo 'ntelletto dire:
veder mi par de la sua labbia uscire
una sí bella donna, che la mente
　comprender no la può, che 'mmantenente
ne nasce un'altra di bellezza nova,

da la qual par ch'una stella si mova
e dica: «La salute tua è apparita».

Là dove questa bella donna appare
s'ode una voce che le vèn davanti
e par che d'umiltà il su' nome canti
sí dolcemente, che, s'i' 'l vo' contare,
sento che 'l su' valor mi fa tremare;
e movonsi nell'anima sospiri
che dicon: «Guarda; se tu coste' miri,
vedra' la sua vertú nel ciel salita».

おそらく、この詩においてほど、中世における想像的なるものの優越性や、想像と現実との「視覚的／光学的《オッティコ》」交錯が、これほどまでに生き生きと、また細心の注意を払って表現されたことはないだろう。つまり、想像力における表象像《ファンタスマ》の出現が記憶の中に固定されるや、鏡の戯れのように、たちまちのうちに知性の中で「新たな美」のイメージ（「新たな」というのは、周知のとおり、質料的な影響を脱ぎ去ったからである）が形づくられる。

そしてこれは、救済を運んでくる。というのも、それにおいて、可能知性――アヴェロエスによれば、単一でかつ離在した――は、個々の個人と結合するからである。

カヴァルカンティの「閉ざされた詩法」[trobar clus]の中心である名高いカンツォーネ「婦人がわたしに願うのは」[*Donna me prega*]もまた、われわれがこれまで蘇らせようとしてきた説全体に照らしてみると、ひときわ際立ってくる。そこにおいては、エロスのファンタスマ的でかつプネウマ的という二重の側面が、愛の二重の生成において喚起されているのである。つまり、プネウマ=星辰的側面に対応するのは、「光によって透明になるように/闇から形づくられ/その闇は火星からやってきて、そこを住まいとする」[...sí formato, - come / diaffan da lume, - d'una scuritate / la qual da Marte - vène, e fa demora (第一六―一八行)]であり、ファンタスマ=心理学的側面に対応するのは、「すでに見られ印象づけられた形からくる」[Vèn da veduta forma che s'intende](第二一―二三行、この「印象づけられた」[s'intende]は、もちろん、「理解された」[viene intesa]を意味するのではなく、『煉獄篇』第一八歌の「印象をとらえてきて」[tragge intenzione]に、内容から言えば完全に呼応している)である。愛の経験の厳密にファンタスマ的な特徴は、そのカンツォーネにおいて、極端なまでの言葉でくりかえされている。たとえば、想像力の自己満足という傲慢な意識のために、恋愛を誘発する源としての視覚までが、いまや非本質的なものとして排除されるのである(六五行目参照「声はよく聴こえるが、――形は見えない」[e, chi ben aude, - forma non si vede]）。つまり「色彩を欠き、分割され／固定された暗い中心に、光がかすめる」[For di colore, d'essere diviso / affiso - 'n mezzo scuro, luce rade]。あらゆる細部にわたってプネウマ＝ファンタスマ理論を理解することによってはじめて、カヴァルカンティの愛の理論のプラトン的＝瞑想的解釈を支持する者とそれに対立する解釈を支持する者とが抱えてきた、積年の問題を解くことができる。「二つの愛」[due amori]（愛＝瞑想と愛＝欲望）があるのではなく、「唯一の愛という経験」[un'unica esperienza amorosa] があるのであり、それは、瞑想（内的ファンタスマの強迫観念的な「思いめぐらし」[cogitatio] としての）であると同時に、欲望（内的ファンタスマを直接の源かつ対象とする欲望としての、つまりジェルソンの言葉によれば「想像とは、欲望にまったく等しい」[phantasia ea est, quae totum parit desiderium] でもあるのだ。カヴァルカンティのいわゆるアヴェロエス主義は、すでに認められてきているように、愛の経験を官能的魂 [anima sensitiva] に限定することにあるのではない。それは、結果的に、可能知性からの厳密な分離をもたらし、エロスの悲観的概念に導くことになるだろう。そうではなくて、まったく反対に、カヴァルカンティのアヴェロエス主義は、これまで見てきたように、愛の源であり対象であるファンタスマ（想像的プネウマ）において、まさに鏡の中のように、単一にして離在する知性と個人との結合 [copulatio] が成し遂げられるという点にあるのである。★5

ダンテが、ウェルギリウスに託して、四つの模範的な三行詩節において、その愛の生成と本質について短い言葉で語るとき考えていたのも、別のことではない。

あなたがたの理解力は、実在するものから
印象をとらえてきて、あなた方の心のうちでそれを広げ、
魂をそれに向かわしめる。

もし、魂がそれに向かい、実にそれに傾くなら、
この傾きこそすなわち愛であり、
楽しみゆえにあなた方のうちに新たに結ばれる自然である。

かくして、あたかも火が、
その物質のままでもっとも長く保たれるところへと
生まれつき上る形をしているがゆえに、高みへと向かうがごとく、

とらわれた魂は、霊の動きである欲望へと入り、
愛するものが喜ばせるまで
休むことはない。

Vostra apprensiva da essere verace
tragge intenzione, e dentro a voi la spiega,
sí che l'animo ad essa volger face;

e se, rivolto, inver' di lei si piega,
quel piegare è amor, quell' è natura
che per piacer di novo in voi si lega.

Poi, come 'l foco movesi in altura
per la sua forma ch'è nata a salire
là dove piú in sua matera dura,

cosí l'animo preso entra in disire,
ch'è moto spiritale, e mai non posa
fin che la cosa amata il fa gioire.

ここで愛の生成のプロセスは、いまやわれわれにとってなじみ深いものとなった心理学の表象像《ファンタスマ》に関する用語で記述されている。たとえば魂は、いわば鏡の中のように心の中に「印象づけられた」[inteso] ファンタスマへと傾き、向かうといった具合に。そして愛とは、「精気の動き」[moto spiritale] と定義され、プネウマの循環という動きの中に挿入されるのである。

恋愛詩をめぐる研究はこれまでいつも、宮廷愛の中になによりも社会現象を見ようとする社会学的仮説によって研究されてきた。恋愛詩は、テクストそのものから導きだされる、その構造的要素を分析する方向へと向けられることはめったになかった。たとえ詩人たちによってはっきりと明言されているとしても、愛の経験の厳密にファンタスマ的特徴は、ほとんど常に一貫した研究の対象となることはなかったのである。というのも、想像的経験は「社会現象」の理解にとって、必然的にとるに足らないものであるという誤った前提に敬意が払われてきたからである。それと同様に、恋愛詩のプネウマ的本質も、たとえそれが理解されたとしても、まったく二義的な医学理論の縁へと追いやられてきた。というのも、魂／肉体という二元論的な図式が、逆にこうした対立をまさに媒介したり、超越したりしようとする概念へと投影されてきたからである。しかし、いまやわれわれは、清新体派の愛の理論とは、これまで見てきた意味において、「プネウマ＝ファンタスマ論」であると、ためらうことなく断言することができる。そこにおいては、アリストテレス起源のプネウマ理論は、「精気の動き」であると同時に同程度に想像的なプロセスでもある経験の中で、ストア的＝医学的＝ネオ・プラトニズム的プネウマ論と解けあうのである。このように複雑に絡みあった文化遺産だけが、清新体派の抒情詩の中でエロス的経験がもつ特徴的な次元、つまり現実的でかつ非現実的、生理学的でかつ救済論的、客観的でかつ主観的という次元を説明することができるのである。愛の対象は、実際、ファンタスマであるが、このファンタスマは、そのようなものとして、外と内、肉体と精神、欲望とその対象の境界を消滅させ、プネウマ的循環の中に挿入される「精気」[spirito]なのである。

ファンタスマ論とプネウマ論の結合は、これまで見てきたように、「想像の精気」[spirito fantastico]のネオ・プラトニズム的学説と医学的伝統の中ですでに成し遂げられていた。さらにこれら二つの結合は、サン＝ヴィクトルのフーゴーの著作に模範的に見られるように、肉体と魂の媒介者として、また魔術的で神的な感応力の座として、想像力を再評価するような方向へと導かれてきた。しかしいったいどのようにして、「想像の精気」[spirito fantastico]は、「愛の精気」[spirito d'amore]となったのだろうか。もしかりにエロスとファンタスマの邂逅が、ナルキッソスの「危険な鏡」[miroërs perilleus]において起こったとするならば、どのような状況下で、矢で武装した有翼の神が、厳格なプネウマ論の中に入りこんだのだろうか。そして愛とプネウマとのこうした収束は、いったいどこまでが、恋愛詩人たちの独創的な発見なのだろうか。

エロスのプネウマ＝ファンタスマ的特徴は、医学的伝統によって記録されてきた。そこでは、魂の情熱は精気の循環の中にはっきりと刻みこまれていた。アリストテレスの『問題集』の一文は、メランコリー気質者の不幸なエロス的傾向について次のように述べている。「性欲は、プネウマの性質をもつ。その証拠に、男性性器は膨張し立ちあがる」。ガレノスにおいては、エロス的プネウマ論は、生理学的な生々しさをとどめており、愛の「精気の動き」［moto spiritale］は、性器の勃起と精液の形成とともに完遂される。

ある者が、五感のうちのひとつによって愛へと導かれる場合、心臓は強度のショックを受け、このショックから二つの精気、すなわち熱い精気と渇いた精気が生まれる。そのうちのひとつは、もっとも繊細で、脳に到達する。もう一方は、より濃密で、神経を通って拡散し、ただちに性器に到達し、それを形成し包んでいる皮膜と神経の間に染みこみ、それを立たせる……。第一の精気は、脳に見いだされるものであるが、ここからなんらかの湿気を受けとり、脊髄を通って腰に到達し……二つの管を通り、睾丸へと流れこむ……。[★6]

すでに見てきたように、かなり以前から、幻惑の理論の領域において愛は、「恋人たちの魂に内なる火をつける」眼差しを経由するプネウマの浸透として考えられてきた。

しかし、プネウマ論が愛の理論と結合するのは、清新体派においてだけである。なぜなら、彼らはプネウマ論のもつ二極性を直観していたからである。この二極性とは、診断学によく知られた病理学的経験の強迫的なまでの強調と、救済論的な側面の練りあげとが同時に存在してきたという意味での二極性である。そしてこの二極性のしるしの下で、致命的な病と救済、翳りと啓示、喪失と充満が、複雑に込み入ったかたちで結合して現われるのである。こうした二極性の証言は、医学史の一章の中にも求めることができる。そこでは愛が、「メランコリーに似た」大病という陰惨なサトゥルヌス的仮面をかぶり、恋人たちの顔や目を乾燥させ、狂気や死へと突き落とすのである。中世の医学論文では、こうした大病は、「アモル・ヘレオス」［amor hereos］という名で登場してくる。

第五節　ナルキッソスとピュグマリオンの間

愛とは、まさに英雄的で神聖なるものである。私はそう考えたい。たとえ愛のために幾多の受難にさらされるとはいえ。愛する人は誰でも、愛するもの（愛の感情によって結びつくとともに、実際に一緒になりたいとも望む）から引き離され遠ざけられているので、悲嘆と苦悩に明け暮れ、悶え苦しむ。というのも、彼が愛するのは、気高くてすばらしいものとして愛が成就することを期待するからではなくて、その愛が向かっている目的にたどりつくならば得られるであろう享楽を、彼が手に入れることはないからである。彼を苦しめるのは、燃えあがる欲望ではなくて、彼を責め苛む押さえがたい情念である。それゆえ、他の人の目には、彼は邪な運命のために不幸な状態に置かれているように見える。まるで、その運命が彼をそうした刑罰におとしいれたかのように。達成できないがゆえに彼は、愛するという義務を負い続けることになるが、その義務にむしろ感謝さえするのである。というのもこの義務は、可知的な形象を、彼の精神の目に示してくれるからである。そしてこの可知的な形象の中では、肉体の牢獄に閉ざされ、神経につながれ、骨に固められた地上の生においても、その他のものや似像が与えられる以上に、より気高い神聖さを瞑想することを可能にするのである。[★1]

ブルーノのテクスト、とりわけ『英雄的狂気』のこの一節に見られる「英雄的な愛《アモーレ・エロイコ》」という表現の起源と含蓄については、これまであまり研究されてはこなかったように思われる。そのテクストを理解するには、近代の語法において「英雄的な《エロイコ》」という修飾詞がもつ漠然とした意味の含みで十分だと思われてきたからである。こうして知らず知らずのうちにわれわれは、この語の選択がブルーノにおいてもっていたにちがいない意味をとりこぼしてきたのである。ブルーノは、その語を発明したのではなくて、いまだに生き続けていた古い伝統から受けとった、あるいはこう言ったほうがよければ、その伝統を書き換えたのであった。

「英雄的な愛」という表現は、実際、長い変遷の歴史を背負っているが、それは、予想されるような、英雄たちの明晰で輝かしい世界へと送り返される変遷ではなくて、むしろ医学的病理学とネオ・プラトニズム的なデモノロジー（神霊学）の不吉で不明瞭な世界に結びついている。[★2] この変遷を再構成するならば、かつてアビ・ヴァールブルクがイメージの歴史について指摘したこと、つまり西洋文化は、継承されてきた文化的伝統の「分極化《ポラリッツァツィオーネ》」というプロセスを通じて展開し変貌してきたという事実が証明されることになるだろう。[★3] だからといってもちろん、創造的で革命的な瞬間がなかったということではない（「英雄的な愛」という表現の歴史は、まさしくそうした瞬間のひとつを明らかにすることだろう）。ただ、創造とか革命とかというものは、一般に、伝統によってもたらされた与件を「分極化すること」によって働き（文化とは総じて本質的に伝播と「生残り《ナーハレーベン》」のプロセスである）、ある場合には、完全に意味論的な転倒にたどりつくこともありうるということなのである。いずれにしても、ヨーロッパ文化は保守的なのであり、まさに進歩主義的で革命的であるかぎりにおいて保守的なのである。

中世の医学書をひもといて、脳の病理学にあてられた分野を見てみるなら、錯乱《マニーア》とメランコリーに捧げられた章のあとで、必ずと言っていいほど「ヘレオスと呼ばれる愛について」[de amore qui hereos dicitur]（あるいは「英雄的な愛について」[de amore heroico]）と題された項目が登場していることがわかる。モンペリエ大学の教授ベルナール・ゴルドンは、一二八五年頃、その著『医学の百合』[*Lilium medicinale*]の中でこの病について次のような用語で記述している。

「ヘレオス」と呼ばれている病は、女性への愛によって惹き起こされるメランコリックな苦悩である。

原因――この病気の原因は、姿や形に強く印象づけられたことによって、判断力が麻痺してしまうことにある。誰かがある女性を愛するようになると、彼は、その女性の姿や形、振舞いに強く動かされ、彼女こそもっとも美しく、もっとも崇敬に値し、肉体も魂も並はずれて優れた女性だと考えるようになる。それゆえ、自分の欲望が満たされるならば、至福と喜びが得られるにちがいないと信じて、ためらいも見境もなく熱烈に彼女を求めようとするのである。こうして、いつもその女性の姿ばかり思い描いているので、理性の働きがすべて放棄されてしまうまでに、その判断力はかき乱される。たとえ彼に話しかけても、彼は聞く耳をもたないだろう。このように、終わることのない物思いに陥るがゆえに、メランコリックな苦悩とも定義されるのである。「ヘレオス」と呼ばれるのは、領主や貴族たちが、快楽に耽けるためにこの病におちいることがしばしばだからである。また、幸福が愛の完璧さを表わすとすれば、それと同じように、「ヘレオス」もまた愛の完璧さを表わしている。

感覚の能力の中でももっとも高次の判断能力が、想像力に命令を与え、想像力が肉欲を統率する。一方、肉欲は激しやすさに働きかけ、この激しやすさが筋肉を動かす力に命令を与える。そのために、いかなる合理的な秩序もなしに全身体が動きだし、暑さ寒さや、どんな危険にさえも気づくことなく、昼夜を問わず通りから通りを走り回ることになるのである……。

症状——この病の兆候は、眠ること、食べること、飲むことすらしなくなって、両眼以外の身体のすべてが衰弱してしまうときに見られる。痛ましい嘆息とともに、深く秘めた想像力にとらわれる。愛の別れの歌を聞くと、すぐに気落ちして泣きだしてしまうが、逆に成就した愛の歌を聞くと、たちまち微笑んで口ずさみ始める。彼らの脈拍は、乱れて一定していない。愛する女性の名前が呼ばれたり、本人が目の前を通ったりすると、その脈拍は早く、強く、繁く打ち始める……。
予後——もし治療されないならば、錯乱状態におちいるか、あるいは死んでしまう。治療——病人は、理性に従うかそうでないかのいずれかである。前者の場合、彼が畏敬の念を抱くある男のおかげで、邪悪な想像力から解き放たれ、現世の過ちについての警告や、審判の日や天国の悦びについて語る言葉を聞かされて、自分を恥ずかしいと感じるようになる。他方、彼が理性に従わない場合、もしまだ鞭を使ってもさしつかえないような若者であれば、打ちのめし痛めつけるほど強く頻繁に責め立てる。こうして、より大きな苦しみによって、より小さい苦しみが霞んでしまうほどまでに、苦しみを味わわせるようにするのである。あるいは、たとえば執事か看守になったとか、もしくは大きな恩寵が与えられたとかというような、彼がとても喜びそうなことを話してやる……。もしも彼が、必要な仕事で手が放せない場合でも……、別のいろいろなものを見せてやるために、遠いところへ連れていくとよい……。また、別の女性を愛することでその気持が紛れるならば、多くの女性たちを愛するよう彼を促すのもよいだろう。ちょうどオウィディウスが、「君に二人の愛人を、あるいはできればそれ以上の愛人をもつように勧める」と語ったように。習慣を変えてみて、友人たちに会ったりすること、あるいは花の咲きほこる草原、山や森、見るも美しく、芳香が漂い、鳥たちが歌い、楽器の音が響く場所に出かけるのもまたよかろう……。もしも、ついに何も治療の手立てがなくなれば、老女たちの助言と力を借りて、彼が愛している女性を中傷させ、その名誉を傷つけさせよう……。まず、醜くてみすぼらしい身なりで、髭さえたくわえた反っ歯のこのうえなくおぞましい老女を探してこよう。そして、その膝の下に月経の血で汚れた布を垂れ下げさせよう。この老女は、男が愛する女性の目の前で、しみったれの飲んだくれとか、寝小便たれとか、恥知らずの癲癇女とか、大きな瘤もちで臭いとか、知っているかぎりの下品な言葉を浴びせかけて、その女性の上着を引き裂き始める。それでも男の方が納得しないと、この老女は、突然、月経の血に染まった布を彼の目の前に突きだして、こう叫ぶ。「ほらご覧。これがお前の女だよ」。★4それでもなお男が女を諦めようとしないとすれば、彼は人間ではなくて、受肉した悪魔だ……。

注意深い読者ならすぐに、われわれが前の節で再構成しようと試みた性愛の理論のほとんどすべての要素が、ゴルドンの記述に見いだされることに気づくであろう。とりわけ、詩人たちの心理学のもっとも忘れがたい収穫のひとつ、愛の経験の妄想的《ファンタスマティコ》な様相は、ここではっきりとたしかめられている。「英雄的な《エロイコ》」病は、実際、ゴルドンによって想像力の中に、もっと正確に言うと、「判断力《エスティマティーヴァ》」に位置づけられている。それは、アヴィセンナの心理学によれば、脳の中央の房室の先端に位置する能力で、この能力は、可感的対象の中にある非可感的な志向《インテンチオ》を把握し、その善意や悪意、適性や不適性について判断する力をもつ。[★5] こうしたトポグラフィー的な特定には、意味がないわけではない。というのも、ダンテが『煉獄篇』の詩句で、愛の経験に自由と責任の基礎を与えるために、根拠として喚びだしているのは、まさしくこの判断の能力(「助言を与え、合意の閾《いき》を守ろうとする力」として定義されている)なのである。その中でダンテは、ウェルギリウスの口を借りて、「どんな愛であれ、愛そのものが称賛に値するものだと確信している人々」を、きっぱりと否定している。[★6]『美が駆けめぐる路にそって』[*Per quella via che la bellezza corre*]というソネットにおいても、この能力は、魂が同意したときに開き、逆にリセッタの無鉄砲な幻影の前で閉じる塔によって暗示されている。まさに「愛が宿る」のと同じ場所に、その能力はあるのだ。

医者たちによれば、「アモル・ヘレオス」[amor hereos]の病理学が作動するのは、この能力が低下するときである。判断力(その他の能力よりも上位におかれる想像力を統括している)の過ちによって、実際、欲望はかき立てられ、[★7] 欲望は想像力と記憶をけしかけて、とり憑かれたかのようにファンタスマへと向かわせる。そしてこのファンタスマは、病的な悪循環の中でますます強く刻印される。その軌道の中でエロスは、メランコリックな病理の陰鬱なサトゥルヌス的仮面を引き受けることになるのである。愛の対象を過大なまでに評価してもちあげることは、愛の詩人たちにもっとも特徴的なひらめきであるが、散文的に言えばそれも、このような判断力の欠陥として説明されるのである(先に引用したゴルドンの表現をくりかえすなら「彼女こそもっとも美しく、もっとも崇敬に値し、肉体も魂も並はずれて優れた女性だと考えるようになる」)。だが、もっと驚くべきことは、「アモル・ヘレオス」に対する治療として医者たちがくりかえし助言しているものの中に、おそらくプロヴァンスの詩でもっとも典型的で恒常的なトポス、「悦楽の園《ロクス・アモエヌス》」が登場しているという点である。医家ヴァレスコ・ディ・ターランタも、次のように指示している。「仲間や友人たちとともに、草原や畑や森、さらに鳥たちが歌い、ナイチンゲールの鳴き声が聞こえる庭を散歩するのは効果がある」。トルバドゥールの詩に特徴的なのは、このうえない愛の「悦び」[joi]の称賛を「悦楽の園《ロクス・アモエヌス》」に結びつけたことだが、このように見てくると、それは、医者たちによって助言された愛の治療の意識的な逆転であり、それに対する大胆不敵な挑戦であったように思われる。詩人たちが飽くことなく、たとえどんな身分でも、国王でさえも愛の悦びにはかなわないと、くりかえし歌ったとすれば、そこにもおそらく、治療に関する医者たちの主張(「たとえば執事か看守になったとか、もしくは大きな恩寵が与えられたとかというような、彼がとても喜びそうなことを話してやる」)に対して、同じように反駁しようという意図があったと考えられる。

さらに、ゴルドンによって勧められている奇妙な治療法、つまり醜い老女とのグロテスクな対比によって、過大に美化された愛の対象の効果を和らげ、打ち消そうという治療法にもまた、われわれは愛の詩の中で出会うことができる。とりわけ『マネットよ、あのせむし女に注意しなさい』〔*Guata, Manetto, quella scrignutuzza*〕というグイド・カヴァルカンティのソネットは、こうした新しい観点から読み直してみることができるだろう。そのおどけた趣向は、まぎれもなく真面目な医学の治療法に照らしてみてはじめて、明らかになるものである。グイドがマネットに勧めている根本的な治療法とは、まさしくモンペリエの医者が助言していたものにほかならない。「美しく上品な女性」のそばで、「せむし女」のおぞましい姿を見るということは、抱腹絶倒することによって、たしかに愛の病やメランコリックな病を治療するという効果をもっていたものであろう（「君は、それほど激しい邪心に悩まされることもなければ、／それほど愛に苛まれることもなく、／それほどのメランコリーにおちいることもなかったろうに……」）。治療経験のあるゴルドンは、失意のあまり、こう結論していたのだった。「それでもなお男が女を諦めようとしないとすれば、彼は人間ではなくて、受肉した悪魔だ」。

「アモル・ヘレオス」の病理学にはまた、愛の理論に関して、二番目に本質的な要素がある。すなわち、愛のプネウマ的な性格である。ヴィラノヴァのアルノルドスは、この種の議論についておそらくもっとも詳しい著作『英雄的と呼ばれる愛について』〔*De amore qui heroycus nominatur*〕の中で、判断力の過ちの原因を、その能力自体の欠陥にではなく、その道具、つまり精気《スピーリテイ》の欠陥に求めている。★8 精気が、脳の中央の房室に「ほとんど煮え立たんばかりにいっぱいに」なだれこんで、「判断を乱し、酔っ払っているときのように、人を誤らせ欺く」ので、その精気を鎮めることができなくなるというのである。まさしくこうした過度の熱と乾燥のために、想像力がその位置を占める前房もまた乾燥し、勇ましい《エロイコ》情熱に責め苛まれるほどの激しいファンタスマが生みだされるのである。詩人たちの経験の中で儀礼的に歌われていた嘆息の複雑なメカニズムの全容は、医者たちのプネウマ的な説明に正確に対応しているのである。★9

さて、このことが正しいとすれば、次のように言うことができるであろう。詩人たちが理解し描きだすような愛に類似したものが、西洋文化に最初に出現したのは、九世紀以来の医学書に現われる脳の病に関する項目の中で、病理学的な形式においてであった、と。医者たちが「アモル・ヘロイクス」という見出しのもとで概説した「メランコリーに似た」陰鬱な症候群の中には、否定的な調子にせよ、詩人たちの高貴な愛を特徴づけることになる要素がほとんどすべて出揃っているのである。この事実はまた、次のことを意味している。つまり、一二世紀に詩人たちによって着手される愛の再評価は、『パイドロス』や『饗宴』が西洋哲学の伝統に残したエロスの「高い《アルタ》」概念の再発見によって生じたのではなくて、医学的伝統における「英雄的《エロイコ》」な致死の病という分極化を通じて起こったということである。この医学の伝統は、ヴァールブルクが時代の「選択意志」と呼んだものと出会うことで、ラディカルな意味論的転倒をこうむったというわけである。このように詩人たちが、近代ヨーロッパ人にとって、もっとも気高い精神的経験となるであろうものを編みだしたとすれば、それは、想像力の致死の病という鋳型のうえにおいてだったのである。それは、ちょうど二世紀後にユマニストたちが、古い医学の伝統においていちばん哀れな気質とみなされていたサトゥルヌス的な気質の険しい相貌のもとで、瞑想的人間という、彼らにとってもっとも高い人間の理想像を練りあげたのと似ている。そしてユマニストたちの意向は、有翼の精気というデューラー的なメランコリーの寓意の中に、永遠に定着されることになるのである。メランコリーと「アモル・ヘレオス」との間に実質的な関連があるとするなら、むしろこう言うべきであろう。すでに一二世紀以降、詩人たちが「英雄的な愛」の医学理論を大胆にも徹底的に逆転させていたからこそ、その二世紀後にユマニストたちは、サトゥルヌス的気質の再評価にとりくむことができたのだ、と。

　プラトンにおいて、二人の「アモル」としてはっきりと区別されていたものは（天上のウェヌスと万人《パンデミア》のウェヌスという二人のウェヌスに遡るたしかな系譜をもつ）、こうして西洋の伝統において、対立する二つの極に引き裂かれた緊張関係の中で、一人の「エロス」となるのである。その内包において基本的に首尾一貫しているが、同時に反対方向にも向かいうるフロイトの「リビドー」という概念は、このような観点に立つなら、遅ればせながら中世の愛の理念の正統的な継承者とみなされるであろう。「完璧なる幸福」［τελεία εὐδαιμονία］としての「観想」［θεωρία］というギリシアの瞑想的な理想——それは隠棲した識者という中世の概念の中で生き続けていたが――に対して、西洋近代の幸福の概念がどれも両義的な性格を帯びているとすれば、それはおそらく、幸福のもっとも高い道徳的理想は、低い妄想の経験と切り離すことはできないという事実による。少なくとも一二世紀以来、幸福の概念は、楽園的な無垢の「甘美なる戯れ《ドルチエ・ジヨーコ》」の回復という概念と結びついてきたということ、別の言葉で言えば、幸福は、肉体のエロスの救済と完遂という目論みから切り離せないということ、それこそが、たとえ稀にしか認められてこなかったとしても、西洋近代における幸福の概念の際立った特徴なのである。その系譜をたどるなら、すでにダンテの描くマテルダの姿の中に登場し、ルネサンスにおいて再生する「ニュンフ」の踊りのエクスタシーのテーマを経て、ついにはヴァトーの〈フェト・ギャラント（雅宴画）〉［図29］やセザンヌの〈水浴の女たち〉において、疲れ果てた象徴的な末裔たちに到達するものである。さらに、もともとの衝動からは遠く隔たっているとしても、性の解放を幸福の条件として要求する現代にもまた知らず知らず生き続けているのは、楽園的な無垢をとりもどし完遂しようとした恋愛詩の輝かしいプロジェクトなのである。

たしかに、文化史における大変革は、しばしば伝統から受け継がれた要素によって惹き起こされるというのは事実である。しかし、一般に「分極化」――それを通して、ある時代は過去に対して固有の新しさを打ち立てる――が可能になるのは、伝統によって伝えられた遺産のまさに只中に、潜在的に緊張関係が存在しているためだというのも、また事実

図29——アントワーヌ・ヴァトー《困惑させる申し出》サンクトペテルブルク　エルミタージュ美術館

なのである。そうした緊張は、新しい時代と出会うことで、まさしく再び活性化されたり、分極化されたりするのである（この点に関してアビ・ヴァールブルクは、文化的象徴を「力量測定図《ディナモグランミ》」として、あるいは電気コンデンサーとして語っていた。それは、その全電圧／緊張《テンシオーネ》のもとで電荷を伝えるが、陽極か陰極かを意味論的に特徴づけることはしないのである）。それと同じように、メランコリーの再評価はたしかに、それを通じてユマニスムが世界に対する固有の新しい態度を打ち立てるための方法のひとつではあったが、その再評価が可能になったのは、明らかに、黒い胆汁の気質という古代の概念の中にすでに、ある種の両義性が存在していたからなのである。たとえばアリストテレスは『問題集』の中で、気質の中でももっとも陰惨なものは、また同時にもっとも才能ある人間にも属するものだと述べている。こうした両義性は、とりわけ教父の伝統において、「陰鬱＝怠惰」[tristitia-acedia] の二重の極性に刻印されている。そして「アモル・ヘレオス」の病理学的な表われもまた、そうした潜在的な緊張関係を内包しているのである。とはいえこの場合、その緊張関係は、厳密に言えば医学外の領域の起源を反映している。つまり、心霊術的な宇宙論のデモノロジー的な分類によって、ネオ・プラトニズムの思想に結びついていく起源である。こうして、いずれにせよ、愛の病という陰鬱な表われ（そしてそれに基づく恋愛詩の理論）は、間接的で迂回した道筋を経て、愛を魂のもっとも高いイニシエーションの経験であるとみなした哲学者の遺産へと、再びつながっていくことになるのである。だが、おもしろいことにこの結びつきは、天上の愛にではなくて、同名の陰極、つまり『饗宴』の中で医師エリュクシマコスが語る「病的な部分に発動するエロス」に関わっているのである。[10]

こうした起源は、「アモル・ヘレオス」という名前そのものが証明している。ロウズによれば、「ヘレオス」という語は、ギリシア語の「エロス」〔ἔρως〕を誤ってラテン語に筆写した結果で、その証拠は、ギリシアの医者オリバシウスの『摘要』〔Συνόψις〕の六世紀のあるラテン語訳写本に求められるという。しかし、この仮説は、「アモル・ヘレオス」の特異な二カ国語併用をなんら説明しないばかりか、中世の資料がはっきりと述べていることと矛盾している。それらはどれも、「ヘレオス」という語を「ヘルス（主人）」（「エルス」）あるいは「ヘロス（英雄）」に結びつけて理解しているのである。さらに、ヴィラノヴァのアルノルドスに現われる「ヘロイクス」という形容詞も、そこからはじめて出てくるのである。愛と英雄との意味論的な結合は、プラトンの『クラテュロス』の想像的な語源学の中にすでに認められる。その中でソクラテスは冗談半分で、「英雄（ヘロス）」〔ἥρως〕という言葉の起源を「愛（エロス）」〔ἔρως〕に求め、さらに「英雄たちは愛によって生みだされるからである」と述べている。[11] しかもこうした結合はおそらく、民衆的な英雄崇拝と心霊術的なデモノロジーの復興というネオ・プラトニズムの環境の中で完成されたと考えられるのである。古い地方信仰に結びついた「死者たちの精気」は、[12] 聖なる病に関するヒポクラテスの著作の中ですでに心の病の原因に数えられていたが、ネオ・プラトニズムにおいては、「唯一者」に由来し、心霊術の実践の中で啓示される超人的な被造物のヒエラルキーの中に組み入れられているのである。イアンブリクスの『神秘について』[*De mysteriis*]は、ダイモンや執政官たちに比して英雄の顕現や影響を際立たせるものについて詳細に記述し、プロクロスもまた、恍惚状態のうちに神聖なるものへと差し向けられるダイモン的な位階について語りながら、次のように述べている。「英雄たちの軍隊は酔いしれて、美人のまわりを天使やダイモンたちと一緒に回っている」[★13]。また、ピュタゴラスの『黄金の頌詩』[*Carme aureo*]への註解においてヒエロクレスは、英雄をこう定義している。「不死の神に続く空間を占めるが、人間の本性よりも上位にあり、これら二つの間にあって両者を結びつける理性的な性格をもつ種族」と。『クラテュロス』の空想的な語源学の跡をたどりながら（だが、ネオ・プラトニズムのリヴァイヴァルの中で英雄が果たした新しい役割を証言するかのように、この語源学を意味論的により深化させながら）、ヒエロクレスは、ピュタゴラスの「すぐれた英雄」[ἀγαυοὶ ἥρωες]という用語を次のように説明している。「正当にも〈すぐれた英雄〉と呼ばれるのは、立派で[ἀγαθοί]、輝かしく[φωτεινοί]、しかも悪徳や忘却に犯されていないからである。愛（エロス）[ἔρωες]であり愛人（エロテス）[ἔρωτες]であるという点で、英雄（ヘロエス）[ἥρωες]なのである。ちょうど、神に愛され、神を愛するという弁証法が、われわれをこの地上の住まいから引き離して、神の国へと引き上げてくれるように」[★14]。こうした観点に立ってヒエロクレスは、英雄たちをユダヤ＝キリスト教神学の天使たちと同一視する。「時に彼ら英雄は、至福の生の規範をわれわれに顕わし告げるという点で、天使とも呼ばれている」。この一節は、英雄と愛との接近が、もともとは肯定的なつながりをもっていたことを示している。魔術的心霊術と出会い、キリスト教と衝突するという、歴史のゆっくりとした歩みを通してはじめて、「英雄《エロエ》－愛《エロス》」という星座は、否定的な極をもつにいたるのである。そして、「アモル・ヘレオス」に関する医学の理論の中で、唯一の構成要素として生き残ったのである。

ネオ・プラトニズムのデモノロジー的な位階の形成には、おそらく、『エピノミス』の一節からの暗示が作用している。その中でプラトンは、生物の五つの種と、それに対応する元素（火、エーテル、空気、水、土）を分類しながら、エーテル的なダイモンと地上の被造物との間にある中間物を名指している。

> 天空の中央部である第三番目の一帯に住んでおられる空気でできたご一族［ἀέριον γένος］は、神と人とのあいだを取りつぐ仕事をしてくださっているのですから、私どもは、その厳粛なお取りなしに感謝するための祈りを捧げながら、このご一族を格別に崇敬する必要があるのです。そして、これら二種類の生物、つまり，アイテール［エーテル］でできている生物と、それに続く、空気でできている生物とは、どちらも全身が透明でいら

っしゃって、そのために、私どものすぐ近くに来ておられるばあいにも、そのお姿は私どもには見えないのですが、じつは、物分りも早くて物覚えもよいような生物として生まれついておられるので、驚くべき知恵をそなえておいでなのです。それで、人間どもは、心の底までこれらの生物に見抜かれてしまうのだ、と申さなければなりません。そればかりか、この生物は、人間どものうちの気高くて立派な者に絶大ないつくしみを垂れたもうとともに、邪悪な人間には極度の憎しみをお向けになるのだ、と申すべきです。つまり、この段階の生物にあっては、憤慨の情を抱くことも可能になってきているのです。――ところが、神性を完全にそなえておられる神であれば、憤慨や満足の情をお感じになることは、ありえません。そのかわりに、そういう神なら、知恵と真知の力とにかけては、まったく欠けたところがないのです。――ともかく、天空はこうして生物で満ち満ちている以上、私どもは、これらの生物が、すべての人間をめぐるすべての出来事についての情報を、相互のあいだでも伝えあっておられるとともに、最高位の神々にも報告しておいでになるのだ、と申すことにしましょう。考えてみれば、これらの生物は、本来は天空の中央の居住者であるとはいえ、身軽にご身体をひるがえして飛びまわりながら、地上へも天空のはてまでも、いつも駆けつけておいでなのですから、とうぜん、そのように申すことにしてよいのです。[★15]

『エピノミス』で空気のダイモンに与えられた仲介的な役割は、ほぼ同じ表現によって『饗宴』（二〇二e）ではエロスに与えられている（「どんな力をもつものなのです？」「神々へは人間からのものを、人間へは神々からのものを伝達し、送りとどけます」）。おそらくこうした対応を通して、エロスと空気のダイモンとは徐々に同一視されていくようになったのであろう。『エピノミス』のデモノロジーを中世に伝えたカルキディウスの一節によれば、「土により近いかぎりにおいて、愛の感情にもっとも適している」★[16]。アウグスティヌスの論争を通して、キリスト教の思想家にもなじみ深いアプレイウスでは、ダイモンの中間的な役割や、空気という元素とダイモンとが同じものであることが、詳細に裏づけられる一方で、エロスははっきりと、空気のダイモンたちの中に分類され、その中でむしろ顕著な位置を占めることになる。「ダイモンの中でも、より神聖にして高貴なものがある……。それは、肉体の鎖や枷《かせ》から解放され、決定的な力をもっている。眠りと愛がそれである……」★[17]。

デモノロジーの否定的な極は、すでにポルピュリオスの『節制について』[*De abstinentia*]の中に認められる。そこでは、愛の媚薬の調合が、有害なダイモンの影響の下に置かれている。そして、この否定的な極は、教会教父で後期ネオ・プラトニズムの哲学者プセルスにおいて早くも、想像の精気という理論と融合し始め、魅了され恋に落ちる原因とみなされる一方で、空気のダイモンの邪悪で暗い性格が同時に強調されている。いまや空気のダイモンは、愛の病理、愛のうわごと、愛のファンタスマの要因となるのである。この理論に従えば、空気のダイモン（簡潔に「空気」と呼ばれている）は、人間の想像の精気に働きかけるのである。

光の下で空気は、形をとり色彩を帯びることで、それら形や色彩を受けとるのに適した性質の物体（たとえば鏡がそうであるように）に、この形と色彩を伝える。それと同じように、ダイモンの体は、その内部の空想的な本質によって、お好みの像や色彩や形をとり、それらをわれわれの霊魂に伝える。そうして、われわれに行動や思考を示唆し、われわれの中に形相や記憶を生じさせる。このダイモンはこうして、眠っているときも起きているときも、快楽や情念の幻影を呼び覚まし、われわれの腰をしばしば刺激し、われわれに不健康で邪悪な愛を吹きこむ。

プセルスはさらに、空気のダイモンたちは、「炎の矢」を放つと明言しているが、それは、愛の神の霊的な炎の矢をそっくりそのまま思いださせる。空気（のダイモン）とエロスとは、ここで完全に同一のものとみなされているのである。★18『エピノミス』やカルキディウスやプセルスの言う「空気のダイモン」が一体いつごろから、古い民衆信仰によって喚起された「英雄《エロエ》」と合体するようになるのかを特定するのは、容易なことではない。たしかに、ディオゲネス・ラエルティウスがピュタゴラスに遡らせた伝統によれば、英雄たちは、空気のダイモンのあらゆる特徴を兼ね具えている。彼らは、風の中に住み、病気や健康の前兆を知らせることで、人間に影響を与えているのである。[★19]空気のダイモンと英雄との同一視はまた、おそらくストア派に起源をもつその語源によってても証明される。この語源についてはまた、アウグスティヌス以来の教会の教父の中で、しばしば言及されている。『神の国』の第一〇書でアウグスティヌスは、ネオ・プラトニズムの妖術をこっぴどく論駁しているが、キリスト教の殉教者たちを、「われわれの英雄」〔nostros heroas〕と呼んでいるのである。

「ヘロエス」という名称は、〔女神〕ユノに由来するといわれているのであって、それというのも、ユノは、ギリシア語で「ヘラ」〔Ἥρα〕と呼ばれているからである。そして、それゆえに、ギリシア人たちの口碑によれば、この女神のどの息子かは知らぬが、そのうちの一人はヘロスと名付けられていたのである。この口碑は、明らかに、ダイモンたちとともにヘロエスも宿る所だとギリシア人たちの主張する、大気圏がユノの宰領下に委ねられているという、いわば秘められた意味を表わしている……。しかし、先にわたしが述べたように、仮に教会の慣用語法に抵触することなく、わたしたちの殉教者たちをヘロエスと称しうるとしても、それは、異教徒の場合とは正反対の理由によるのであって、つまり、殉教者たちが大気圏にダイモンたちと住まいを同じくし、一体となっているからではなく、まさしくそれらダイモンたち、換言すれば大気中に勢力をもつ輩を、そのなかにユノも含めて、殉教者たちが征服したことによるものである。

（茂泉昭男・野町啓訳、アウグスティヌス著作集第12巻、教文館、一九八二年）

邪悪で「悪魔的な」エロスのイメージへと流れこんでくるのは、「エロス－英雄－空気のダイモン」[★20]という三重の意味論的な遺産である。この遺産は、すでにプルタルコスやアプレイウスにその跡が認められるように、古い医学の理論と混ざりあって、愛の中に病の兆候を見ていた。しかもプルタルコスはかつて、キリスト教の影響の外で、エロスを、牙と鉤爪の生えた小さな怪物として記述していた。[★21]こうしてネオ・プラトニズムの伝統の中で、「エロス－英雄－気」の「低い《バッソ》」イメージが形成されることになる。それは、人間たちにとり憑いて、不健康な感情を吹きこむ。医学の伝統における「アモル・ヘレオス」という公式そのものには直接結びつかないとしても、少なくともそれを「英雄的な愛」（アモル・ヘロイクス）と解釈するようになるのは、まさしくこうしたイメージによるのであり、このイメージは、英雄たちの中に精神の病の原因を見ていたヒポクラテスの古い見解とも矛盾しない。[★22]英雄的な愛とは本来、もっとも高貴で気高い愛なのではなくて、「エロス－空気のダイモン」に吹きこまれた暗くて卑しい愛なのである。「アモル・ヘレオス」の医学理論は、こうして「エロス－英雄－空気のダイモン」の影響の病理学的で否定的な極を表わすことになる。それはちょうど、メランコリーの体液理論が、白昼のダイモン（ヒポクラテスによれば、悪夢や心の病をもたらすヘカテに従う亡霊のお供の行列に属するエンプーサの生まれ変わり）の邪悪な影響と結びついたのと同様である。パノフスキーは、ジヨット派の「純潔の寓意」［アッシジの聖フランチェスコ聖堂下院フレスコ画］やサッビオナーラの館のフレスコ画に見られる、鉤爪の足をしたアモルの表象の起源を、「神話誌上の卑しい」クピドに求め、その原型をフランチェスコ・ダ・バルベリーノの『アモルの記録』の挿絵（弓をもって駆ける馬の上に立っている鉤爪のアモルとして表わされている）によって再構成しようと試みたが、それらに図像的なモデルを提供したのは、実は、牙と鉤爪をもつ英雄的＝ダイモン的なエロスだったのである［図30］。パノフスキーは、このように図像的に奇妙なタイプの類型をはっきりと特定するのに成功してはいない。そして、次のように述べるのである。その類型は、「一三世紀以前でないことはたしかだとしても、バルベリーノがその論文を書くよりもかなりまえに編みだされていたにちがいない」[★23]。ところが実際には、すでにわれわれが見てきたように、エロスの「ダイモン的」イメージは、少なくとも文学的なテクストにおいて、古代末期のネオ・プラトニズムの心霊術の環境の中で練りあげられていたものであった。それは、プルタルコスが、エロスに牙と鉤爪を与えていたのと同じイメージである。そして、それはある時点で、「アモル・ヘレオス」の医

図30——ジョット工房《純潔の寓意》アッシジ 聖フランチェスコ聖堂下院

学理論の中に合流したのである。馬上に立つエロスというめずらしいモティーフの起源は、おそらく偶像に息を吹きこむ心霊術の環境の中に、たとえばプロクロスの一節の中に求められなければならないだろう。[24] 詩人たちの愛の神の高貴な顔の背後に、われわれは、悪霊的な暗い特徴をも見逃さないようにしなければならない。「英雄的でダイモン的な愛」と「病としての愛」という愛の理論の大胆な二極化を理解してはじめて、一三世紀の詩人たちの愛の概念の新しさと革新性を理解することもできるのである。両義性と矛盾とをはらむこうした愛の概念は、七世紀の時の流れを経て、さまざまに変貌を遂げてきているにもかかわらず、基本的にまだわれわれ自身のものであり続けている。愛のプロセスの妄想的な性格（古代の伝統の中では影に沈んだままであった）という中世の発見も、少なくとも部分的には、ダイモン的で病的な想像力の経験との近親性によって説明されるであろう。他方、もしも逆に、「高い」愛の原型（たとえば、プラトン思想と融合したキリスト教の神秘や、それに関連する天上的愛というプラトン的な理論というような）［図31］が、一三世紀の愛の発見のもとにあると仮定するかぎり、詩人たちの発見がもつユニークで特異な性格を理解することはできないであろう。すでに見てきたように、ネオ・プラトニズムの心霊術からプネウマ＝ファンタスマ理論にいたるまで、エロスの「卑しい」イメージが形成されてきたこうした文化的伝統の中には、肯定的な極もまた含まれていたということを忘れてはならない。ネオ・プラトニズムの空想的な心霊術が、たしかに愛の救済論の形成に役立ったように、「想像の精気」の再評価は、ネオ・プラトニズムとキリスト教思想とを豊かに結びつけた錬金術の坩堝の中で培われ、疑いもなく愛の詩の革命に影響を与えたのである。事実、エロスの積極的な極は、詩人たちにおいて、愛の妄想的な性格の強調と

上・図31——《偶像崇拝者としての愛人たち》「サン・マルティーノの画家」の作とされる出産の盆　パリ　ルーヴル美術館
下・図32——《狂気の像》(偶像崇拝としての)パリ　ノートルダム聖堂　中央扉口の左側部分

一致している。医者たちが、「アモル・ヘレオス」の主な治療法として性交を奨励し、「誤った想像力」から病人を引き離す効果のあるものならなんでも勧めたとすれば、反対に詩人たちの愛は、頑ななまでに忠実に、自分たちの妄想的な循環の中に閉じこもったのである。この愛は、想像力の「致命的な病」として現われ、想像力を避けたり乗り越えたりすることなく、最後まで貫徹されなければならない。というのも、この想像力は、死の危険とともに、根本的な救済の可能性を宿しているからである。この観点から見るなら、ナルキッソスとピュグマリオンは、二つの極端な寓意とみなされる。その中間に、次のような問いかけとして表現されうる重大な問題をはらんだ精神的経験が据えられるのである。すなわち、妄想的な循環に背くことなく、いかにして「アモル・ヘレオス」から回復できるのか、という問いである。それはまた、次のようにも言い換えることができるだろう。ナルキッソス（「像」［ymage］への自己愛に屈してしまった［図32］）の運命にも、あるいはまたピュグマリオン（命のない影像を愛してしまった）の運命にもおちいることなく、いかにしてとらえがたい愛の対象をわがものにすることができるのか。ナルキッソスとピュグマリオンの間で、エロスはその固有の空間をいかにして見つけることができるのか。

第六節 「終わりなき悦び」

そうして私は彼にこう言った。「アモルが私にささやくとき、私はしるし、アモルが私の内に書きとらせるままに、表わしていく、私とはそういう者であります」。

E io a lui: «I' mi son un che, quando
Amor mi spira, noto, e a quel modo
ch'e' ditta dentro vo significando».

『煉獄篇』のこの三行詩節は、これまであまりにもしばしば引用され註釈されてきたため、新しく解釈しようとするどんな試みも、軽率に見えてしまうとしても、もっともなことであろう。しかし、前の各節でわれわれが明らかにしようと努めてきた枠組みの背景の下に置き直してみるならば、この詩節は、その隠喩的な性格づけを脱皮することになるであろう。つまり、直接的表現というロマン主義的な理論を先取りしているとか、感情の客観化としての近代詩に先駆けているとかという、あまり信用のおけないものとしてではなくて、厳密な意味でプネウマ理論が詩的記号の着想へと拡大したものとして理解されるのである。実際、詩的記号の着想は、プネウマ＝ファンタスマ的な枠組み全体の主眼となっているのである。

この詩節の註釈は一般に、「アモルが私にささやく」という表現を、「霊感を与える《インスピラーレ》」という動詞が近代の用法の中で保持してきた漠然とした隠喩に従って解釈しようとする意味論的な暗示になおも縛られている。そうではなくて逆に、隠喩的意味と本来の意味とがいまだ区別されないプネウマ論の文化のコンテクストの中に、この表現を置き直してみる必要があるのである。前の各節でわれわれは、プネウマ的な心理・生理学の分野では、愛《アモル》が「ささやく《スピーラ》」とはいかなる意味においてかを十分に示してきた。それゆえもはや、この点を強調する必要はないだろう。アモルは「ささやく」。なぜなら、アモルは固有の意味で本質的に「精気の動き《モート・スピリトゥアーレ》」（ダンテの表現を使うならば）だからである。それと同じように、ダンテや清新体派の語彙において「精気《スピリト》」という言葉は、常にそのプネウマ的（いやむしろプネウマ＝ファンタスマ的）な響きを直接に感じとることのできる文化との関連の中で解釈されなければならないのである。

とはいえダンテは、ここで問題にしている節において、明らかにアモルのささやきを言語記号の理論に結びつけている。彼は、自らの詩作を、ささやくアモルの示唆を「しるす《ノータ》」こと、あるいは「表わすこと《シニフィカツィオーネ》」と定義しているのである。アモルのささやき、つまり愛の過程のプネウマ＝ファンタスマ的な性格は、いかなる意味で詩的言語の理論の基礎に置かれうるのであろうか。この問いに答えるには、中世の記号論の一章を新たに構築し直してみる必要があるだろう。それは、「想像の精気《スピーリト・ファンタスティコ》」の理論を構成する一部となり、「清新体《スティル・ヌオーヴォ》」の詩人たちによってもたらされたもっとも斬新な貢献を明らかにすることになるであろう。

記号としての言語という定義は、周知のように、近代の記号論の発見ではない。ストア学派の思想家たちによって公式化されるよりもまえに、人間の声を「意味作用をもつ音声」（セマンティコス・プソポス）〔σημαντικός ψόφος〕と定義したアリストテレスにそれはすでに暗示されている。『霊魂論』にはこうある。「動物の発するすべての音が声なのではなくて——というのは舌をもっても、あるいは咳によってさえも音を出すことができるから——、むしろ空気をふるわせるものが有魂のものであり、しかも何か表象像《ファンタスマ》〔φαντάσμα〕をもっているのでなければならない。なぜなら、声は意味をもったある音なのだから[★1]……」。人間の言語の「記号論的」な性格はそれゆえ、アリストテレスによって、いまやわれわれに親しい心理理論の領域で、精神的なイメージないしは表象像《ファンタスマ》の存在によって説明されているのである。記号の概念を表わすために今日よく使われているアルゴリズム

（S／s、s＝記号表現、S＝記号内容）を、アリストテレスの用語に置き換えるなら、次のようになるであろう。F／s、s＝音声、F＝表象像《ファンタスマ》。

言語に関するアリストテレスの定義は、『命題論』の一節でくりかえされている。それは、中世の記号論全体がそれへの註釈になっているとも言えるほど、中世の思想に決定的な影響を及ぼしたものである。ボエティウスはそのラテン語訳で、「声の中にあるものは、霊魂の中にある情動のしるしである」と述べている。「霊魂の中にある情動」という表現は、『霊魂論』の定義に従うならば、表象像《ファンタスマ》のイメージに関連づけられるように思われる。が、アリストテレスの思想において、表象像《ファンタスマ》が占めるのは、感覚と思考の間の無人地帯に宙吊りにされた曖昧な位置であることを念頭に置くならば、「霊魂の情動」［passio animae］という言葉に帰される正確な意味に関して、たちまち議論が湧き起こってきたとしても、驚くにはあたらない。『命題論』の註解においてボエティウスは、「ある者は、声は感覚を意味すると言い、またある者は表象像《ファンタスマ》を意味すると言う」と述べて、こうした論争の状況を伝えている。のちにスコラ哲学の言語理論を特徴づけることになる主知主義的な認識に沿いつつ、ボエティウスは、こうした解釈の支持者たちと久しく論戦を張り、アリストテレスの言う「霊魂の情動」とは、感覚でも表象像でもなく、思考であるということを証明しようとした。いわく、「名詞と動詞は、何か不完全なものを意味しているのではなくて、完璧なものを意味しているのである。それゆえ、名詞と動詞に関するすべてのものは、感覚や想像力のしるしではなくて、ただ思考可能なことがらを示す性質のしるしであると、アリストテレスが主張したのも、理由のないことではない」[★2]。

アリストテレスの言語理論のこうした解釈が、スコラ哲学の記号論において非の打ちどころなく例証されているのは、アルベルトゥス・マグヌスの『命題論』である。ここでは記号の理論は、われわれにはいまやなじみ深い心理的なプロセスの段階に応じて分節化されている。

外的な対象は、霊魂に刻印され、なんらかのかたちで霊魂に働きかけ、霊魂にある情動を与える。というのも、霊魂が外的な対象を受けとり、その影響を受けるのは、精神や知性に応じてだからである。知性はそのようにして、外の事物を経験し受けとるので、霊魂の中につくりだされる事物の形相や印象が情動と呼ばれる。外の対象を理解し感じることがなければ、あるいはまた、認識される事物の形相に応じて情動を受けとることがなければ、分節化された声がつくりだされるということはない。したがって、声は、知性によって存在しうるものになるのである。事物の形象や、事物によって自分の中に生まれる情動を表わすことがなければ、知性は、分節化された声をつくりだすことはない。……このように、意味するために知性によってつくられた声の中にあるのは、霊魂が事物から受けとった諸情動のしるしである。実際、事物は霊魂のなかにその形象を生み、知性は、この形象に合わせて、声を決定するのである。霊魂の情動は、事物のひとつの形象であり、表現される声は、このように知性によって決定されることで、霊魂の中に存在する情動のしるしを表わすようになるのである。それゆえ、同じ声は、それを聞く人の中で、事物の記号や似像となることができる。語る人の口で、情動のしるしとなるものは、聞く人の耳では、事物の記号や似像となる。このように声は、霊魂の中にある諸情動のしるしなのである。★3

ボエティウスをして意味の領域から表象像《ファンタスマ》を排除させた主知主義の痕跡は、アルベルトゥスにおいてはさらに顕著で、われわれが今日その表現に与える意味での「霊魂の情動」の重要性を否定することで、言語の記号理論を打ち立てるまでにいたっている。こうしてアルベルトゥスは、「情動」という用語に二つの意味を区別するのである。

感覚的であれ可知的であれ、受動的な能力に対して対象が刻印する形相が、ある意味で情動と呼ばれる。ちょうど、目に見える対象が、ある情動を感覚に与えたり、可知的なものが、ある情動を知性に与えたりすることがあるように。また別の意味では、霊魂の動きが情動と呼ばれる。そのため身体中で霊魂は駆り立てられ、精気や血液の運動とともに、その動きが顕わにされる。怒りの感情、欲望の感情、喜びや悲しみ、哀れみや恐れ、あるいはその他の情動のように。換言すれば、いわば心臓の拡張や収縮に応じて動いているものを身に受けているという意味での情動である。しかし、ここでわれわれが情動について語っているのは、この後者の意味においてではない。[★4]

われわれが検討している『煉獄篇』の三行詩節でダンテが言おうとすることは、このような言語の記号理論の背景の下に置かれなければならない。この観点に立つならば、ダンテの用語は一見したところ、何も新しいものを含んでいないかのように思われる。実際、「しるす」[noto]や「表わしていく」[vo significando]は、「霊魂の情動」[passio animae]のしるしや記号としての言語というスコラ哲学的な定義に正確に一致しているように見える。しかし、もっと注意深く観察してみるならば、逆に根本的に異なっていることがわかるのである。すでに見てきたように、スコラ哲学的な定義は、「霊魂の情動」[passio animae]を「可知的な形象」[species intellegibilis]と同一視し、言語記号の知的な起源を擁護することによって、「精気の動き」[motus spirituum](怒り、欲望、快楽等々)を言語理論の領域からきっぱりと排除してきたのに対して、ダンテは逆に、詩的表現そのものを、ささやくアモルの書取りとして性格づけるのである。もちろんだからといってダンテは、単純に個人的な直観や「詩法《アール・ポエティック》」をもちだしているわけではない。スコラ哲学の記号論の外に身を置くことでダンテは、愛の詩において本質的な役割を果たしてきたプネウマ=ファンタスマ的理論の中に、言語理論を再び据え直そうとしているのである。

この理論の領域においては、声は最初から、心臓に由来するプネウマの流れとみなされ、喉頭を経由して、舌を動かすのである。『ヒポクラテスとプラトンの学説について』〔*De Hippocratis et Platonis placitis*〕の中でガレノスは、人間の声の生理学について長々と論じ、声のプネウマの源泉を心臓に置く立場の者と、脳に求めようとする立場の者との論争について、詳細に報告している。[★5] 愛の欲望の起源であり、同時に対象でもあるという表象像《ファンタスマ》（「想像の精気」《スピーリト・ファンタスティコ》）のプネウマ的な性格、さらには愛の欲望が「精気の動き」《モート・スピリトゥアーレ》と定義されることを考慮に入れるならば、言語とアモルのささやきとの結びつきは、複雑だが一貫した理論とみなされるであろう。つまり、この理論は同時に、生理学であり、「愛の至福」《ベアティトゥーディネ・ダモーレ》の教義であり、詩的記号の理論でもあるのだ。それゆえ、アモルのささやきと詩的言語との結びつきは、ひとりダンテにのみ認められるものではなく、愛の詩人たちの間で常識にすらなっていたとしても、不思議ではない。彼らはさらに、声は心臓に由来するとはっきりと述べているのである。カヴァルカンティにおいて語っているのは「精気」《スピリト》である。[★6] またチーノが、ダンテの計画を再びとりあげ練りあげようとしているソネットの中で、アモルについて次のように述べることができたのも、いまや理解しやすいことであろう。「私に語りかける精気から、／詩作しつつ私が語るものはやってくる」[★7]。

プネウマの教義は、精気を、霊魂と肉体の「媒介物」とみなすことで、見えるものと見えないもの、物質と非物質、現象と存在の間の形而上学的な分裂を埋め、さらに「これら二つの実体の統一」を把握され理解されやすいものにしようとするのである。この統一はまた、サン＝ティエリーのギヨームの表現によれば、「神が神秘でとりかこんだ」ものだが、愛の詩人たちによって遂行されたものでもあった。彼らは、プネウマの働きとしての詩的言語を、まさしく「精気《スピリト》」の媒介的な位置に据えようとしたのである。アモルのささやきを記すこととみなすことで、詩人たちは、詩に与えうるもっとも高い地位を約束しようとする。こうして詩の空間は、サン＝ヴィクトルのフーゴーが語るヤコブの夢の階段における、物質的なものと非物質的なものとの、あるいは感覚的な記号表現と理性的な記号内容とのぎりぎりの境界に位置づけられることになる。そこにおいて詩は、フーゴーにとっての想像と同様に、「有形の精気を形づくり、理性を具えた精気と交流する」のである。★8

エロスと詩、欲望と詩的記号はこうして結びつくと同時に、ともにプネウマの循環の中へと巻きこまれていく。この循環の中で詩的記号は、心臓の精気たちからほとばしりでて、愛という「精気の動き」を書きとる行為とも、またその対象、つまり想像的な精気の中に刻印された表象像《ファンタスマ》ともただちに合体するのである。このように見てくるなら、西洋のあらゆる記号の概念を支配してきた考え方は、その土台を揺すぶられることになる。つまり、「意味作用をもつ音声」としての言葉という、もともと形而上学的な立場に忠実なこの考え方によれば、「記号内容と記号表現とは、意味作用に抗する壁によって隔てられ区別された二つの秩序として、根源的な位置」を占めている。[9] しかし、表象像と言葉と欲望とを統合するプネウマの絆は、ある空間を開示する。そこでは詩的記号は、詩の基礎と意味としての愛と愛の欲望の貫徹のために捧げられた、比類のない隠れ家として現われるのである。その楽園的なトポロジーは、不完全ながら上のように図解できるであろう。あるいはまた、欲望と言葉とがともに幻覚によって結ばれているボロメオの結び目として。

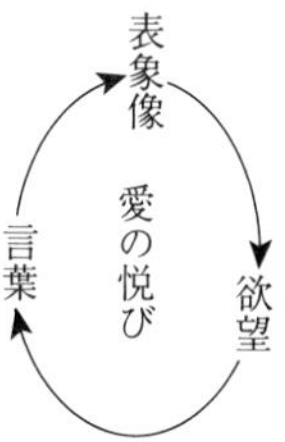

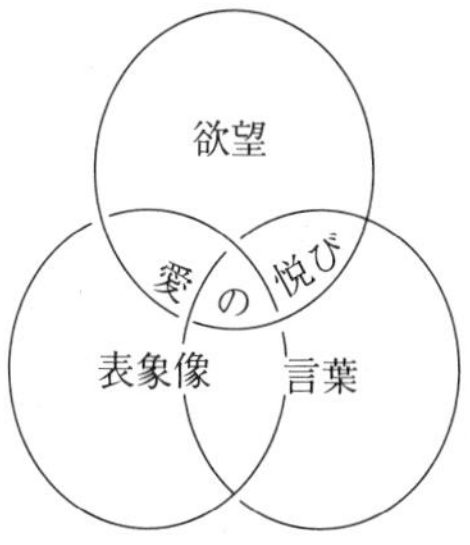

　表象像も欲望もともにその内に包摂する言語は、詩が「愛の悦び」[joi d'amor]とみなされうるための本質的な条件である。そして詩とは、その本来の意味において、「愛の悦び」である。なぜなら、詩それ自体が、そこで愛の至福が言祝がれる「部屋《スタンティア》」だからである。[10] ダンテがいつもの明晰さをもって、『新生』の重要なくだりで、自らの愛の至福と結末は「私の淑女を讃える言葉の中にある」[11] と宣言したときに言おうとしていたのは、エロスと言語とのこうした独特の連鎖である。またダンテが、愛の成就は詩的な言葉の中にあると語り、しかも、ささやくアモルの書取りとして詩をとらえることができたとすれば、それは、こ

の解釈学的な循環の中に「清新体派」のより本質的な真実があるからである。「清新体派」は、スコラ哲学の記号論から身を引くことで、プネウマ＝ファンタスマ理論に最高の栄誉を与えたのである。

詩の言葉はこうして、欲望とそのとらえがたい対象――中世の心理学は鋭い洞察力で、「自分の影を愛したために死んだ」若者ナルキッソスとエロスとを同一視することによってそれを表現した――との分裂が、その和解を見いだす場として提示されるのである。一方、「英雄的《エロイコ》」な致死の病は、メランコリックな錯乱のサトゥルヌス的仮面を愛に授けることで、自らを解放し高める。「アモル・ヘレオス」の治療として医者たちが勧めていた「詩の朗唱」[versuum recitatio]と「歌や楽器の心地よさ」[cantus seu instrumentorum suavitas]はいまや、より高い精神的「治療」の手段となるのである。アモルのささやきの表明としての詩の実践において、ナルキッソスは実際、自分自身の像をとらえることに成功する。そして、自分の「熱愛」[fol amour]を、ファンタスマと欲望と言葉の循環の中で癒やすのである。そこでは、ファンタスマが欲望を生み、欲望が言葉に翻訳され、さらに言葉は、他の仕方ではとらえることも楽しむこともできないものを同化できる空間を設定するのである。これこそ、あたかも「舌と舌とが絡まりあう抱擁」[★12]のように、ファンタスマと欲望と言葉とが絡まりあう愛の循環なのである。「終わることなく募るばかりを知る」[★13][sua semper sine fine cognoscit augmenta]その愛は、この地上で、楽園的な無垢の愛の

「甘美な戯れ《ドルチェ・ジョーコ》」にもっとも近づくのである。

それゆえ、一三世紀の愛の詩がヨーロッパ文化にもたらした遺産とは、あるひとつの愛の概念であるというよりも、エロスと詩的言語との結合であり、詩という「場なき場」[topos outopos]における欲望とファンタスマと詩作との「交錯」[entrebescamen]なのである。スピッツァーが跡づけてくれた模範に倣って、ロマンス語詩の「永遠の特色」を探そうとするならば、こうした連関にこそ求められるべきであろう。この連関こそが、「ロマンス語詩にとりわけ顕著な気取った形式への傾向[★14]」としての「閉ざされた詩法」[trobar clus]ばかりではなく、同じくロマンス語詩の自己充足性やテクストの絶対性への傾向を説明するパラダイムを与えてくれるであろう。「詩法」[trobar]は「閉ざされて」[clus]いる。なぜならば、その閉ざされたプネウマの循環の中でこそ、欲望とその対象との結末のない統一が讃えられるからである。一方、愛の想像的な性格という、中世に典型的な概念は、詩の実践の中で、その解決と満足を見いだすのである。ロマンス語詩のテクストに本質的なこのような緊張関係は、ペトラルカとマラルメにおいて象徴的な発展段階を経験する歴史の流れの中で、その重心を欲望から哀悼へと移動させるとともに、エロスは、その不可能な愛の対象をタナトスに譲り渡すことになるであろう。そうすることで反対に、しめやかで繊細な戦略によって、この愛の対象を、失われた対象としてとりかえすのである。他方、そのとき詩は不在の場となるが、詩がその特有の権威を引きだすのは、まさしくこの不在からなのである。ジャン・ド・マンの詩は、「薔薇」の「探求」に向けられているが、この「薔薇」はこうして、「あらゆる花束の中には存在しない」ものとなる［マラルメ『詩の危機』、マラルメ全集Ⅱ、松室三郎訳、筑摩書房、一九八九年］。テクストにおいてこの不在は、その「震えるような消滅」を称揚するのである。「氷」の中の「白鳥」のように、喪失にとらわれた欲望をあたかも悼むかのように。

われわれの研究は、プネウマ＝ファンタスマ理論の楼閣のいちばん高い尖塔に位置する、ささやく愛の詩に向けられてきた。これら愛の詩において欲望は、現前の形而上学的な亀裂を乗り越えようとする西洋思想で唯一の一貫した試みのもとになる概念（プネウマ＝ファンタスマ理論）によって支えられることで、西洋の詩の歴史の中でおそらく最後に、愛の対象、つまり「終わりなき悦び」との喜ばしくも汲み尽くしがたい「精気的合体《ウニターリオ・スピリトゥアーレ》」を讃えられるのである。われわれの詩の文化が、自らの限界を超えて、その本来の起源へと遡ることができるとすれば、そのときわれわれの詩の文化は、この「終わりなき悦び」という企図の中に、そこに立ち返るべきものとしてなおも生き続ける根源を見いだすことになるであろう。

第四章　倒錯したイメージ——スフィンクスの観点から見た記号論

倒錯した像《イマージネ・ペルヴェルサ》は、
二つの面をもつかと思えばそのどちらでもない。
——ダンテ『地獄篇』第二五歌、七七—七八行

第一節　オイディプスとスフィンクス

1

アレゴリーを好む性格は、今日支配的なイデオロギーからはあまりにもかけ離れているため、ベンヤミンの模範的な擁護[★1]にもかかわらず、いつも改めて厳密な説明が必要とされるほどである。アビ・ヴァールブルクの実り多い足跡に倣って、アレゴリーはその後も一度ならず、固有で特権的な研究の対象[★2]となってきた。しかしながらそれらの研究も、象徴に関する説明を以前より親しみやすくするのになんら貢献しなかった。そればかりでなく、こう言ってよければ、われわれにとって前にもましてますます縁遠いものにしてしまったのである。実際この場合、細部に隠れていたのは、「良き神」などではなく、眩惑を催させるような空間であった。そこにおいて寓意的なものは、その輪郭を歪めているヴェールが剝がされないかぎりは、必然的に地獄へ堕とされた知性として現われざるをえなかった。あるいは、それぞれの被造物を固有の形態に、すなわちそれぞれのシニフィアンをシニフィエに結びつける連結の悪魔的なひずみとして現われざるをえなかったのである。『美学講義』において、ヘーゲルは自ら、象徴に直面したときにわれわれの文化が抱く「不快感」[★3]の代弁者をかってでている。象徴のさまざまな形態は「それ自体われわれに何も語らず、快楽も与えず、その直接的な直観において満足が得られることもない。そうではなくて、その形態を超えて、象徴が指し示す意味内容まで進むことを、それ自体がわれわれに要求しているのである。この意味は、これらのイメージよりもより広く、深遠ななにものかであるにちがいない」。ヘーゲルは象徴を記号として、すなわち意味とその表現の統一体として定義した。それにもかかわらず、形態と意味の間に「部分的な不一致」や「不和」があるという点に、象徴の特殊な性格を見ていたのである。[★4]

象徴的形式が否応なく明るみに出す「不快感」は、意味作用についての西洋の考察がまさに当初から抱いてきたものである。近代の記号論は、その形而上学的な遺産を留保もつけずに集めてしまった。記号において、表現するものと表現されるものの二重性が暗黙のうちに前提とされる点で、記号は事実上二つに引き裂かれたものである。しかし、この二重性がひとつの記号において表わされるかぎりにおいて、反対に記号は結合され、統一された何ものかになる。分かれているものを統合する認識行為としての「ともに来たるもの＝象徴的なもの《シンボリコ》」は、この認識の真実にたえず背き、告発する「不和をもたらすもの＝悪魔的なもの《ディアボリコ》」でもあるのだ。

　意味作用のもつこうした両義性は、根本的に、現前が原初的な亀裂の中にあることから生じる。こうした亀裂は、存在に関する西洋の経験から切り離すことはできない。その亀裂のために、現前へともたらされるものすべては、表明することが同時に隠すことであるかぎりにおいて、すなわち存在が欠如を提示するというかぎりにおいて、遅延や排除の場として現われる。ギリシア人たちが真理の直観における「開示（ヴェールを剝ぐこと）」［ἀλήθεια］と表現してきたのは、現前と不在、すなわち現われと隠蔽のこうした根源的な結合のことである。われわれがなお「知への愛」というギリシア語の名前で呼ぶ言説がよって立つのも、この亀裂の経験の上である。もともと現前は分離され引き裂かれているがゆえに、「意味作用」のようなものが可能になるのである。はじめから十全さというものはなく、遅延だけがあるために、哲学する必要があるのである。たとえ、その遅延を存在と現出との対立として、あるいはその対立の調停として、さらには存在と存在者の存在論的差異として解釈しようと。

　しかしながらこの亀裂は、逆に、真実に近い存在と真実から離れた存在、すなわち原型と複製、潜在的な意味と感覚的な現われの関係として形而上学的に解釈されることによって、長い間抑圧され、隠蔽されてきた。言語に関する省察はもともと、原初的な亀裂の経験が投射される格好のスクリーンであった。そこにおいてこのような解釈は、シニフィアンとシニフィエの表現的統一体としての記号という概念の中に結晶化されている。こうして現前の亀裂は、「意味生成《シグニフィカツィオーネ》」の過程のひとつの局面となる。意味する形式と意味される内容は、「現われ」（もしくは隠れ）の関係において互いに結びつけられ、この統一の観点から、意味生成は解釈されることとなる。この解釈の可能性は、言語を「意味作用をもつ音声」[σημαντικός ψόφος]として解釈したアリストテレスの定義の中では、ただほのめかされていただけであったが、一九世紀におけるドグマの形成の中で、規範的価値を獲得した。そのドグマは、今日においても、なお意味作用の真の理解に近づくことを妨げている。美学において模範的な結実を見たこのような概念に従えば、意味と形態との関係、すなわち一般的にあらゆる意味作用が向かう関係とは、感覚的現象がなんらのずれもなく記号内容と一致し、記号内容もまた完全にその現象の中に解消されるという関係である。このような完璧な統一に対して、象徴的なものは、その意味がなお隠されているため、不完全で乗り越えるべきものとみなされる。『美学講義』においてヘーゲルは、芸術作品の中に象徴を克服するモデルを提示している。

自由な個人が、不確実で一般的で抽象的な表象に代わって、描出の形式と内容とを構成するならば、われわれが理解する意味での象徴的なものは、おのずと退いていくものである……。意味と感覚的表象、すなわち内的なものと外的なもの、ものとイメージは、その時、もはや互いに異なったものではなくなる。また象徴的なものにおけるように、単なる類似として提示されることもなくなる。そうではなくて、一つの全体として提示されるのである。この全体においては、外観はもはや別の本質を持たず、本質も自らの外や傍らに別の外観を持たない。[★5]

現前の原初的な遅延は、まさに考察に値するものであったにもかかわらず、形態と内容、外部と内部、顕在と潜在の間で表現が一見明らかに収斂していくように見えるため、前述のように抑圧され、保留されることになるのである。だが実のところ、「意味すること」[significare] を、「表現すること」[esprimere]、もしくは「隠蔽すること」[occultare] とみなさなければならない必然性はどこにもない。にもかかわらず、近代の記号論において、現前の原初的な亀裂が忘却されてきたという事実は、まさしくこの亀裂を暴くことになるかもしれないもの、すなわち壁——シニフィアンの上にシニフィエという図式（S／s）に引かれた仕切り——において現われているのである。この壁の真価が気づかれないままにきたために、ある意味でシニフィアンとシニフィエの間に大きく開かれた深淵を覆い隠すことによって、「シニフィアンとシニフィエの根元的位置」という基盤が形づくられたのである。はじめからまるで黒幕のように記号に関する西洋の洞察を支配してきた、その位置とは、「意味作用に抗する壁によって区別され分けられた、二つの秩序としてのシニフィアンとシニフィエの位置」[★6]というものである。意味作用の観点から見るならば、形而上学とは、シニフィアンとシニフィエの間の原初的な差異を忘れたものでしかない。意味作用の可能性を支えるこの壁が、なぜ意味作用に抗する壁ともなるのかを探求しようとしない記号論は、何であれ、まさにそのために、壁の真価を誤認してしまうことになる。ソシュールの表現によれば、「言語的単位は二重のものである」とされる。ここで強調点は、時にはシニフィアンの極に置かれ、時にはシニフィエの極に置かれてきた。この定式には、実はソシュールにとって決して乗り越えることのできない逆説が含まれていたにもかかわらず、それはまったく問題とされることはなかった。壁によって指示された関係が、慣習的代理と理解されるにせよ、あるいは形態と意味の緊密な結びつきに基づく美学として理解されるにせよ、そのいずれの仮定においても、現前の原初的な乖離はまったく闇に追いやられたままなのである。この深淵の上にこそ、意味作用は忍びこんでいるにもかかわらず、問われないままできたものこそが、まさに唯一、定式化されるべきはずのものだったのである。すなわち、「なぜ現前は、意味作用なるものがいやしくも可能となるほどに、遅延され分離されているのであろうか」という問いかけが。

2

シニフィアンとシニフィエの間の表現的統一によって、現前の亀裂をこのように包み隠してしまった起源をたどるならば、われわれの文化をとくに魅了してきたギリシア神話にその萌芽を求めることができるだろう。ギリシア人にとって本質的な重要性をもっていたスフィンクスの逸話は、オイディプス神話の精神分析的解釈において（現在では）執拗なまでに闇へと追いやられている。なぜなら、精神分析で前景化されるのは、もっぱら主人公オイディプスをとりまく出来事の局面だからである。このライオスの息子は、謎めいたシニフィアンの背後の隠されたシニフィエを明らかにすることによって、いともたやすく「乙女の残忍な顎が提示した謎」を説き、ただこのことだけで、半人半獣の怪物を深淵に投げ落とした。解放者オイディプスの教えとは以下のことである。すなわち、自らの発言によって、意味とその形式の間の透明な関係をオイディプスが打ち立てるやいなや、謎のもっていた無気味で恐るべきものはたちどころに消滅してしまう。一見するとオイディプスは、意味とその形式との間の関係から逃れることに成功しているかのようである。

しかしながら、古めかしい謎からわれわれがかいま見ることができるのは、そのような謎においてシニフィエは（ヘーゲルが考えるように）問いかけに先立って存在するはずはないということであり、しかもそのシニフィエの認識もまったく非本質的であったということである。隠された「答え」なるものを謎に与えるというのは、のちの時代のもたらしたものである。そこでは、実際は何が謎において言語化されているのかということの理解は失われ、気晴らしや判じ物というような、堕落した形態でしか認識されなくなってしまった。ところが、謎とは本来、死の危険にすらさらされる体験を意味するほどに、気晴らしとは無縁のものだったのである。[★7]

スフィンクスが提示した問題とは、単に「謎めいた」シニフィアンの後ろにシニフィエが隠され覆いをかけられているということなのではない。そうではなくて、現前の原初的な亀裂が、発話の逆説においてほのめかされているということを、自らの語りによって示しているのである。この逆説とは、常に対象と距離を保つことによって対象に近づくという働きを指す。「謎かけ」［αἴνιγμα］の「譬え話」［αἶνος］はただ難解なだけではなく、語りの原初的なあり方なのである。迷宮やゴルゴン、またそのことを口にしたスフィンクスのように、謎とは実際は魔除けの領域、すなわち自らの中に無気味なものを引き寄せ受け入れつつも、同時にそれを拒否するという防御能力の領域に属しているのである。距離をとりながらもものごとの核心に達するという、迷宮のダンスのたどる隘路は[★8]、謎において表明されている無気味なものとの関係のモデルなのである。

以上のことが事実とすれば、オイディプスの犯した罪は近親相姦というよりも、象徴的なもの一般が持つ力に対する「傲慢」［ὕβρις］であったと言うべきである（ヘーゲルの指摘によれば、スフィンクスはまさに「象徴的なものの象徴」である）。オイディプスは、魔除けとしての意図を、間接的なシニフィアンと隠されたシニフィエの関係として理解したため、その力を過小評価してしまったのである。オイディプスは自らのこの身振りによって、形而上学がその後永きにわたって子孫をもつこととなる、言語の裂け目をつくりだすことになる。裂け目の一極は象徴的なディスクールであり、スフィンクスの語る固有でない言葉によって表わされる。その本質にあるものは暗号化であり隠蔽である。もう一方の極は明晰なディスクールであり、オイディプスの固有の言葉によって表わされる。その本質にあるものは表明であり解読である。それゆえオイディプスは「文明をもたらす英雄」としてわれわれの文化にその姿を現わす。この英雄は、自らの返答によって、象徴的なものを解釈するための連綿と続くモデルを提供するのである。このモデルは、アルファベット文字の「意味作用」と関係があると言えよう。なぜなら、オイディプスの祖先カドモスは、ギリシアの伝統ではアルファベットの移入者とされ、カドモスの子孫もまた、書くことや意味作用との関係をもっている。とはいえ、この関係はいまだ探究されてはいない——たとえばカドモスの息子ポリュドロスはまた「ピナコス」と呼ばれていたが、この名は「文字の書かれた小板をもつ男」という意味であり、ライオスの父ラブダコスはその名をλ（ラムダ）の文字に由来している。こうしたことすべては、文明化の英雄としてのオイディプス神話の局面の重要な証言となるだろう。しかし、この局面をフロイトの解釈は等閑に付してしまった。こうしてシニフィアンとシニフィエとの間にある、明示もしくは表現（逆に暗号や隠蔽でも同様のことだが）の関係という意味作用の解釈はすべて（象徴についての精神分析的理論だけでなく、言語についての記号学的理論もこの種の解釈に属する）、必然的にオイディプスのしるしの下に置かれる。これに対して、こうしたモデルを拒絶することによって、象徴に関する理論はすべてスフィンクスのしるしの下に置かれることになる。そしてこのような象徴の理論こそが、なによりもあらゆる意味作用にとって原初的な問題である、シニフィアンとシニフィエの間の壁に注意を向けるのである。

西洋の思考の伝統には、オイディプスの上記のような抑圧と隣りあうかのように、現前の原初的な亀裂に関して事実上もうひとつ別の解釈が、いわば保管されてきた。この別の解釈は、語りについてのヘラクレイトスの計画の中に早くも現われている。それによれば、語ることとは、現前と不在の間の、記号表現と記号内容との間の、まさに意味しえない「連結」[★9]［συνάψις］を「隠す」のでもなく、「啓示」するのでもなく、その「しるしを見せる」ことなのである。ヘラクレイトスはこのために、難解だという評価を得てきた。だが、彼は幾度となく、相反するものを接近させたり、対立するものを排除するのではなく、それらの見えざる接点へと記号を向かわせる撞着法［ossimori］を生みだすことによって、このような連結に関して言及している。

こうした観点から見て興味深いのは、アリストテレスが、謎を特徴づけるために、「対立するものの結合」について語ったヘラクレイトスを引き写した表現をはっきりと利用していることである。『詩学』において、アリストテレスは謎を「不可能なものを結びあわせること」〔τὰ ἀδύνατα συνάψαι〕として定義した。ヘラクレイトスにとってあらゆる意味作用は、前述のような意味において「不可能なものを結びあわせること」であり、真の意味作用とはいつも「謎めいたもの」である。断片九三の中で言及されている、神聖なる「意味すること」〔σημαίνειν〕とは、記号表現と記号内容、外と内の間の、現われ（もしくは隠蔽）の関係という、われわれにとってなじみ深い形而上学的な意味では理解されえず、逆に、その意図がまさに「語ること」〔λέγειν〕にも「隠すこと」〔κρύπτειν〕にも対峙される、深淵に投げかけられた眼差しとして特徴づけられる。この深淵は、シニフィアンとシニフィエの間に「神」が姿を現わすまでに、大きく引き裂かれている。[★10]

オイディプスの刻印から解放され、ソシュールのパラドックスに忠実であろうとする記号論は、最終的に「意味作用に抗する壁」の上にこの眼差しを向けなければならないであろう。この壁それ自体は決して言語化されることはなく、記号についての西洋の洞察を支配してきた。本質的に形而上学に属するシニフィアンとシニフィエの原初的な位置なるものは、まさにその壁の抑圧に基づいているのである。この試論が目指したところは、寓意的形式の「譬え話」〔αἶνος〕が誘う迷宮にとらわれるままに、現前のもつ亀裂の核心の中で、言語の魔除けという原初的な位置へとこの試論を向かわせることである。その核心においてこそ、スフィンクスに対して負債を支払い続けてきた文化は、意味作用の新たなモデルを見つけることができるのである。

第二節　固有のものと固有でないもの

1

意味作用をめぐる形而上学的な概念にもともと具わる二重性は、ヨーロッパ文化において、固有のものと固有でないものとの対立としてあらわれる。トマス・アクィナスの『真理論』には次のようにある。「神に関する事柄については」二種の語り方がある。ひとつは固有の言語によるもの、もうひとつは、寓意的であれ象徴的であれ、比喩的な言語によるものである」[1]。われわれの文化にとって、こうした二律背反を克服することがいかに困難であるかは、固有でないものと固有なものとの時代がいつも交互に訪れてきたという事実によって証言される。前者の時代には、象徴的＝寓意的形式が文化の中心を占めるのに対して、後者の時代には、それは周縁に追いやられる。しかし、二つのディスクールのどちらとも、自分の替え玉を完全に衰退させることはできないのである。

固有でないものの理論的基礎は、中世の神秘主義のアレゴリーへの熱狂のみならず、ルネサンスやバロックのエンブレムへの執着にも、その神学的な根拠を与えてきたもので、偽ディオニュシオス・アレオパギテスの名前で流布している著作の中にすでにその輪郭が与えられている。固有でないものの根拠づけは、一種の「不一致の原則」と呼ばれる。それによれば、神聖なるものに関しては肯定よりも否定の方が、より真実でよりふさわしいため、類推や類似による表象よりも、不一致や隔たりによる表象の方がいっそう適しているとみなされる。別の言葉で言えば、不適切な象徴は、まさにそれが神秘的な対象に対して不適切であるがゆえに、反語的に「相違ゆえの適性」と定義しうるものが与えられるのである。この「相違ゆえの適性」によって、精神は、神秘的な愛の高まりの中で、肉体の暗闇の世界から可知的な瞑想へと上昇することを約束される[2]。一〇世紀ののち、サン＝ヴィクトルのフーゴーも、アレオパギテスとほぼ同じ言葉で、不一致の神秘の力を次のように定義することになるであろう。

似ていない像の方が、似ている像よりもいっそう、物質的で形あるものからわれわれの魂を引き離してくれ、魂が自分の中で安らぐことを許しておかない。その理由は、あらゆる被造物は、いかに完璧であっても、無限の距離によって神から隔てられているという事実にある。……それゆえ、このように神のあらゆる完璧さを否定することで、神とはいかなるものでないかを伝える方が、もろい完璧さを通じて神とはなんであるかを説明しようとすることよりも、いっそう完璧な神の認識になるのである。

一六世紀の前半から一七世紀の後半にかけて、つまり近代の科学的な世界観が形成されつつあった時代、ヨーロッパの文化は、ヘルダーの言によれば「エンブレムの時代」と呼びうるほどに、不一致のテーマに支配されていた。エンブレムは実際、その時代、もっとも深遠な認識の企てとともに、もっとも内奥の不安にも委ねられた中心的な形象だったのである。ギーローの研究は、一六世紀のエンブレム学の形成に、二世紀の終わりかあるいはおそらくは四世紀に編纂された碑銘文学の偽書、ホラポッロの『ヒエログリフ集』が及ぼした影響を明らかにした。そこには、エジプトの聖刻文字のいわゆる解釈なるものが含まれていた。ユマニストたちが意味作用のモデルを企てたのは、こうしたエジプトの神官たちの「聖なる記号」の説明の実り豊かな誤解に基づいていたのである。そのモデルによれば、外観と本質の一致や統一ではなく、両者の不一致や転換こそが、より高い認識の媒介となる［図33・34］。しかもその認識においては、有形のものと無形のもの、質料と形相、記号表現と記号内容との形而上学的な差異は、最大限にまで広げられると同時に、つなぎあわされもするのであった。この観点から見るなら、エンブレム学者たちが一貫して、魂（モットー）と肉体（画像）との合体としてエンブレムに言及したり、[★3]またこの合体を「神秘的な混合」や「理想的な人間」に関連づけているのも、偶然ではないように思われる。固有の用語によらない意味作用の模範としての隠喩（バロックの理論家たちによれば

図33——ホラポッロ（ホルス・アポッロ）《勤勉なる男》
図34——ホラポッロ（ホルス・アポッロ）《未来の仕事》
いずれも『エジプト人の聖刻文字』（パリ、1574年）所収

エンブレムやインプレーザもまたそこに結びつくものだが）は、こうしてあらゆるものが固有の形式から分離され、あらゆる記号表現が固有の記号内容から分離される普遍的な原則になるのである。エンブレム、「愛と英雄」のインプレーザ、そして、「描かれた詩《ピクタ・ポエシス》」によっていまや世俗の生のあらゆる局面を包み隠そうとする紋章《ブラゾン》。これらにおいては、あらゆる意味作用のために使われる「機知《アクテッツァ》」の場合と同じように、各々の対象とそれに固有の外観、各々の被造物と固有の形、それぞれの言葉と固有の記号内容を結びつける固い絆は、徹底的に疑問に付される。あらゆるものは、別のものを意味するかぎりにおいてのみ真実であり、別のものを表わすかぎりでそれ自身でありうる。バロックのアレゴリーへの指向にとって、固有の形が被ったこのような侮辱は、同時に、最後の審判の日に解き放たれる贖罪の担保であったが、その暗号はすでに神の創造行為の中に刻みこまれていたのである。神はこうして、最初でしかも最高のエンブレム主義者となる。テザウロは、『アリストテレスの望遠鏡』の中で、神について、「いとも気高い観念を、英雄的なインプレーザや象徴図によって、人間や天使たちにおどけて話す才知に富んだ語り手」と述べている。そしてさらに、天は「空色の広い盾である。巧みなる自然はそこに、英雄的なインプレーザや、神秘的で機知に富んだ秘密の象徴を形づくりながら、自らが瞑想するものを描きだす」[★4]と付け加えている［図35・36］。

まさしくこの時代に誕生するカリカチュアは、寓意的な置き換えが人間像にも及んだものであった。そのことはまた、これまで研究者たちによって指摘されてこなかった次のような仮説を裏づけてくれるように思われる。つまり、「誇張された人物表現《フィグーラ・カリカータ》」の起源は、部分的にしか人間の形姿を紋章化してはいけないという禁止事項——それはアレゴリーのコードの一部をなす——との関連において考察されなければならないということである。ペトルス・アッバースの規則には、「全身は描かれてはならない、目、心臓、手というような身体の部分だけが許されるのである」と記されている。人間の姿を本来の意味から転換させてしまうことに対するこうした禁止（アレゴリー愛好家たちが広く利用するフェテ

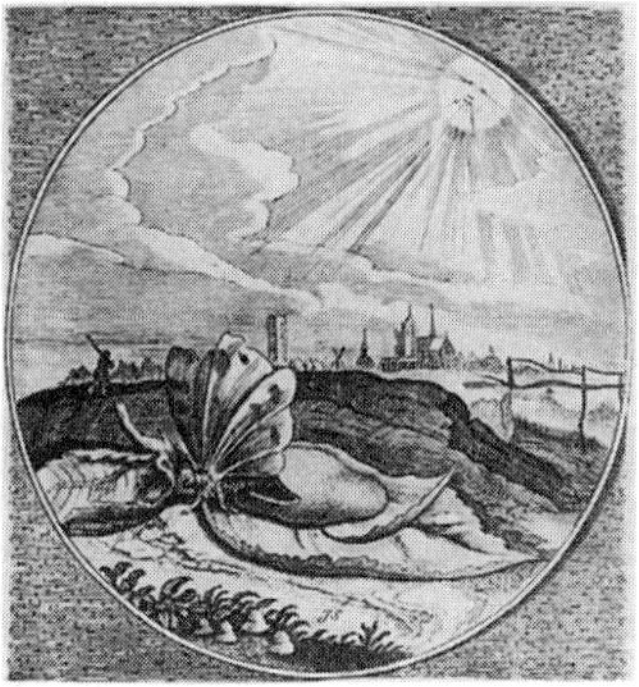

図35——J・カッツ《深刻なことは、愉快にさせる》
図36——J・カッツ《愛はエレガンスの父》
いずれも『プロテウス』（ロッテルダム、1627年）所収

イッシュな仕掛けに訴えるのは別にして）は、その根源を、聖書の「（神に）象って、その似姿に」という表現に求めることができる。それは、人間の姿を創造主たる神に直接結びつけることで、はっきりと同一性を保証したのである。それゆえ、人間の姿をこの神学的な「意味」から転換させることは、まさしく必然的に悪魔的な行為にならざるをえなかった。キリスト教イコノグラフィーにおいて、悪魔が奇怪で「カリカチュア的な」様相を帯びているのもそのためである。ヨーロッパ文化にカリカチュアが出現するのが、なぜそれほどまでに遅かったのか。その原因は、クリスやゴンブリッチの想像したような[★5]、イメージの魔術的な効果への信仰にあるわけではない。そうではなくて、寓意的宇宙の外では、人間の形姿の置き換えは必然的に冒瀆的な意図を帯びざるをえないという事実に求められなければならない。矛盾の中に真実のモデルを見いだすことに慣れ親しんだ時代においてのみ、カリカチュアは、人物そのものよりもいっそう人物に似て見えるのである。人間の世界におけるカリカチュアは、物の世界におけるエンブレムに等しい。エンブレムが、物とその固有の形とのあらゆるつながりを疑問視するように、カリカチュアは、その軽妙なる外観によって、人間の容姿をその意味から引き離すのである。が、アレゴリックな暗号はすでに人間の容姿の中に刻みこまれているため、本来の輪郭を歪めたり変化させたりするだけで、エンブレムとしての新たな地位を獲得できるのである。神に象って、その似姿に創造された人間は、「悪魔の策略によって、非類似の遠い領土に堕とされてしまった」。

この「非類似の領土《テッラ・ディッシミリアンツァ》」は、「罪の王国」であり、そこでは「記憶は消え失せ、知性は曇らされ、意志は麻痺させられる」[★6]。しかしながら、寓意的な指向においては、この置き換えは贖罪の証であり、この非類似は最高の類似となるのである。

それゆえ、アレゴリーを好んだバロックが幕を閉じるとともに、あらゆる記号表現を固有の記号内容から異化させようとする寓意的な形式の雲行きが怪しくなるとしても偶然ではない。クロイツァーの『象徴的なるもの』やラファーターの『観相学』は、寓意的な置き換えの中により高い認識を求めようとする最後の壮大な試みではあるが、両者とも、結局のところ不可解なパロディに終わっている。ヘーゲルは、象徴に対する不快感と、ロマン主義的前衛のアレゴリー主義に対する不信感を表明しているが、それは、固有の形式の確固たる支配によって明らかにされた新しい態度の兆候である。興味深いことにヘーゲルは、『美学講義』において、スフィンクスの中に、「象徴的なるもの一般が謎として提示されている」像を見てとり、それを前にしたオイディプス（ここで「啓蒙」[Aufklärung] の擁護者として現われる）の返答を「意識の光」とみなしている。つまり、「内容にふさわしい固有の形式を通じて、その具体的な内容をはっきりと透かしてみせる明晰さであり、その存在において、ただ自分自身のみを明らかにする明晰さ」[★7]である。

とはいえ、だからといって、かつて時代をあげて人間精神のもっとも「鋭い《アクータ》」表現を生みだしていた寓意的図像の世界が、単純に却下されてしまったというわけではない。その世界はいまや、廃品の倉庫となり、そこで無気味なものがそのおぞましい対象を採取することになるのである。この観点から見るなら、ホフマンやポオの空想的な被造物、グランヴィルやテニエルのカリカチュアや命を吹きこまれたものたち、さらにはカフカの物語る糸巻きオドラデクにいたるまで、いずれも寓意的な形式の「子孫」たちである。それは、多かれ少なかれ、キリスト教の悪魔のいくつかが、異教の神の「来世」を表わしているのと似ている。ますます執拗に日常生活の中に侵入してくる無気味なものの形式において、象徴は、理性の要塞を脅かす新たなスフィンクスとなる。フロイトは言わば、謎を解き晴らし、その怪物たちから理性を解放することのできる鍵を提示するオイディプスである。それゆえ、無気味なものに関する彼の研究の結論★8は、われわれにとって非常に興味深い。フロイトは、「無気味なもの」[Unheimliche] の中に、「親しいもの」[Heimliche] の抑圧を見るのである。

この「無気味なもの」は、実際にはなんら新しいものでもなく、また、見も知らぬものでもなく、心的生活にとって昔から親しい何ものかであって、ただ抑圧の過程によって疎遠にされたものだからである。またこの抑圧への関係こそ、今われわれにシェリングの定義——無気味なるものとは、秘め隠されているべきはずのもので、しかもそれが外に現われたなにものかである——をも明らかにしてくれるのである。

この公式は、象徴に関するフロイトの態度をも要約している。フロイトは象徴を一貫して抑圧のメカニズムに結びつけるのである。そのことはまた、なぜ近代文化が、かたくななまでに象徴的なものを無気味なものと同一視してきたのか、という問いにわれわれを導く。おそらく、象徴性に対するこのような「不快感」の原因は、次の事実にある。つまり、われわれの文化は、一見単純な図式で意味作用を理解しているが、そのことによってむしろ、より根源的でより親しい意味作用の抑圧が隠されてしまうという事実である。意味作用は、簡単にはそうした図式に還元されえないのである。怪物の獰猛な性質の中にあって「人間の精神は、獣の状態から抜けだそうと努めるが、本来の自由と、本来の生き生きとした姿を完全にさらけだすまでにはいたらない。なぜなら、人間の精神は、自分とは異なる別のものと結びつき、それと混ぜあわされているからである[★9]」。怪物の獰猛な性質の背後に、われわれは、親密で人間的な何ものかを見ることを学ばなければならないのである。

2

スフィンクスの言葉を「暗号化された言葉」とみなすオイディプスの解釈は、象徴に関するフロイトの概念をひそかに規定している。精神分析は実際、二つの言説の分離を前提としている。すなわち、抑圧に基づく無意識の言葉とみなされる不明瞭で不適切な言葉による言説と、意識の言葉とされる明晰で適切な言葉による言説とである。一方の言説からもう一方の言説への移行（「翻訳」）が、文字どおり精神分析を構成しているのである。それゆえ、このことは必然的に「脱‐象徴化」、つまり象徴的なるものが徐々に還元されていくというプロセスを含むことになる。フロイトによれば、精神分析の企図が具体化される「ゾイデル海の干拓」とは、それが完成したあかつきには、無意識の象徴的な言語が完全に意識の記号に翻訳されたものになるということなのである。このようにオイディプスの神話は、批評家たちが信じているよりもずっと深く、精神分析の地平に浸透している。この神話は、解釈の内容を提供しているばかりか、無意識としてのスフィンクスとその象徴を前にした、分析的言説の基本的な態度をも導き決定している。オイディプスが、スフィンクスの謎に隠された意味を発見し、そうすることで都市を怪物から解放するように、分析家は、象徴的な暗号の背後に潜在している思想を明らかにし、神経症を「治療する」のである。

したがって、すでに指摘されているように★10、フロイトによって明らかにされた象徴化の主要な過程が、古い修辞学における転義《トローピ》の目録と正確に一致するとしても、単なる偶然ではない。無意識の領域は、そのメカニズムにおいても構造においても、象徴的なものや固有でないものの領域と完全に合致するのである。あらゆる形をその記号内容から引き離そうとする寓意的な意図は、いまや無意識の隠れたエクリチュールとなる。その一方で、エンブレム・ブックは、教養ある人々の書架から出て、無意識の中に入っていく。そこでは、抑圧がたゆまず、その紋章とインプレーザを描いているのである。

象徴性に関するオーソドックスな精神分析の理論[★11]は、ジョーンズの明快な宣言に表明されているもので、それによれば、「抑圧されているものだけが象徴となり」、しかもあらゆる象徴には、歪んだ記号表現のもとで抑圧されたものが回帰してくるのが認められる。しかし、この理論は、象徴についてのフロイトの概念を汲み尽くしてはいない。実際、フロイトはくりかえし象徴化のプロセスについて書いているが、それは、決してそうした図式に還元されうるものではない。そのプロセスのひとつが、フェティシストの「否認」である。

フロイトによれば、フェティシズムの傾錯は、女性（母）にペニスがないという意識を幼児が拒絶することから生じる。この不在の知覚を前にして、幼児はその現実を認めることを拒否する。なぜならこの現実のために、自分のペニスが去勢されるという脅威が、幼児に重くのしかかるからである。この観点から見れば、フェティシズムとは、「幼児がその存在を信じ、しかもなお断念しようとはしない、女性のペニスの代理」にほかならない。しかしながら、幼児のこの拒絶の意味は、一見そう思われるほどには単純でないどころか、根本的に両義的なのである。その妄想を断念するよう幼児にうながす現実の知覚と、その知覚を否定しようとする反対の欲望との葛藤の中で、幼児は実際、そのどちらかを選択することもできないまま、むしろ同時にこれら二つのことを行ない、特異な妥協に到達する。つまり一方では、特殊なメカニズムの助けによって、知覚の明証性を打ち消すが、他方ではそれを認め、倒錯的な兆候によって現実を引き受けるのである。フェティッシュの空間とは、まさしくこうした矛盾の空間であり、そこでは、母のペニスという無の存在と、その不在の記号とが同時に認められる。あるものとその否定の象徴として、フェティッシュは、根本的に引き裂かれた状態によってのみ維持されうるのである。そこでは、二つの相反する反応が、本来の意味での「自我の分裂」[Ichspaltung] の核心をなしている。

「否認」のメカニズムが、歪んだ記号表現のもとにおける抑圧されたものの回帰という図式におさまりきらないことは明らかである。それどころか、フロイトはおそらく、現象を説明するのに、「抑圧」[Verdrängung] という語では不十分だということに気づき、「否認」[Verleugnung] という用語に訴えたのである。実際、フェティシストの「否認」においては、ある記号表現が別の記号表現の代理をするのではなくて、両者がお互いに否定しあうことで維持されている。しかもそればかりか、本来の意味で「抑圧」について語ることすらできないのである。なぜなら、心理的な内容は単に無意識の中に追いやられているのではなく、否認されるかぎりにおいて表明されている（もちろん意識的ということを意味するわけではないが）からである。そのダイナミックなメカニズムは、次頁上のように図解することができるであろう。[★12]

ここにはまた、「否定」［Verneinung］において起こることと類似したものがたしかめられる。つまり、患者が、外見上は否定している事柄を分析者に告白しているときに示す「否定-肯定」である。フロイトはこれを、「抑圧の〈解消〉［Aufhebung］」と定義し、「とはいうものの、それはむろん、抑圧されているものの承認ではない」（「否定」、高橋義孝訳、『フロイト著作集3』人文書院、一九六九年）と付け加えている。それについてイポリットは、「抑圧を保持しつつ無意識を利用すること」と語っている。[★13] さて、「否認」はこのように、ある象徴の助けによって、意識にのぼらせることなく無意識の内容を同化する過程をわれわれに示しているのである。インプレーザが、人物のより内奥の意図を家紋に掲げながらも、それを理性の言説にふさわしい用語に翻訳しようとはしないのと同じように、フェティシストもまた、より内密の恐怖や欲望を、象徴的な紋章の中に寓意化させることで、そうした恐怖や欲望と交流するが、決してそれらを意識にのぼらせることはないのである。掘り返さないでも隠れた自分の宝をわがものにできるという、こうしたフェティシストの身振りにおいて、スフィンクスの古い魔除けとしての叡知が蘇ってくる。つまり受け入れつつ退け、退けつつ受け入れるというものである。享楽に関して、倒錯者こそが分析者に教えるべきことをもつように、象徴に関して

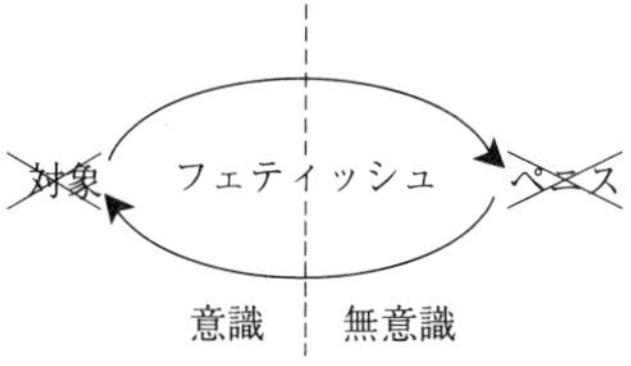

は結局のところ、オイディプスに教えるべきことはスフィンクスが握っているのである。

3

シニフィアンとシニフィエとの「差異」が、寓意的な形式において最大限に達するかぎり、その形式は、「二重の単位」というソシュールのパラドックスを真に自覚した記号の科学が実践されうる領域を形成する。しかしながら、バロックの理論家たちや神話学者たち、ロマン主義の批評家たちの探求のあとですら、寓意的形式については、十分と言えるだけの記号論的な分析を欠いている。固有のものと固有でないものとの関係として問題をとらえようとする形而上学的な出発点が、メタファーに関する最近の数々の解釈の試みの上に重くのしかかっているのである。それは、「本来は別の事象を指示する」言葉を「転用すること」としてメタファーをとらえるアリストテレスの解釈[★14]の中にすでに暗示されている。記号に関する西洋の考察の過程において、こうした立場は、次のような先入観の中に表明されている。それによれば、メタファーは二つの辞項、つまり固有のものと固有でないものとから成り立ち、一方から他方への動き、ないしは代理が、メタファー的な「転用」を形づくっているというのである。「もともとの記号内容に似ているために連想される記号内容に、記号表現を帰すること」というヤコブソンのメタファーの定義、さらには、次頁上のような図式で、二つの辞項間のセーム［シニフィエであると同時にシニフィアンである

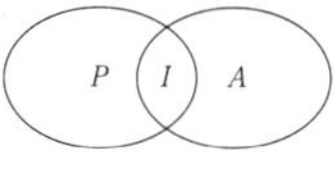

（セームPとセームAの交差）

あるいは

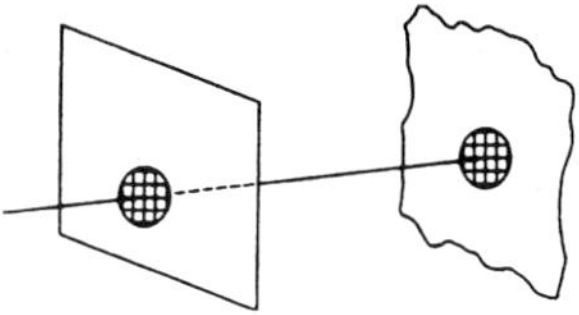

記号」の交差（メトニミーに基づく）をメタファーに見ようとする最近の定義すらも怪しくしているのは、こうした筋書きなのである。[★15]

どちらの場合にも気づかれていないのは、「類似」にせよセームの交差にせよ、いずれもメタファー以前には存在せず、メタファーによってはじめて可能となったもので、その説明のためにあとから採用されたということである。それはちょうど、オイディプスの答えが、謎以前には存在せず、むしろ謎によって創りだされ、とりわけ問いを要請することで、その解決を提供したのと同じことなのである。

「固有のもの／固有でないもの」という図式のために、われわれは次の点を見落としている。つまり、実はメタファーにおいては、何ものも別の何ものかを代理することはないということである。なぜなら、メタファーで用いられる辞項によって代理される固有の辞項などというものは、もともと存在しないからである。われわれの古いオイディプスの予断――つまり「帰納的な《ア・ポステリオリ》」解釈のテーマ――のみが、われわれにある代理をかいま見させる。それは、ひとつの意味作用の中にあるのは、ただ置き換えと差異のみであるという意味での代理である。すでに言語の慣例によって固定化してしまったメタファー（それゆえいかなる意味においても、もはやメタファーではない）だけが、固有のシニフィエとそうでないものとをあくまでも区別しようとするのである。本来メタファーの中に、何か固有の辞項を探そうとするのは、むだなことであろう。

固有のものと固有でないものというオイディプスの図式が、メタファーの本質をとらえるのに適していないことは、とりわけ「描かれた」あるいは「つくられた」メタファーとしてのエンブレムの場合に明らかである。「魂《アニマ》」と「肉体《コルポ》」に具体化されているように、一見するとエンブレムには、固有の辞項と固有でない辞項とが認められるように思われるかもしれない。しかしながら、エンブレムの傾向に誘われて、視線を少しでも迷宮の中に遊ばせるならば、ひとつの辞項から別の辞項へのポジティヴな代理など微塵もないということがわかる。それどころか、エンブレムの空間は、差異の空間——純粋にネガティヴで非実体的な——であり、「否定／肯定」の相互作用のプロセスの空間なのである。それゆえ、「肉体」と「魂」は、註釈すると同時に隠蔽するという関係をお互いに切り結ぶことになる（一七世紀の本の言葉を借りるなら、「説明しつつ隠し」、「隠しつつ説明する」）。しかも、どちらの目的も、お互いに完全に他方を圧倒してしまうことはない（もしそうなれば、エンブレムは消滅してしまうだろう）。インプレーザの理論家たちは、執拗なまでにこうくりかえしている。エンブレムの「驚異は、言葉のあいまいさから生まれるのでも、物の隠れた性質から生まれるのでもなくて、両者の連結と混合から生まれるのである。それゆえにこそ、言葉とも物ともその性質を異にする、第三のものがつくりだされるのであり、それが驚異を生むのである」[★16]。とはいえ、この「第三のもの《テルツォ》」に、何かポジティヴなものを探そうとするのは、むだなことであろう。それは、差異以外の、つまり言葉と物との間の「否定／肯定」という相互作用以外の何ものでもないからである。同じことはまた、人物像の紋章化、つまりすでに見たようにカリカチュアについても言えるであろう。国王ルイ・フィリップを洋梨として表わした（もしくはその逆）、フィリポンの有名な《洋梨》が大成功を収めたのは、まさしく、われわれが目のあたりにしているのが、洋梨でもルイ・フィリップでもなく、両者の混同と差異から立ち現われる寓意的な緊張状態であるという事実によるのである［図37］。

もしこのことが真実とするなら、寓意的な形式という処理法は、フロイトの記述するフェティシストの「否認」のそれと驚くほど類似していることになる。しかも「否認」は、メタファーの解釈に、これまでのような問題の伝統的な還元では見過ごされてきた、別のモデルを提供してくれるとさえ言えるであろう。「否認」に照らしてみるなら、メタファーは、フェティシズムが物の領域で占める位置を、言語の領域で占めることになるだろう。「否認」においては、単純に固有の意味から固有でない意味への「転用」が問題なのではなく、むしろ、不在と現存の間で実体化することの決してできない否定のプロセス（フェ

LES POIRES,

Faites à la cour d'assises de Paris par le directeur de la CARICATURE.

Vendues pour payer les 6,000 fr. d'amende du journal le *Charivari*.

(CHEZ AUBERT, GALERIE VERO-DODAT.)

Si, pour reconnaître le monarque dans une caricature, vous n'attendez pas qu'il soit designé autrement que par la ressemblance, vous tomberez dans l'absurde. Voyez ces croquis informes, auxquels j'aurais peut-être dû borner ma defense :

Ce croquis ressemble à Louis-Philippe, vous condamnerez donc ?

Alors il faudra condamner celui-ci, qui ressemble au premier.

Puis condamner cet autre, qui ressemble au second

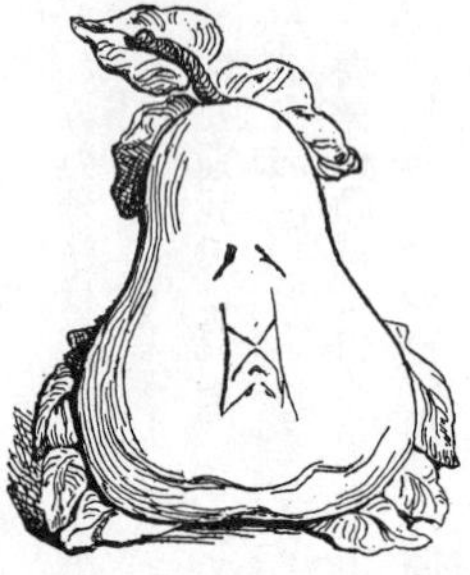

Et enfin, si vous êtes consequens, vous ne sauriez absoudre cette poire, qui ressemble aux croquis précédens.

Ainsi, pour une poire, pour une brioche, et pour toutes les têtes grotesques dans lesquelles le hasard ou la malice aura placé cette triste ressemblance, vous pourrez infliger à l'auteur cinq ans de prison et cinq mille francs d'amende!!

Avouez, Messieurs, que c'est là une singulière liberté de la presse!!

図 37――シャルル・フィリポン《洋梨》1833年　ルイ・フィリップに対するカリカチュア

ティシズムとは、母のペニスという無であると同時に、不在の記号でもある）が問題になる。それと同様に、寓意的な形式においては、代理でも転用でもなく、固有のものと固有でないものとの交換に還元することのできない、否定と差異の戯れがもっぱら問題となるのである。さらに、その根本的な矛盾ゆえに、フェティシズムは、引き裂かれた状態のもとでしか継続されることはない。その状態においては、二つの相反する反応が、フロイトの言う「自我の分裂」なるものの核心をなしている。それと同じように、寓意的な形式は、真の意味で記号論的な「合一体《シュノロン》」［sinolo］の分裂のもとで維持されているのである。

　メタファー的な転換は、実際、固有なものと固有でないものとの間に起こるわけではない。それは、むしろ意味作用の形而上学的な構造そのものの転換なのである。その空間は、シニフィアンとシニフィエとが相互に排除しあう空間であり、その中で、あらゆる意味作用が基づいている根源的な差異が明るみに出されるのである。『哲学者の書』の計画において、ニーチェが、メタファーの中に言語本来の現象を見たのも、理由のないことではない。ニーチェはまた、固有の用語の「厳しい納骨堂」の中に、メタファーの残滓より他の何ものも見ていなかった[★17]。スフィンクスのメタファー的な言説に比べると、オイディプスは、まるでニーチェの語る聾唖者のように見える。この聾唖者は、音の振動によって砂の上にできたクラードニの音響図形を前に、人は何を音と呼ぶのかを知ろうとするのである。アリストテレスは謎を、「不可能なものを結びつけること」［συνάψαι τὰ ἀδύνατα］と定義したが、それは、メタファーがあばきだす意味作用の核心的なパラドックスをうまく言い当てている。「意味すること《セマイネイン》」〔σημαίνειν〕とは、もともとは常に、「不可能なもの」〔ἀδύνατα〕の「結合」〔συνάψις〕のことである。つまり、シニフィアンとシニフィエとの間の、それ自体なんら問題のない明示の関係ではなくて、純然たる壁のことなのである。テザウロの言う「いとも気高い概念を、人間や天使たちにおどけて話す聖なる語り手」の機知は、その刃先を、まさしくシニフィアンとシニフィエとのこうした連結に向けている（「機知《アクテッツァ》」とは、一七世紀の語彙の深い直観によれば、その語源から、穴をあけたり開いたりする行為と解釈されるべきである）。メタファー、カリカチュア、エンブレム、そしてフェティッシュ、これらは「意味作用に抗する仕切り（壁）」の方を指し示している。そしてその中には、あらゆる意味作用の原初的な謎が保管されている。われわれはいまや、この壁を探索するときがきたようである。

第三節　壁と襞

1

近代の記号論の基礎にある記号の概念は、意味作用の形而上学的な還元に基づいており、「社会生活のさなかにおける記号の生を研究するような科学」[★1]を自覚するにはなおほど遠い。西洋哲学の歴史の中に深くその根をはるこの還元は、特殊な諸条件によって可能となったもので、近代の記号論の計画を打ち立てたテクストが日の目を見たのも、こうした条件下においてであった。周知のように、ソシュールが一九〇七年から一九一一年までジュネーヴ大学で行なった講義は、出版を意図されたものでないばかりか、彼はむしろきっぱりとその可能性を否定していた。[★2]だが、ここで強調しておく必要があるのは、そのことではなくて、むしろ彼の講義そのものが、知的な危機の絶頂期を示しているということである。「袋小路」としてのその危機の経験こそがおそらく、ソシュールの思想にもっとも本質的な様相を与えているのである。一九一五年の状況下で出版された『一般言語学講義』は、まさにこうした根本的なアポリアの経験を、避けがたくも刻印している。一連の積極的な結論として提示されているように見えるものは、実は、ほぼ一二年前に着手されたバルト海沿岸地域のイントネーションに関する研究の過程で、最後に乗りあげた暗礁だったのである。ソシュールは実際、言語の網にとらえられ、ニーチェのように文献学の不十分さを悟って哲学者になるか、さもなくば敗退するしかなかった文献学者の、このうえもなく貴重な例を提供しているのである。もちろんソシュールは、ニーチェとちがって、言語の研究を放棄することはなかった。しかし、かつて天才的な著作『母音の原始体系についての覚書き』によって、インド＝ヨーロッパ言語学の研究を一新させた二一歳の「放蕩息子《アンファン・プロディジュ》」が、その後、多くの人にとって説明しがたいように思われた三〇年間もの沈黙の中に自らを閉ざした[★3]——短い専門的な論文のたぐいをいくつかの『紀要』に投稿したのは別にして——とすれば、それは彼が、西洋の形而上学の伝統において言語の科学がいかに困難なものであるかを、身をもって体験したからにほかならない。

こうした危機を裏づける資料は、かつてバンヴェニストによって公にされ[★4]、記念すべきその論文の中でも再度とりあげられたが[★5]、彼自身は、そこから結論を引きだすことはなかった。一方、一九六七年にルドルフ・エングラーによって出版された『一般言語学講義』の校訂版[★6]は、一九一五年のテクストのもとになった全資料の一覧として、本来あるべきかたちをとっており、近代言語学の歴史における『講義』の位置のすみやかな再考をわれわれにうながしている。『講義』は近い将来、ソシュールの思想を確実に反映しているかぎりにおいて、もはや記号論の礎石としてではなく、おそらく記号論に根本的な疑問を投げかけたものとして考察されることになるであろう。つまり、記号論の開幕ではなく、ある意味でその閉幕を告げているのである。

ソシュールの「ドラマ」と呼ばれた最初の資料は、一八九四年のメイエ宛ての書簡で、そのときソシュールは、リトアニア語でイントネーションとアクセントに関する本を準備していたが、結局それは日の目を見ることはなかった。いつになく苦い口調でソシュールは、言語学の用語の「決定的な無能さ」と矛盾に直面して意気消沈してしまったことを告白している。★7

言語の事象に関して、まともに意味のあることを一〇行でも書こうとすると、いつもぶちあたる困難に、私はほとほと嫌気がさしています。とりわけ私は長年、こうした事象を論理的に分類することに専心してきましたが、……何をなすべきかを言語学者に示すために必要とされる仕事の膨大さに、ますます気づかされています……。また同時に、結局のところ、言語学のなしうることはすべて空しいとも思えてきます……。とはいえ、わが意に反して、一冊の本が上梓されることでしょう。この本で私は、言語学で使われる用語の中には、なぜなんらかの意味を与えることのできるただひとつの用語もないのかを、感慨も情熱もなく、説明することでしょう。告白すれば、私は、この仕事を終え

てはじめて、私が放棄した地点から、仕事を再開できるだろうと考えているのです。[★8]

この本は結局書かれることはなかった。しかし、その後大学の一般言語学の講義で使われ、幸いにもわれわれのもとに残されたメモや草稿は、ソシュールがはっきりと「袋小路」の意識を抱いていたことを物語っている。もちろんそれは、彼一人のものではなく、言語の科学一般のものではあるが。

言語学の素材に対するわれわれの信仰告白——他の分野では、あれこれの観点から事物について語ることができる。というのも、対象それ自体の中に確実な地点を見いだすことができるからである。他方、言語学では、われわれは原則として、所与の対象があるということを否定する。つまり、ある観念の秩序から別の秩序へと移っても、なお存在し続けている事物があり、あたかもそれ自体のために与えられているかのように、さまざまな秩序で〈事物〉について考察することが可能になる、という考え方は否定されるのである。……

言語学のまさしく究極の法則とは、少なくともそれについてあえて言わせてもらうならばだが、ただひとつの辞項の中には何も存在しないということなのである。なぜならば、言語的な象徴は、それが指し示すべきものとは、いかなる関係ももたないからである。それゆえ、aは、bの助けなしには何かを指し示すことはできないし、その逆についてもまた同様である。あるいは、これら二者は、お互いの差異によってのみ有効となるのである。また、これら二者のどちらも、たとえ自分自身のなんらかの部分（たとえば「語根」等々）を通してではあるにしても、このように永遠にネガティヴな差異の網そのものによってしか有効とはならない。

これは驚くべきことだ。だが、実際、どこにその反対の可能性があるだろうか。いったいどこに、たとえ一瞬たりとも、ポジティヴな発光の瞬間が言語の全体にあるだろうか。ある別の聴覚イメージよりも、いっそう言うべき事柄に合致している聴覚イメージなどはない以上。★9

その講義ではソシュールは、たしかに教育的な要請にうながされて、言語の中に確実な要素を見つけだせるという可能性に対する不信感を隠していた。だが、『講義』の校訂版からは、記号を確実な何ものかとして提示した一節が、実は学生たちのノートを正確に反映したものではないということが伝わってくるのである。たとえば『講義』のテクストでは、「記号がその総体として考察されるや、その法則の中には確実なものがあることがわかる」とある。しかしノートでは、より慎重に次のように述べられているのである。

こうした差異が一つひとつ考察されるおかげで、われわれは、観念の差異を記号の差異と対照させることによって、ポジティヴな辞項にたとえることのできる何ものかを手に入れることになるであろう。★10

さらに続けてこうある。

シニフィアンとシニフィエとは、ひとつの関係を結ぶ。それは、しかじかの聴覚記号が、かたまりの中から切りとられるしかじかの観念の切片と結びつくことによって生まれる特定の価値のおかげである。シニフィアンとシニフィエのこの関係が、即自的に与えられていると言えるためには、なにが必要であろうか。なによりもまず、観念がまえもって決定されている必要があるだろう。しかし、そんなことはありえない。……なによりもまず、シニフィエが、あらかじめ決定されている事物である必要があるだろう。だが、これもまた実際には、そんなことはありえない。それゆえ、この関係は、両者の対立の中で与えられる価値のもうひとつ別の表現でしかないのである。★11

たとえ言語が究極的に、「永遠にネガティヴな差異」からなる実体のない空間であるとしても、記号はたしかに、この空間に「ポジティヴな発光点」を与えうる最後の要素にはなる。これに基づいてはじめて、「流布している無能な専門用語」から解放された言語の科学を打ち立てることができるだろう。それどころか、記号が言語という単位の二重の資格を決定するかぎりで、記号は、絶対的な差異の場となり、現前の形而上学的な亀裂は、いっそうまばゆく白日のもとにさらされることだろう。メモの決定的な一節が証言しているのは、ソシュールにとって、まさしく言語が記号であるかぎりにおいて、言語はとらえがたいものになるということなのである。

言語とは、記号の理論の特殊な事例以外の何ものでもない。しかし、まさしくただこの事実のゆえに、言語は、単純な何ものかではなくなるのである（あるいは、その存在様態において、われわれの精神によって直接把握されることのできないものになる）。しかしながら、だからといって、記号の一般理論において、聴覚記号の特殊事例が、たとえば書記法や数字等というような、他のよく知られたすべての特殊事例の中でも、もっとも複雑なものであるというわけではない。★12

言語を記号論のパースペクティヴに含めることは、言語行為を単純化してしまうどころか、それを何か不可能なものにしてしまうことなのである。この不可能性（ストア学派から中世の論理学にいたる記号の概念の歴史が示しているように、その根源は本質的に、意味作用を現前の形而上学的な解釈に結びつける点にある)を意識してこそはじめて、記号の科学はその批判的な段階に達することができるだろう。言語の認識において、「天上と地上のあらゆる類似から見捨てられた」[★13]のっぴきならない地点にまで到達していたソシュールは、「永遠にネガティヴな差異の網」について、「事物そのものに先立つ事物の間の確固としたつながり」について、「表と裏のある」二重の単位について語る。それは一見して、「不可能なものの結合」としての謎というアリストテレス的な定義を思いださせるほど、逆説的な調子を帯びている。ソシュールがこう語るとき、彼をとりわけ悩ませていたのは、言語に本質的であると思われていた分離の概念を実体化するのを避けようとする意識であった。こうして彼は、近代の記号論において、「意味作用に抗する壁」によって隠され抑えられてきた差異へと、かの「不可能なものの結合」へと向かう身振りをとる。記号論のアルゴリズムにおいて、シニフィアンとシニフィエとを隔てている壁は、まさしく記号が十全たる現前の中では生まれえないということを示すために、そこにあるのである。「永遠にネガティヴな差異の網」としての言語という、もともと問題性をはらんだソシュールの立場から、「意味するもの」[signans]と「意味されるもの」[signatum]とのポジティヴな統合として理解される記号の概念を孤立させてしまうことは、記号の科学を再び形而上学へとおとしいれることに等しいのである。[★14]

2

西洋の形而上学の歴史は、シニフィアンとシニフィエの統一として意味作用を解釈する考え方と合体してきたと言われる。この主張をはっきりと打ちだしているのは、記号の科学（記号論）をエクリチュールの科学（グラマトロジー）に置き換えようとする計画として公表されている批評の傾向である。この計画によれば、形而上学は、十全なる現前としてのシニフィエの特権的な地位に基づき、シニフィアンをその外面的な痕跡としかみなしてこなかった。この特権はまた、西洋の形而上学の伝統において、「表記」〔γράμμα〕よりも「音声」〔φωνή〕に、書き言葉よりも話し言葉に優位を置いてきたものである。これに対してグラマトロジーという企ての特殊な性格は、次のような宣言の中に表わされている。まず、オリジナルな経験とはいつも、すでに痕跡でありエクリチュールであるということ。そして、シニフィエはいつもすでにシニフィアンの側にあるということ。オリジナルで完全なる現前という幻想は、形而上学の幻想であり、それは、記号の二重の構造のうちに具体化されている。形而上学、および形而上学と連携してきた記号学の終焉は、シニフィアンや痕跡の向こう側に起源がたどれるわけではないという自覚を含むものである。つまり起源とは、「原-痕跡《アルキトラッチャ》」であり、それは、起源の不在の中に、出現と意味作用の可能性そのものを打ち立てているのである。[★15]

グラマトロジーの企ては、シニフィアンにその根元性を回復させることによって、記号という概念に結晶化した形而上学の遺産に対して有益な批判を展開してはいる。しかしながら、だからといって、この企てが実際に、形而上学の「彼岸にさかのぼる」ことに成功しているというわけではない。この企てにその思想的な根拠を与えた哲学者は、思慮深くも、それを成し遂げたと言うのをためらったばかりか、可能であるとすら言わなかったのである。[★16] 実際、形而上学とは、外観と本質、シニフィアンとシニフィエ、感覚的なものと観念的なものとの二重性として、現前の亀裂を解釈することだけを単に指すのではない。オリジナルな経験は、常にすでに襞に折り畳まれているということ、語源学的な意味において「シンプル」(sim-plex、「一度折り畳まれた」)であるということ、つまり、現前は常にすでに意味作用の中にとりこまれているということ、このことこそが、まさしく西洋の形而上学の起源なのである。エクリチュールや痕跡を第一に置くということは、このような原初的な経験を強調するということであって、それを乗り越えるということなのではない。実際、「表記」[γράμμα]と「声」[φωνή]はどちらも、ギリシアの形而上学の企図に属している。ギリシアの形而上学は、言語に関する考察に「文法」という資格を与え、「声」[φωνή]を「セマンティケー」[σημαντική](つまり「霊魂の中に書き記されたもの」の記号)[★17] とみなすことで、すでに最初から、「文字」の観点から言語をとらえていたのである。エクリチュールとシニフィアンの形而上学は、声とシニフィエの形而上学の裏返しにすぎない。それは、形而上学のネガティヴな基礎を明るみに出したのであって、それを凌駕したのではない。近代の記号論の形而上学的な遺産をあばきだすことはできるとしても、それでは一体、ついに差異から解放されて、仕切りのない純粋でオープンな場となった現前とは何であるかを言うことはできないままなのである。われわれにできることは、意味作用（オイディプス的な抑圧のために妨げられている）に抗する壁の中に、言語の原初的な状態、つまり「永遠にネガティヴな差異の網」を再認識することである。意味作用の原初的な核心とは、シニフィアンの中にもシニフィエの中にもないし、エクリチュールの中にも声の中にもない。そうではなくて、それらが基づいている現前の襞の中にあるのである。「言葉をもつ生きもの」〔zoon logon echon〕としての人間を特徴づける「ロゴス」とは、存在の「結合」の中にあらゆるものを集めそして分ける、この襞のことなのである。そして、人間的なものとは、まさしく現前のこうした亀裂のことであり、この亀裂がひとつの世界を開示し、この亀裂の上に言語も存在している。「S／s」というアルゴリズムは、それゆえ壁、つまり「／」だけに縮小されなければならない。が、この壁の中にわれわれは、単に差異の痕跡のみならず、結合と連接〔συνάψιες〕のトポロジー的な戯れを見る必要がある。その典型をわれわれは、すでにスフィンクスの魔除け的な「譬え話」〔αἶνος〕の中に、エンブレムのメランコリー的な深みの中に、そしてフェティシストの「否認」の中に跡づけようと試みてきたのである。

ギリシア思想の黎明期の言語において、存在のこうした「連接」は、「ハルモニア」[ἁρμονία] という名前で呼ばれた。インド＝ヨーロッパ諸語にさかのぼるこの言葉の語源の周りには、これら語族の主要な宇宙観を示す用語の星座が並べられる。その宇宙とは、惑星の運動から、季節のめぐりや、人間と神との関係にいたるまで、万物のリズムをつかさどる正しい秩序の宇宙である。[★18] しかし、ここでわれわれにとって関心があるのは、こうした宇宙観の求心性なのではなくて、むしろ次の点である。つまり、「正しい秩序」という観念は、ギリシア人の思索の最初から、連接、一致、結合として示されていたという点である（「ハルモゾ」[ἁρμόζω]、「アラリスコ」[ἀραρίσκω] という語は、もともと大工仕事で言う「結ぶ」、「つなぐ」を意味していた）[★19]。また、宇宙の完璧な「宝石」は、ギリシア人にとって、縫合であると同時に切断でもあり、連接であると同時に緊張でもあり、さらには統一であると同時に差異でもある観念を暗示していた。ヘラクレイトスが、その断片集で、「ハルモニア」とは単に、われわれになじみ深い「調和」という意味ではなくて、存在における「正しい」場の原則それ自体の名前であると述べたとき、そこに暗示されていたのは、このように「もっとも美しい」が「目には見えない」連接のことだったのである[★20]。この連接は、ヘラクレイトスにとって、いまだに触覚的で視覚的な領域に属していたが、その後、数的で聴覚的な領域へと移ってくる。この変化は、西洋思想におけるひとつの転換点を画しているが、言語の視覚的な局面から聴覚的な局面への移行の中にもなお、意味

図38——セザンヌ《サント・ヴィクトワール山》チューリヒ　市立美術館

作用と形而上学的連接との強い結びつきを認めることはできるのである。「目に見えない連接」へとわれわれが接近することができてはじめて、われわれは、真の意味で形而上学の彼岸にさかのぼることが可能になる領域に入ったということができるのである。このような「目に見えないハーモニー」の単純さをとりもどした存在とは、いかなるものであるか。それは、詩と思索との可能な一致を再発見する中で、西洋最後の哲学者が、セザンヌのタブローの中にかすかにかいま見ていたように思われるものだ★21［図38］。だが、おそらく今のところわれわれは、それを予感することができるだけである。この点で魔除け的《アポトロパイコ》な意図――その意味作用は、ギリシア思想の黎明期には、寄せ集めるのでも隠すのでもない語り口として現われた――に忠実なわれわれは、目下のところは距離を置かざるをえない何ものかに接近しようとすることができるだけである。

エピローグ

『弁神論』の中でライプニッツは、壮大でしかも恐るべき寓話を用いて、ありえるけれども実際には起こらなかったことに対して、現実に起こったことの権利を擁護している。ロレンツォ・ヴァッラがその自由意志に関する対話の中で語ったセクストゥス・タルクイニウスの話を長々と引きながら、ライプニッツは、その頂上が光り輝き、その底が無限の深みに落ちていく巨大なピラミッドを想像しているのである。この「運命の宮殿」を形づくる無数の部屋のそれぞれは、起こりえたかもしれないセクストゥスの運命を表わし、ありえたかもしれない世界がそれに対応しているが、実際には実現しなかったものである。女神パラスの魔法によって宮殿に連れてこられたテオドロスは、これらの部屋の各々に「一瞥を投げかけて、まるで芝居の上演を観るかのように」、セクストゥスのありえたかもしれない運命を眺める。「別の部屋には、新しい世界ともうひとりのセクストゥスがいる。……数々の部屋によってピラミッドは構成され、頂上へと近づくにつれて、部屋はますます美しくなり、よりよい世界を表わす。そしてついにピラミッドの先端に達すると、そこはすべての中でいちばん輝いている。このピラミッドには、初めはあるが、終わりは見えない。頂上はあるが、底はどこにもない。無限に広がっているからである。なぜそうなっているのか、女神の説明によればこうである。ありうる世界は無数にあるが、その中で最良のものはただひとつである。さもなくば、神はその世界を創造することはできなかっただろう。だが、どんな世界でも、それよりも不完全な世界をその下にもっているものである。このために、ピラミッドの底は無限に広がっているのだ、と」。

ところで、われわれは、書物に関しても同じように「運命の図書館」なるものがあると想像してみることができるであろう。その無数の書架には、あらゆる作品のありえたかもしれないヴァリアントが保管されている。つまり、ある時あるきっかけからなんらかの本が著わされ、ついに出版されるということがなかったとしたら、書かれていたかもしれない架空の書物たちである。ここでは、実際の書物がピラミッドの頂点を占め、さらに書かれたかもしれない数え切れない書物たちが一段一段と下に並べられて、ついには冥府へと到達する。そしてそこには、決して書かれえない本が置かれているのである。

著者にとって、このような図書館に入ることは、心地よい経験ではない。というのも、思考の誠実さは、とりわけ過去との関係において測られるからである。著者にはまた、ライプニッツのデミウルゴスのように、書かれたかもしれない本の宮殿を訪れて、「ものごとを概括し、自らの選択の正しさを確認して、そのことを喜ばないではいられない機会をもつ」ことは、許されてはいない。私のこの本が、その初版（一九七七年）の時点で意識的に身を置こうとした批評的・哲学的伝統においては、作品は、事実上そこに含まれる内容によってのみならず、可能性として残されているものによっても評価される。つまり、作品が現実態（この場合課題として生きている）の彼岸に保管（「救済」）しえている可能態によってもまた評価されるのである。この観点に立つなら、単純に過去を必然性へと変えてしまうのではなく、その可能性、とりわけありえなかった（あるいは別なふうにありえたかもしれない）可能性、つまりは偶然性を反復する（キルケゴール的な意味では、回復する）ことのできるような過去との関係こそが、まさしく誠実な関係なのである。人口に膾炙したうんざりする表現によれば、創造の行為とは、可能態から現実態へと進み、そこで自らを汲み尽くすことだと言われる。しかし、実際には創造の行為は、その中心に、「脱‐創造の行為」を含んでいる。そこでは、起こったことと起こらなかったことが、神の意志の中で原初的な統合の下に回復されるとともに、起こりえないにもかかわらず起こってしまったことが、起こりえたにもかかわらず起こらなかったことへと徐々に変わっていく。このような脱‐創造の行為こそが、まさしく作品の「生」なのであり、その解読や翻訳や批評を可能にするものであると同時に、これらの中でそのつど反復されるものなのである。が、まさしくこのために、脱‐創造の行為は、反語的な鋭敏さにもかかわらず、ある意味で常にその作者からは逃れ、そうすることではじめて、作者に書き続けることを許すのである。

あらゆる創造において、こうした脱‐創造の核心を把握しつくそうとしたり、創造の可能態を最終的に閉ざそうとしたりすることは、作者を断筆か自殺に（ランボーやミケルシュテッテル）、あるいは作品をその規格化に導くことにほかならない。書く者にとって、過去との関係、つまり彼を彼たらしめる可能性が彼のもとにやってくる深淵との関係は、このように危険なものである（本書の場合、その著者は、この本が彼に拓いた可能性の道にうながされながら今日もなお執筆しているのか、そして、もしそうだとすればどの程度そうなのかは、その後の彼のいくつかの著作から、著者以外の別の人の方がより適切に判断できるであろう）。作者の生は、この意味で、作品の生とも一致する。しかも、自らの過去の作品を判断するのは、その後の作品の中で解決されたり引き延ばされたりしている不可能性なのである。

付記

論文「エロスの表象像」は、より短いかたちで雑誌『パラゴーネ』（一九七四年四月）に発表された。「オドラデクの世界で」の中心部分は最初、「ダンディとフェティッシュ」という題で『ユリッセ』（一九七二年二月）に発表されたものである。「言葉と表象像」、「倒錯したイメージ」は、ここではじめて公にされる。

ロンドンのヴァールブルク研究所のフランセス・イエイツ女史には、研究所の図書館の利用に便宜をはかっていただいた。ここに感謝したい。さらに、パリの国立図書館の司書の方々、リンチェイ国立アカデミー図書館のカテナイ文庫のトライーニ教授にも、感謝の意を表したい。

原註

第一章　エロスの表象像《ファンタスミ》

第一節　白昼のダイモン

★1　もっとも古い教父の伝統においては、主たる大罪は七つではなくて、八つであった。カッシアヌスの一覧表によれば、「貪食」[Gastrimargia]、「肉欲」[Fornicatio]、「貪欲」[Philargyria]、「憤怒」[Ira]、「陰鬱」[Tristitia]、「怠惰」[Acedia]、「虚栄」[Cenodoxia]、「傲慢」[Superbia]である。西洋の伝統においては、聖グレゴリウス以来、「陰鬱」が「怠惰」と合体することで、七つの大罪が、民衆的な挿絵や中世末期の寓意的な表象の中に見られる序列を引き受けることになったのである。それは、パドヴァのジョットのフレスコ画、プラド美術館のボスの円窓画《トンド》、あるいはブリューゲルの版画で、われわれにもなじみ深いものである。本文で怠惰について語られる場合、私は常に、この合体から生まれた総体のことを念頭において いる。それゆえ「陰鬱＝怠惰」と呼ぶ方がより正確かもしれない。

★2　「とりわけ六時頃になると、修道僧のいらいらは最大限に達する……。それゆえ、少なからぬ年長者たちは、これを白昼のダイモンと呼んでいるのである。それは、『詩編』第九〇歌で言及されている」。"Maxime circa horam sextam monachum inquietans... Denique nonnulli senum hunc esse pronuntiant meridianum daemonem, qui in psalmo nonagesimo nuncupatur." (JOANNIS CASSIANI, *De institutis coenobiorum*, 1, X, cap. I, in *Patrologia latina*, 49)。同じように、ヨアンネス・クリマクスも、「医者は病人を朝早くに訪ね、怠惰は実に昼日中に修道僧を襲う」と述べている。"mane primum languentes medicus visitat, acedia vero monachos circa meridem." (『天国の階段』*Scala Paradisi*, gr. XIII, in *Patrologia greca*, 88)。それゆえ、怠惰を表わしたブリューゲルの版画において、画面上部の左に、巨大な四分儀が現われ、針のかわりに、「正午近く」を指し示す手が描かれているとしても、偶然ではない。白昼のダイモンについてはまた、レオパルディが『古代の民衆の誤謬に関する論考』（第七章）で述べるところを見られたい。カッシアヌスの言う「『詩編』第九〇歌」は、正確には第六歌のことで、相当するヘブライ語は"Keteb"である。エルヴィン・ローデの研究『プシュケ』によれば、キリスト教作家たちの白昼のダイモンとは、ヘカテの怪奇な従者である人食い女人の一人で、やはり日中に出没するエンプーサの生まれ変わりにほかならないという（cfr. E. ROHDE, *Psyche*, Freiburg im Breisgau, 1890–94; trad. it. Bari 1970, app. II)。

★3 SANCTI NILI, *De octo spiritibus malitiae*, cap. XIV.

★4 JOANNIS CASSIANI, *De institutis coenobiorum*, cit., 1, X, cap. II. 怠惰に関する教父たちの記述は、何世紀を経たあとでも、その模範的性格とアクチュアリティーを失うことはなかった。それどころか、「世紀の病」に悩む近代文学にモデルを提供しているようにすら思われる。デカダンス主義の「先駆け《アンテ・リッテラム》」とも言えるバイブル、『モーパン嬢』（田辺貞之助訳、白水社、一九四九年）の主人公アルベール騎士は、ゴーティエによって、中世の怠惰の現象学を思い起こさせる用語で描きだされている。さらに教父のモデルに近いのは、ユイスマンスの『さかしま』（澁澤龍彦訳、光風社、一九八四年）の中のデ・ゼッサントの魂の状態の記述である（それは、教会教父たちの作品への偏愛を隠そうとはしない）。明らかに使い古されてはいるが、同じような特徴は、ジョルジョ・アウリスパの『死の勝利』にも見られる。『赤裸の心』や『火箭』におけるボードレールの覚え書きもまた、多くの点で、怠惰の現象学との奇妙な類似を示している（『火箭・赤裸の心』齋藤磯雄訳、立風書房、一九七四年）。『悪の華』の冒頭の詩でも、ボードレールは、その詩作を怠惰のしるし（ここでは「アンニュイ」として現われる）のもとに置いている。この観点からみると、ボードレールの詩のすべては、怠惰との死を賭けた闘いとして、あるいはまた怠惰をポジティヴなものに逆転させようとする試みとして理解することもできるであろう。ボードレールが詩人の完璧な模範とみなす「ダンディ」とは、ある意味で、怠惰な者の生まれ変わりとみなされうるということを、忘れないでおこう。ダンディズムの本質が、無造作への信奉や無頓着の技術（つまり無頓着であることに気を遣うということ）にあるということが事実とすれば、ダンディズムとは、怠惰の反語的な再評価とみなされるであろう。ギリシア語の「アーケドマイ」[ἀ-κήδομαι] に由来する怠惰の語源学的な意味は、まさしく「無《イン》-頓着《クリア》」なのである。

★5　グレゴリウスによれば、怠惰の娘は六人である（「悪意」[malitia]、「怨恨」[rancor]、「臆病」[pusillanimitas]、「絶望」[desperatio]、「規則への無感覚」[torpor circa praecepta]、「散漫」[evagatio mentis]）。イシドルスは七つを数えている（「無為」[otiositas]、「眠気」[somnolentia]、「無思慮」[importunitas mentis]、「身体の不安」[inquietudo corporis]、「不安定」[instabilitas]、「駄弁」[verbositas]、「詮索癖」[curiositas]）。しかし、聖トマスも指摘しているように、それらはグレゴリウスによって挙げられたものに還元されうる。「無為と眠気は、規則への無感覚に帰することができる……。怠惰に起源をもつその他の五つもすべて、不法なものへの心の散漫さに属している」。（"otiositas et somnolentia reducuntur ad torporem circa praecepta... omnia autem alia quinque, quae possint oriri ex acedia, pertinent ad evagationem mentis circa illicita")。生存するフランスの作家の中で、もっとも鋭敏でかつ「怠慢な」作家の一人、ミシェル・レリスの処女作『オーロラ』(宮原庸太郎訳、思潮社、一九七〇年)には、「怠惰の娘たち」の肥大した一覧表(六八もの)を見いだすことができる。とはいえ、彼女たちのほとんどすべてが、教父たちのカテゴリーのもとに置かれることを証明するのは、困難ではない。

★6 心の中の表象像《ファンタスマ》たちが、のべつまくなしに語りだす[co-agitatio]のを制御できないという性格は、教父たちによる怠惰の性格づけの中でも本質的な特徴のひとつである。『教父伝』(*Vitae patrum, Patrologia latina*, 73)は、執拗に襲いかかり肥大する恐るべき空想に悩まされる孤独な修道僧や隠修士たちの叫びを、全編に伝えている。「主よ、私を救いたまえ、だが、変わりやすい考えのためにそれは許されない」("Domine, salvari desidero, sed cogitationes variae non permittunt")。「父よ、私は何をすればよいのでしょうか。修道士としての仕事は何もしていません。無為に甘んじて、食べ飲み寝ています。のべつまくなしに私は、ある考えから別の考えへと心をめぐらせているのです……」("Quid faciam, pater, quoniam nulla opera facio monachi, sed in negligentia constitutus comedo et bibo et dormio, et de hora in horam transgredior de cogitatione in cogitationem...")。これらからもわかるように、中世の用語法においては、"cogitatio"という語は、いつも想像や表象像《ファンタスマ》の議論に関連して使われていたのである。離在する知性というギリシア・中世の概念が廃れて初めて、"cogitatio"は知的な行為を指すようになったのである。

われわれはさらにあとで、想像力のこうした肥大が、教父たちの言う怠惰をメランコリー症候群や体液医学の愛の病に結びつける特徴のひとつとなることを、観察するであろう。メランコリーや愛の病と同じように、怠惰も、「堕落した想像力の過ち」[vitium corruptae imaginationis〕と定義できるであろう。病気であれ薬であれ、メランコリー症状に襲われた者ならだれでも、この種の想像力の混乱を体験していることだろう。内面のさまざまなイメージが、制限なく押し寄せてくることは、意識にとって、危険で苛酷な挑戦になる。青年時代に想像力の激しい混乱を経験したフローベールは、そのもっとも野心的な作品において、空想の「誘惑」にとり憑かれた魂の状態を描きだしている。頻繁に襲うファンタスマにもポジティヴな極が内包されているという発見は、あらゆる国で神秘主義と関連深いものだが、のちにこの本で見るように、西洋文化の歴史において、非常に重要な出来事だったのである。

中世の表象理論《ファンタスモロジーア》に匹敵するものを打ちたてた、近代の数少ない試みのひとつは、才能と愚行との奇妙な混合とも言えるレオン・ドーデ（ヴァルター・ベンヤミンに非常になじみ深い作家）に求められる。彼は、内的な表象像《ファンタスマ》（彼は「擬人イマージュ」〔personimage〕と定義している）の分析を「先天的なイメージと像の体系」とみなして、人間精神に真に固有の生物学的理論を打ちたてようとしている。今日では入手しにくい彼の著書『イマージュの世界』〔*Le monde des images*〕（一九一九年）と『覚醒夢』〔*Le rêve eveillé*〕（一九二六年）の解読は、この観点からも非常に興味深い。

★7　怠惰に本来の意味をとりもどそうとする解釈については、ヨーゼフ・ピーパーの研究『期待について』〔PIEPER, *Sulla speranza* (trad. it. Brescia 1953)〕を参照。

ブルジョア社会において怠惰が怠慢に変装するのと平行して、怠慢が（同性愛の女性の理想に結晶化する不妊とともに）徐々に、生産性と有益という資本主義的な倫理に対立する芸術家たちのエンブレムとなっていったとしても、単なる偶然ではない。ボードレールの詩は、美の暗号としての「安逸《パレース》」の観念に、隅から隅まで貫かれている。モローがその絵の中で実現しようとした根本的な効果のひとつとは、「美しい無気力《ラ・ベル・アネルジ》」であった。彼はその作品で、強迫的なまでに寓意的な女性像（とりわけ、サロメの厳かなる身振りに定着されている）に立ち返っている。この事実は、無気力と非生産的な倦怠の暗号としての女性性という、彼の考え方を抜きにしては、理解されえないだろう。彼はこう書いている。「退屈した風変わりなこの女性は、動物のような性格で、彼女の敵が地にひれ伏すのを眺めるという喜び――それは彼女にとってはたいして大きなものではないが――に身を委ね、さらには、自分の欲望を満たすことにすら嫌気がさしているほどである。この女性は、植物のようにおかまいなく散歩をする……」。人間の罪と誘惑のすべてを描きだそうと望んだモローの未完の大作《キマイラ》の中に、奇妙にも「怠惰＝メランコリー」の伝統的な表現に一致する人物像が見いだされることは、ここで注目に値する。

★8 「怠惰とは、精神のいかなる善からの後退りではなく、意識がその必要からしっかりと結びついていなければならない神聖なる善からの後退りである」（"Acedia non est recessus mentalis a quocumque spirituali bono, sed a bono divino, cui oportet mentem inhaerere ex necessitate." [*Summa theologica* II, 2. 35]）。オーヴェルニュのギヨームの記述においては、怠惰な者は神そのものに反感を抱くと言われている。「それゆえ怠惰な者は、甘美なるものすべての源、神そのものに嫌気がさすのである」（"Deum igitur ipsum fontem omnium suavitatem in primis fastidit acidiosus..." [GUILIELMI PARISIENSIS, *Opera omnia*, Venetiis 1591, p. 168]）。教父たちによる怠惰の性格づけに一貫している「後退り」[recessus] のイメージは、あとで見るように、体液の医学からフロイトにいたるまで、メランコリーの医学的記述にも現われる。

★9 「それゆえ怠惰が怠慢以外のなにものでもない、というのは誤りであるとみなされる。なぜなら怠慢は憂慮に対比されるが、怠惰はむしろ悦びに対比されるからである」（"Ergo acedia nihil aliud est quam pigritia, quod videtur esse falsum; nam pigritia sollicitudini opponitur, acediae autem gaudium." [*Summa theologica* II. 2. 35])。アルクインもまた、怠惰の本質的な特徴として、欲望の激しい高まりを強調している。怠惰な者は「肉欲で麻痺させられる。精神の仕事に喜びを見いだすことも、魂の願望を歓迎することも、喜んで修道僧の仕事を助けようとすることもない。ただあれこれ眺め、欲望をめぐらせて、怠けた心をあらゆるものに駆けめぐらせるのである」("torpescit in desideriis carnalibus, nec in opere gaudet spirituali, nec in desiderio animae suae laetatur, nec in adjutorio fraterni laboris hilarescit: sed tantum concupiscit et desiderat, et otiosa mens per omnia discurrit")。怠惰と欲望、さらに怠惰と愛とのつながりは、中世の心理学のもっとも独創的な発見のひとつで、怠惰という罪の性格を理解するうえで重要である。そのことはまた、なぜダンテが、怠惰を愛のかたちとして、あるいは正確に言えば、「程度を誤って幸を追う」愛(『煉獄篇』第一七歌)として理解していたかを説明してくれる。

★10 語源に関する空想的な知識の比類のない模範は、プラトンの『クラテュロス』である。いかにこの書物が、言語の科学に豊かな素材を提供するかは、まだ十分に研究されているとは言えない。プラトンがここで提示している多くのおもしろい語源の中で、少なくとも次のものは特筆に値するであろう。「名前」[ὄνομα] は「熱烈に求められる存在」[ὄν οὗ μάσμα ἐστίν] から、「探求」[ἱστορία] は「流れを静止させるために」[ὅτι ἵστησι τὸν ῥοῦν] から、「真理」[ἀλήθεια] は「神的なる彷徨」[θεία ἄλη] から由来するとされる(戸塚七郎訳、プラトン全集1、角川書店)。

★11 パノフスキーとザクスルは、デューラーの《メランコリア》の系譜に関する研究において (*Dürers «Melencolia I». Eine quellen-und typengeschichtliche Untersuchung*, Leipzig-Berlin

1923）、怠惰に関する中世の概念を誤解している。彼らは、それをただ単に罪深い怠慢な眠気と解釈しているのである。しかし、「眠気」[somnolentia]（「規則への無感覚」[torpor circa praecepta]の様相としての）は、怠惰の結果のひとつにすぎず、その本質を特徴づけるものでは決してない。眠気の簡単な逃げ場は、悪魔が怠惰な者に差しだし、罪への抵抗の可能性をすべて奪いとってしまう「枕《クシーノ》」以外のなにものでもない。頭を手で支える身振りは、眠気ではなくて絶望を意味している。「怠惰」という語に相当する古いドイツ語“truricheit”が暗示しているのは、まさしくこの寓意的な身振りである。その語は、「視線を、頭を地に落とす」という意味の“trûren”から由来している。怠惰の本質が不透明になり、怠慢と混同されるにいたるのは、ずっとあとになってからのことにすぎない。怠惰の白昼のダイモンが、「白昼の眠り」[somnus meridianus]に同化されてしまったのは、このような変化を通してであったかもしれない。サレルノの『養生集』[*Regimen sanitatis*]は、多くの災いの原因として、「真昼の眠り」を避けるように忠告している。「君にとって、昼寝はまったくしないか、あるいはごく短いのがよい。熱、倦怠、頭痛、鼻かぜ、こうしたものは昼寝から君にもたらされる」（“Sit brevis aut nullus tibi somnus meridianus. / Febris, pigrities, capitis, doror atque catarrhus / haec tibi proveniunt ex somno meridiano”）。

★12　聖アウグスティヌスに帰されている著作『徳と悪徳の葛藤の書』（*Liber de conflictu vitiorum et virtutum*, in *Patrologia latina*, 40）においてすでに、「陰鬱」[tristitia]は「双子」[gemina]と定義されている。「私は陰鬱が双子であることを見いだし、実際に二つの面があることを知っている。ひとつは明らかに救済を、もうひとつは罪をもたらす。ひとつは贖罪に導くが、もうひとつは絶望にいきつく」（“Geminam esse tristiam novi, imo duo esse tristias novi: unam scilicet quae salutem, alteram vero quae pernicem operatur; unam quae ad poenitentiam trahit, alteram quae ad desperationem ducit")。アルクインによれば、「陰鬱には二種類ある。ひとつは救済を、もうひとつは疫病をもたらす」("Tristitiae duo sunt genera: unam salutiferum, alterum pestiferum" [*Liber de virtutis*, c. 33])。オルレアンのヨナもまた次のように述べる。「陰鬱は二つのやり方で起こる。それは時には健康的だが、時には死にいたる。健康的な場合には、悪徳にではなく、美徳に数えられるべきだ」("Tristitia autem cum duobus modis fiat, id est aliquando salubriter, aliquando lethaliter; quando salubriter fit, non est vitium computanda, sed virtus")。錬金術の用語においても、怠惰は二重の極であらわれる。ドルネウスの『全哲学の鍵』(DORN, *Clavis totius philosophiae* in *Theatrum chemicum*, Argentorati 1622, v. I)では、錬金術の炉は、その緩慢さのために「怠惰」と呼ばれているが、それは必要不可欠な性質とみなされているのである。「いまやわれわれは、怠惰と呼び慣わしている完璧な炉をもっている。というのも、ゆっくりとした火のために、ゆっくりと作用するからである……」("Nunc furnum habemus completum, quae acediam solemus appellare, tum quia tardus est in operando, propter lentum ignem...")。

第二節　メランコリアI

★1　メランコリーに関する広範な研究は、現在のところ、クリバンスキー、パノフスキー、ザクスルの共著『サトゥルヌスとメランコリー——自然哲学・宗教・芸術の歴史における研究』[田中英道監訳、晶文社、一九九一年](KLIBANSKY, PANOFSKY e SAXL, *Saturn and Melancholy*, London 1964)である。が、ここで私は、機会あるごとに、その欠陥と疑問点を指摘しようと試みた。

★2　左手で頭を支えるという、メランコリー気質に特徴的な身振りの表現は、おそらくこの兆候を指しており、パノフスキーの言うような、怠惰な眠気ではないと思われる。アリストテレスの典拠『睡眠と覚醒について』（四五七ａ）でも、メランコリー気質者は、眠りを好む者ではないと述べられている。きわめて古い表象では、メランコリー気質者は手で左の耳を押さえつける動作をし、しばしば立った姿勢で表わされる。おそらく、このような所作は、あとになって眠気の兆候と誤解され、怠惰の表現に結びつけられたのであろう。こうした結合の仲立ちとなったのは、怠惰の白昼のダイモンとも関連する「白昼の眠り」［somnus meridianus］の有害な効果に関する医学理論であったと考えられる。

★3　アリストテレスの『問題集』第三〇巻に引かれたメランコリー気質者のリスト（ヘラクレス、ベレロポンテス、ヘラクレイトス、デモクリトス、マラコス）を現代風に改訂するとすれば、ずっと長くなることであろう。一三世紀の愛の詩人たちの間で最初によみがえったあと、メランコリーへの大々的な回帰は、ユマニスムによって再開された。芸術家では、ミケランジエロ、デューラー、ポントルモが典型的なケースである。第二の感染は、エリザベス朝のイギリスで、ジョン・ダンがその典型である（cfr. L. BABB, *The Elizabethan Malady*, Lansing 1951）。メランコリーの第三の時代は一九世紀である。その犠牲者には、ボードレール、ネルヴァル、ド・クインシー、コールリッジ、ストリンドベリ、ユイスマンスがいる。これら三つのいずれの時代においても、メランコリーは、その刺激的な二極性によって、ポジティヴにもネガティヴにも解釈された。

★4　デューラーの《メランコリア》の解釈において、土星の影響という占星術的な理論の重要性を再発見したのは、ギーローとヴァールブルクの功績である（ギーロー『デューラーの銅版画《メランコリアⅠ》と皇帝マクシミリアンのユマニスト・サークル』［K. GIEHLOW, *Dürers Stich «Melancholia I» und der maximilianische Humanistenkreis*, Wien 1903］、ヴァールブルク「ルターの時代の言葉とイメージにおける異教古代の予言」[A. WARBURG, *Heidnisch-antike Weissagung in Wort und Bild zu Luthers Zeiten*, in *Sitzungsberichte der Heiderberg Akademie der Wissenschaften*, vol. XXVI, Heidelberg 1920]）。ヴァールブルクは、デューラーの図像を「土星の脅威に対するユマニスム的な励ましのパンフレット」とみなし、この版画は、惑星のダイモンの肖像が、瞑想的人間として造形的に受肉したものであると解釈する。この解釈は、パノフスキーとザクスルの先に引いた研究の結論に、決定的な影響を与えた。

★5　M. FICINO, *Theologia platonica de animarum immortalitate*, ed. critica a cura di R. Marcel, Paris 1964, l. XIII, cap. II.

★6　誤解は、ウィットコウアーやウィントのような注意深い研究者によってもくりかえされている（ウィント『ルネサンスの異教秘儀』、田中英道・藤田博也訳、晶文社 [E. Wind, *Pagan Mysteries in the Renaissance*, Harmondsworth 1973, p. 69]）。

★7　むしろ同じ現実の二つの局面として、メランコリーと「陰鬱＝怠惰」とが合流する早い証言は、聖ヒエロニムスの書簡の中に認められる。「僧室が湿り、抑えがたい空腹や、孤独な倦怠感や、昼となく夜となく耳に響くのべつまくなしの読唱のために、メランコリーになる人々がいる。彼らには、われわれの助言よりも、ヒポクラテスの罨法薬が必要である」（"Sunt qui humore cellarum, immoderatisque jeiunis, taedio solitudinis ac nimia lectione, dum diebus ac noctibus auribus suis personant, vertuntur in melancholiam et Hippocratis magis fomentis quam nostris monitis indigent" [ep. IV]）。

★8　実際の著者は、Hugo de Folieto（*Patrologia latina*, 176, 1183 sg.）である。

★9　GUILIELMI PARISIENSIS, *De universo* I, 3. 7 (in *Opera omnia* cit.).

第三節　メランコリックなエロス

★1　メランコリー、性的倒錯、過敏症の間の結合は、近代の精神医学のテクストでも、メランコリーの兆候として姿を現わしている。それは、時を超えて、黒胆汁気質の症候群が生き続けている興味深い証拠である。

★2　『原因と治療』［*Causae et curae*, ed. Kaiser, Leipzig 1903, p. 73, 20 sgg.］。

★3　ヴィラノヴァのアルノルドスは、五種類の「発狂」［alienatio］を区別している。三番目がメランコリー、四番目が「法外で理不尽な肉欲をともなう発狂で、ギリシア語ではヘロイス、一般にはアモル、そして医者の間ではアモル・ヘロイクスと呼ばれている」（"alienatio quam concomitatur immensa concupiscentia et irrationalis: et graece dicitur heroys... et vulgariter amor, et a medicis amor heroycus." [*Liber de parte operativa*, in *Opera*, Lugduni 1532, foll. 123-50]）。

★4　M. FICINO, *De amore*, ed. critica a cura di R. Marcel, Paris 1956, VI, 9.

★5　この観点から見るなら、メランヒトンが『霊魂論』のある箇所——ヴァールブルクは見逃していない——でデューラーに帰している「かの英雄的なメランコリー」［melancolia illa heroica］は、おそらく「アモル・ヘロイクス」に関連しているように思われる。フィチーノによってくりかえされた医学の伝統によれば、「アモル・ヘロイクス」とは、まさしく一種のメランコリーなのである。中世の医学に基づく愛とメランコリーとのこのような近親性はまた、なぜ一三・一四世紀の恋愛詩の中に「貴婦人メランコリー」［Dame Merencolie］が登場するかを説明している。

第四節　失われた対象

★1　フロイトによるこのようなフェティシズムの特徴づけについては、本書の第二章の第一節「フロイト、あるいは不在の対象」を参照されたい。

★2　カニバリズムとメランコリーとの結びつきについては、『新精神分析誌』[*Nouvelle Revue de Psychanalyse*, VI, 1972] の「カニバリズムの運命」の特集を参照されたい。

第五節　エロスの表象像

★1　次を参照せよ。G. TAFANI, *Il concetto di melancolia nel' 500*, in *Rivista di storia delle scienze mediche e naturali*, Firenze, luguio-dicembre 1948.

★2　「内的なディゼーニョ」というマニエリスム的な理論は、こうした心理学的な教養の基礎のうえに据えられるべきである。それによってはじめて、その理論は十分に理解できるものになる。

★3　メランコリーのトポロジー的な作用は、次のような図式で表わすことができるであろう。

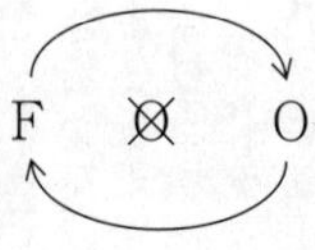

F＝表象像《ファンタスマ》、O＝外的な対象、⊠＝非現実の対象、そしてそれらによって決定されるのが、メランコリーの象徴的なトポスである。

★4　一五八八年にリューベックで描かれたリプリー・スクロウルのNo.1の挿絵（Ms. Add. Sloane 5025、大英博物館）は、作業の第一段階を表わすにさいして、錬金術師をメランコリー気質者として示している。

★5　パノフスキーとザクスルの古典的な図像学的解釈を体系的に見直そうというのが、本論の主たる目的ではない。とはいえわれわれは、デューラーの寓意とたえず向きあう中から、われわれの研究の領域と限界を導きだしてきた。それゆえ、二人の解釈のどのような点がますます怪しいものと思われるようになってきたかは、指摘しないわけにはいかない。まず重要な点は、われわれが、メランコリー症候群を中世・ルネサンスの「想像の精気」［spiritus phantasticus］の理論的基礎のもとに新たに置き直し（メランコリーとは、本来の意味において、想像的活動の混乱、「堕落した想像力の欠陥」［vitium corruptae immaginationis］にほかならない）、さらにそれを愛の理論の領域に結びつけたということである（幻想とは、恋に落ちるという行為の対象であり、かつ手段でもある。しかも愛それ自体が「メランコリックな不安」［solicitudo melancolica］の形式でもある）。想像力とメランコリー気質とのつながりは、アグリッパのテクストにはっきりと述べられている範囲で、パノフスキーとザクスルによってもとりあげられており、彼らの解釈はこのテクストに基づいてはいるが、それ以上深められてはいない。

図像学のレヴェルにおいて、デューラー版画と表象像《ファンタスマ》の理論との関連性から引きだされる最初の結論は、有翼のプットはもはや「実践」とはみなされないということである。筆をとるプットの姿に「ディゼーニョ」の擬人化をみていたクラインは、有翼の小さな像と「実践」［Brauch］とが結びつきにくいことをすでに指摘していた（「サトゥルヌス、信仰と象徴」［R. Klein, *Saturne: croyances et symboles*, in *Mercure de France*, 1964, pp. 588–94］R・クライン

『形式と可知的なもの』〔*La forme et l'intelligible*, Paris 1970, pp. 224-30〕に再録）。もし「実践」であるとすれば、当然、翼のない盲目の姿で表象されなければならない。デューラーのプットは、表象像を想像力の中に刻みこもうとしている「想像の精気」〔spiritus phantasticus〕であるとみなすのが、より妥当であろう。このプットが、疑いもなく「愛する人たち」〔ἔρωτες〕の図像学的なタイプに属しているのも、そのためである。実際「想像の精気」とは、すでに見てきたように、愛の魔術的な媒介であり、清新体派の詩の「愛の妖精《スピリテッリ・ダモーレ》」と同族のものなのである。

本文でも述べたように、表象理論《ファンタスモロジーア》の観点は、デューラー版画の解釈において、固定された限界という意味（形而上学に到達できない幾何学）から、弁証法的な限界という意味（同化できないものを同化しようとする幻想《ファンタジーア》の試み）へと転換させる点で有効であるが、さらに、「メランコリアI」という銘のついた巻き紙をもっているコウモリの意味を正しく解釈するのにも役立つ。このモティーフは、まさに小さな寓意ではあるが、それを含む大きな寓意を解く鍵を提供しているのである。ホラポッロの『ヒエログリフ集』において、空を飛ぶコウモリは、まさしく不可能に挑戦することで、大胆にも惨めな条件を克服しようとする人間の試みを意味するものとして解釈されている。「愚かで淫らだが、大胆にも何かを求めようとしている人間を示したいときには、コウモリが描かれるであろう。というのもそれは、たとえ翼がなくとも、飛ぼうとしているからである」（"Imbecillum hominem lascivientem, tamen et audacius aliquid molientem, cum monstrare voluerint, vespertilionem pingunt. Haec enim esti alas non habeat volare tamen conatur."）。

われわれの研究の過程で明らかになったことで、次に重要なのは、「陰鬱＝怠惰」〔tristitia-acedia〕に関する教父の理論が、ルネサンスのメランコリーの教義のなかで果たした役割の再評価である（パノフスキーは単に、「怠慢の罪深い眠り」と解釈するだけである）。すでに見てきたように、「陰鬱＝怠惰」は教父たちの思想において、怠慢と同一視されていないばかりか、ルネサンスのメランコリー概念と同じく、両義的な二極性（「癒しをもたらす陰鬱」[tristitia salutifera] と「死にいたる陰鬱」[tristitia mortifera] によって特徴づけられているのである。

第三章　言葉と表象像《ファンタスマ》

第一節　ナルキッソスとピュグマリオン

★1　GUILLAUME DE LORRIS e JEAN DE MEUNG, *Le Roman de la Rose*, a cura di F. Lecoy, Paris 1970–73, vv. 20, 821–20, 822.（『薔薇物語』篠田勝英訳、ちくま文庫、下巻、三三〇頁、見目誠訳、未知谷、五〇〇頁）。

★2　BERNART DE VENTADORN, *Seine Lieder*, a cura di Carl Appel, Halle 1915, 43, v. 12. このステロタイプは清新体派の詩人たちにも見いだされる。たとえばカヴァルカンティの「あなたの哀れみを得られそうな見込みはまったくなく」を参照せよ。(cfr. G. CAVALCANTI: «che neente / par che pietate di te voglia udire» in *Rimatori del dolce stil novo*, a cura di L. Di Benedetto, Bari 1939, p. 6).

★3　GUILLAUME DE LORRIS e JEAN DE MEUNG, *Le Roman de la Rose*, cit., vv. 20, 901–6.（前掲書、篠田勝英訳、四八二頁、見目誠訳、五〇一頁）。

★4　*Ibid.*, vv. 20, 843–55.（前掲書、篠田勝英訳、四八〇頁、見目誠訳、五〇〇頁）。

★5　*Ibid.*, vv. 20, 871–76.（前掲書、篠田勝英訳、四八一頁、見目誠訳、五〇一頁）。

★6　「……命じられるままに／彼女のもとに寄り、寝台の端に寄り添い／彼女のよく誂えられた靴を／跪いて恭しく脱がせてあげる／もし彼女がわたしに両の足を差しだすことに躊躇しさえしなければ」。［...qu'eu sia per sa comanda / pres de leih, josta l'esponda, / e. lh traya. ls sotlars be chaussans, / a genolhs et umilians, / si. lh platz que sos pes me tenda］（BERNART DE VENTADORN, *Seine Lieder*, cit., 26, vv. 31-35)。

★7 *Le Roman de la Rose*, cit., vv. 20, 932-68.（前掲書、篠田勝英訳、四八二―四八三頁、見目誠訳、五〇二―五〇三頁）。

★8 *Ibid.*, vv. 21, 029-32.（前掲書、篠田勝英訳、四八四頁、見目誠訳、五〇四頁）。

★9 アビ・ヴァールブルクから刺激を受けて誕生したイコノロジーは、しばらく前から、図像の解釈のために文学作品を利用している。しかし、ヴァールブルクが心に描いていたものに近い文化史の包括的な研究方法とは、文献学が図像（とりわけ挿絵）を文学作品解釈のための補助手段として利用することになるという可能性まで見込んだものであった。『薔薇物語』のテクストのための挿絵の重要性については、J・フレミングが再度、注意を促している（*The «Roman de la Rose». A Study in Allegory and Iconography*, Princeton 1969)。

★10 *Le Roman de la Rose*, cit., vv. 20, 769-74.（前掲書、篠田勝英訳、四七八頁、見目誠訳、四九八頁）。

★11 「それは危険なる鏡である。／思いあがりの徒ナルキッソスは、／そこに自らの顔と輝く眼とを見、／それがために、のちに倒れて死ぬことになる。／この鏡のうちに自らの姿見を見る者は、／たちまち愛の道に引き込まれてしまい、／それを見ないようにする予防の手立ても、／それを癒やす薬もないのである。〔……〕そこに蒔かれた種のために正当にも／〈愛の泉〉と呼ばれている」(*Le Roman de la Rose*, cit., vv. 1569-95［前掲書、篠田勝英訳、四二―四三頁、見目誠訳、四六頁］)。

★12　ジャン・ド・マンがナルキッソスの挿話の「ペア」としてピュグマリオンの挿話を考えていたということは、単に、この二つのエピソードが『薔薇物語』の内部で類似した場面設定（前者は、恋に落ちる場面の直前、後者は、愛の結合のくだりの直前に位置する）をもち、同じような方法で導入されている（「ナルキッソスは、伊達男であった」、「ピュグマリオンは、彫刻家であった」）という事実からのみ立証されるわけではない。ピュグマリオンの挿話が、ナルキッソスのそれと同様に、泉の描写に続いて出てくるという事情も手伝っているのである。この泉は、ナルキッソスにおける泉とはっきり対置されている。つまり、かたや「生ける者を死に酔わせる」泉であるのに対して、かたやピュグマリオンのそれは「死せる者を生き返らせる」泉なのである。『薔薇物語』の冒頭と終盤に置かれた二つのエピソードは、さながら、像に対する「狂気の愛」の似通いつつも対立した二つのエンブレムのようである。

★13　ナルキッソスの「危険なる鏡」を愛の泉と同一視するという着想は、ギヨーム・ド・ロリスのものであるように思われる。だが、たしかにこの着想は、一二・一三世紀の詩の中に広く普及していた、ナルキッソスのうちに愛の象徴的な姿を見ようとする考え方を反映している（しかし、注意しておかなくてはならないのは、のちに見るように、中世はナルキッソスの神話のうちに、単なる自己愛ばかりを読みとっていたわけではなく、とりわけ像への愛を見ていたということである）。

★14　Au reprendre dist: «Granz merciz! / Por ce n'est pas li ors noirciz — / fet il — s'il vient de cel biau doit». / Cele s'en sozrist, qui couidoit / qu'il le deüst remetre el suen; / mes il fist ainz un mout grant sen, / qu'a grant joie li torna puis. / Il s'est acoutez sor le puis, / qui n'estoit que toise et demie / parfonz, si meschoisi mie / en l'aigue, qui ert bele et clere, / l'ombre de la dame qui ere / la riens el mont que miex amot. / «Sachiez — fet il — tout aun mot, / que je n'en reporterai mie, / ainz l'avera ma douce amie, / la riens que j'aim plus aprés vous». / «Diex! — fet ele — ci n'a que nous:, / ou l'avrezvous si tost trovee?» /«Par mon chief, tost vous ert moustree / la preus, la gentiz qui l'avra». / «Ou est?» «En non Dieu, vez le la, / vostre bel ombrequi l'atent». / L'anelet prent et vers li tent. / «Tenez — fet il — ma douce amie; / puis que ma dame n'en veut mie, / vous le prendrez bien sans meslee». / L'aigue s'est un petit troublee / au cheoir que li aniaus fist, / et, quant liombres se desfit: / «Veez — fet il — dame, or l'a pris». イタリア語訳は次を参照。Jean Renart, *L'immagine riflessa*, trad. it. di Alberto Limentani, Torino 1970, vv. 871-901.

★15　*Poeti del' 200*, a cura di G. Contini, Milano-Napoli 1960, t. I, pp. 55-56.

第二節　鏡の前のエロス

★1　「仮晶」とは、シュペングラーが「マギ的な文明」と呼ぶものを説明するさいに用いた概念である。「自分が歴史の仮晶と名づけるものは、外国の古い文化が土地の上にきわめて強くおおいかぶさっているために、この土地に生まれた若い文化がじゅうぶんに大きくならず、そうして自己の真の表現形態を形成することができないのはもちろん、その自己意識を完全に発展させることもできない場合をいうのである。初期精神態の底からわきあがってくるものは、すべて自分の生活でない生活の空洞形態のなかに注ぎこまれ……」（オスヴァルド・シュペングラー『西洋の没落』、第二巻、第三章「アラビア文化の諸問題」、村松正俊訳、五月書房）。

★2　カルキディウスの『ティマイオス』註解は、プラトンの思想の他の多くの側面を伝えた。たとえば、『エピノミス』の神霊学（デモノロジー）の中世における広範な普及も、このカルキディウスの註解なしでは考えられないだろう。

★3　この主張はとりわけ『エクリⅢ』（佐々木孝次他訳、弘文堂）の中の「カントとサド」において読むことができる。

★4　*πολλὴν ἀπορίαν*.『霊魂論』四三一b。

★5　アリストテレスによれば（『記憶と想起について』四五一a）、既視感は、人が感覚から生じた表象像を、何かの事物の似像としてではなく現実とみなしているときに、不意にその表象像を何か他の事物の似像とみなすようになるときに生じる。また記憶錯誤という現象は、同じテクストのすぐ後ろで、オレオスト人アンティペロンやその他の恍惚家たちに特徴的なことだとされている。「ところが反対なこともまた生ずる。たとえばオレオス人アンティペロンやその他正気を失った者において起こるように。すなわち彼らは表象像をかつてあった事柄であるかのように言い、かつそれを記憶しているかのように言うのである。してこのことはひとが肖像でないところのものを肖像として考察する場合に常に起こることである」（副島民雄訳、全集6）。これは、現実と記憶とを意識的に置き換えようとする忘我的＝記憶術的な技術を指しているように思われる。

★6　「しかし私に思われるところでは、感覚される大きさと並んで、それから分離された事物は何一つないのであるから、感覚される形相のうちに思惟されるものどもはある……。そしてこの理由によって何ものも感覚しないなら、何ものも学ぶこともないし、理解することもないだろう。そして他方真理を観る時には、同時に表象像をも観なければならないのである」（『霊魂論』四三二a、山本光雄訳、全集6）。

★7　『夢について』四五九a、副島民雄訳、全集6。

★8　『夢占いについて』四六三a—四六四a、副島民雄訳、全集6。

★9　ダンテが『地獄篇』第四歌一四三—四四でヒポクラテス、ガレノスと並べてアヴィセンナとアヴェロエスに言及していることは意義深い。

★10 ここでわれわれが問題にしているアヴィセンナは *Avicenna latinus*（ラテン語のアヴィセンナ）、つまり一三世紀ヨーロッパの知識階級が読むことができたアヴィセンナである。参照された版は、*Avicennae arabum medicorum principis opera ex Gerardi cremonensis versione*, Venetiis 1545（『クレモナのゲラルドゥスによるアラビアの医学者の王たるアヴィセンナの著作集』）である。また『霊魂論』に関してはファン・リートによる校定版も参照した（Leuven-Leiden 1972）。

★11 受動的な表象能力から区別される想像的能力というものをとりだしてくることは中世の心理学に一貫して見られる特徴である（この区別はコールリッジが空想［fancy］と想像力［imagination］の間に設けた区別のそう遠くない起源である）。このことは、たとえば吟遊詩人ベルトラン・ド・ボルンの「継ぎ接ぎの女性」［domna soiseubuda］、つまり他の女性たちから「借用された」部分でつくられた女性というような、「見ることのない」［ses vezer］いくつかの局面を説明してくれる。

★12 「志向」［intentio］という語は、中世心理学の語彙においては「可感的対象から魂が把握するが、外的感覚によっては把握されないもの」（アヴィセンナ）であり、「形相のように事物の側に存するものではなく、むしろ事物の認識の形相である」（アルベルトゥス・マグヌス）。

★13 『世界の哲学』［*Philosophia mundi*］は、オータンのオノリウスの作品としてラテン教父集（一七二、三九―一〇二）の中に収録されている。

★14 ガレノスに帰せられている『眼について』の中にすでに、視覚作用は事物から眼への流入ではないことを説明するために、同様の問いが立てられている。「もし、見られる対象からなんらかの事物が視覚にやってくるのだとしたら……いったいどのようにこの狭い通り道を抜けることができるのか」（"Si ergo ad visum ex re videnda aliquid dirigitur… quomodo illum angustum foramen intrare poterit?"［GALENI *De oculis liber* cap. VI in *Operum Hippocratis Coi et Galeni pergameni medicorum omnium principum*, Lutetiae 1679, t. X］）。

★15 引用した箇所は、アリストテレスの『感覚と感覚されるもの』へのアヴェロエスの次の註釈の中に含まれている。*Aristotelis stagiritae omnia quae extant opera cum Averrois cordubensis… commentaris*（Venetiis 1552, vol. VI）.

★16 愛と視覚との結びつきはすでにプラトンの『ピレボス』（二五五c―d）に見られ、そこで愛は「眼の病い」［ὀφθαλμία］に喩えられている。またプロティノスは、奇妙な語源論を展開してさえいる。「エロスという名は、それが自らの存在を視覚［ὅρασις］に負っているという事実に由来している」。このような見方を念頭におくなら、古典期の愛の概念から中世のそれへの移行は、次のように的確に特徴づけることができるだろう。「視覚の病」から「想像力の病」への移行であると（『薔薇物語』では「思考の病」と定義されている。同書、V、四三四八）。

★17 "ex sola cogitatione, quam concipit animus ex eo, quod vidit, passio illa procedit." ANDOREA CAPPELLANO, *Trattato d'amore*, a cura di S. Battaglia, Roma 1947, cap. I. 引用は次のように続いている。「実際、もし誰かが、愛するにふさわしく、彼の好みにかなったある女性を見るならば、そのとたん彼女を心から熱く求め始める。さらに、彼女のことを思うたび、愛でいっそう激しく燃えあがるようになり、いっそうあれこれと考えをめぐらせるほどになる。ついには、その女性の姿形のことを考え始め、四肢を頭の中で飾り立て、その動きを想像し、身体の隠された部分をくまなく吟味することになるのである」（"Nam quum aliquis videt aliquam aptam amori et suo formatam arbitrio, statim eam incipit concupiscere corde;

postea vero, quotiens de ipsa cogitat, totiens eius magis ardescit amore, quousque ad cogitationem advenit pleniorem. Postmodum mulieris incipit cogitare facturas et eius distinguere membra et suosque actus imaginari eiusque corporis secreta rimari...").

ダンテは『愛よ、以来私の心は痛む定め』[*Amor, da che convien pur ch'io mi doglia*] というカンツォーネの中で、このような「際限のない思いめぐらし」(cogitatio immoderata) の想像的なプロセスを詳細に記述している。「私の想像の中に／彼女がやってくるのは、いつも彼女に寄せる思いとしてである。／私はそれから逃れることができない。／自らの不幸にしがみつく愚かな魂は、／いかに彼女が美しいけれどもすげないかを／思い描き、その苦悩をつくりだす。／それからこの魂は、この苦悩を見守り、／大きな欲望に満たされて、目からもそれが出てくるようになると、／自分自身に対して腹を立て、／苦悩が悲しみを燃えあがらせる火種をつくったのだ」("Io non posso fuggir, ch'ella non venga / ne l'imagine mia, / se non come il pensea che la vi mena. / L'animo folle, ch'al suo mal s'ingegna, / com'ella è bella e ria / così dipinge, e forma la sua pena: / poi la riguarda, e quando ella ben piena / del gran disio che de li occhi le tira, / incontro a sé s'adira, / c'ha fatto il foco ond'ella trista incende").

★18 キアロ・ダヴァンツァーティの「泉で鏡像を眺めていると、／影のせいで恋に落ちてしまったナルキッソスのように……」("Come Narcissi in sua spera mirando / s'inamorao per ombra a la fontana..." [in *Poeti del' 200* cit. I, p. 425]) という一節を参照。こうしたナルキッソスの神話の解釈は中世の発見であり、愛のプロセスの妄想的《ファンタスマティコ》な性格に関する詩の理論と密接に結びついたものとして理解されなければならない。このことは、中世におけるこの神話のさまざまなヴァージョンとオウィディウスの原作（『変身物語』、中村善也訳、岩波文庫、上巻三、三四五―五一〇行）とを比べてみれば明らかである。もちろんオウィディウスにも反射像のテーマは存在してはいる。しかしそこでは、エコーの求愛を拒絶したために少年がはまりこんでしまった懲罰が、自己へのかなわぬ愛だったことは疑いの余地はない。「わかった！　それはわたしだったのだ。やっと今になって、わかった！　わたし自身の姿に、もうだまされはしないぞ！　みずからに恋い焦がれて、燃えていたのだ」。他方、これとちょうど逆に、祝福された者たちの魂を反射した像ととりちがえてしまったとき、ダンテが読者に理解してもらいたかったのは、ナルキッソスの過ちとは正反対の過ちとして自分の過ちを規定できるということであり、そうした比較論が彼の心に思い浮かんだということであった。「私は、人と泉のあいだに恋を燃やした過ちの、ちょうど裏返しの過ちを犯したのだから」（『天国篇』第三歌）。中世の読者の目にとって、ナルキッソスの過ちとは、自己愛というよりも、像と現実の被造物とをとりちがえたことであった。

★19　吟遊詩人オジル・ド・カダールのある詩には、「像によりて恋をする汝ら恋人たち」（"Vos amador, que amatz per figura"）とある。cfr. LANGFORS, *Le troubadour Ozil de Cadars*, Helsinki 1913.

★20　『薔薇物語』の泉の場面についてこれまで提出されてきた説明は、どれも十分に説得的ではない。レーヴィスの『愛のアレゴリー』（*The Allegory of Love*, Oxford 1936）によれば、二つの水晶は、ベルナール・ド・ヴァンタドゥールの次の有名な一節に基づいて、「何の疑いの余地もなく」女性の両目であると解釈できるという。「私は二度と再び自分を押さえることはできなかった。／彼女が彼女の目の中に私自身を見せてくれた、／そのときから私は私自身のものではなかった。／私を大いに喜ばせてくれる一枚の鏡の中に。／鏡よ、私はおまえの中に私自身を見て以来、／深いため息が私を殺す。／彼が自分を失ったように、私も私を失う。／泉の美しきナルキッソス」（"Anc non agui de mi poder / Ni no fui meus des l'or' en sai / Que. m laisset en sos ohls vezer / En un mirahl que mout mi plai. / Mirahls, pos me mirei en te / M'an mort li sospir de preon, / Qu'aissi .m perdei cum perdet se / Lo bel Narcissus en la font")。だが、これまで指摘されてこなかったように思われることがある。それは、意中の女性の両目が鏡だとベルナールは言っているわけではなくて、一枚の鏡の中［en un mirahl］に両目を見ていると言っているということである。われわれの解釈が正しいとすれば、この鏡とは、まさしく想像の鏡のことであろう。また、もしも水晶が恋人の目だとすれば、なぜそこに薔薇が映されなければならないのか理解できないし、とりわけ、なぜあるときは庭の半分が、またあるときは別の半分が映されなければならないのかわからない。

興味深いことに、泉で恋に落ちるナルキッソスはまた、そこで自己や自己の運命と出会うと解釈されているが、これもまたまったく信憑性を欠くものである。たとえばコーラーの解釈。曰く、「鏡への眼差しは、自分自身の運命との出会いにほかならない。……二つの水晶はまず何よりも、そこに自分自身を見る人の目、つまりナルキッソスの目の反射である」。以下を参照。RUNGE, *The Narcissus Theme in Europea Literature*, Lund 1967, p. 85.

次の節で見るように、鏡としての想像という考え方はすでにシュネシオスにも現われており、彼からキリスト教神秘主義者たちに伝えられた。一三世紀の詩において鏡が想像力に関連づけられることは、数々の詩句が証明している。たとえばチェッコ・ダスコリの次のような詩句。「もしも君が生き延びたいと望むならば、／しばしば君の心で鏡をつくってみなさい。／甘美なる顔を眺めるとき、私はこの顔が、／その鏡に描かれた彼女の美しい微笑みであることを知り、／それは悲痛な心をふたたび陽気にしてくれる。／こうして君は、かの人々のことを思うだろう。／まるで君が決して離されてはいないかのように。／もしも想像が揺るぎないものであるなら、／美しい淑女が君の前に現われることだろう」("Fa de la mente tua specchio sovente / se vuoi campar, guardando 'l dolce viso / lo qual so che v'e pinto il suo bel riso, / che fa tornar gioioso 'l cor dolente. // Tu sentirai cosí di quella gente, / allor, come non fossi mai diviso; / ma se lo imaginar serà ben fiso, / la bella donna t'apparirà presente” [*Rimatori del dolce stil novo* cit., p. 209])。チェッコ・ダスコリの『アチェルバ』[*Acerba*] にも、「見ることなくしても、人は恋に落ちることができる／裸の心を鏡にして／想像の中にその姿を見つつ」とある。(“Senza veder, l'uom puo innamorare / formando specchio della nuda mente / veggendo vista sua nel 'maginare” [*L'Acerba*, a cura di Achille Crespi, Ascoli Piceno 1927])。さらに、アミーコ・ディ・ダンテでは、想像力はアモルの支える鏡として登場する。「アモルよ、信じていますね。／寝ているときもしばしば私は私の心で、あなたのことを思っていることを。／そして起きているときはずっと、あなたが私の前にかざしている鏡の中に、／姿形の中に、私を眺めています」(“Talor credete voi, Amor, ch'i' dorma / che cco lo core i' penso a voi e veglio / mirandomi tuttora ne lo speglio / che 'nnanzi mi tenete e ne la forma” [*Poeti del '200* cit., t. II, p. 731])。鏡を見るという行為と想像力とは、このように同一視されるのである。このことはまた、『薔薇物語』の中で恋人を庭に導く登場人物「閑暇」[Oiseuse] を新しく解釈し直すのに役立つ。フレミングがいみじくも観察したように、鏡を手にしたこの女性はたしかに、宮廷愛に必要な安楽の擬人化ではない (*The «Roman de la Rose»* cit., p. 73)。しかしながら、フレミングが考えるような、単なる色欲の擬人化でもない。中世のイコノグラフィーの中で、鏡に向かう女性があるときは色欲を、またあるときは賢明を象徴するという奇妙な矛盾については、これまでにもしばしば指摘されてきた。鏡はここで、ある場合には現実の対象として、別の場合には精神的な瞑想の象徴としてとらえられており、一貫した性質を示していない。しかしこの矛盾は、鏡を想像力として解釈するならば解決する。中世において想像という概念は、一方で「偽りの想像、あるいは獣のような想像」、他方で「真の想像、ないしは合理的な想像」という二極性をもっていたのである。このことはまた、恋人を庭に導くのがなぜ「閑暇」[Oiseuse]、つまり想像力なのかを説明してくれる。

★21　Cfr. AVERROÈ, in *Aristotelis* cit., p. 165.

★22　ナルディ（*L'averroismo del primo amico di Dante*, in *Studi Danteschi*, XXV, 1940, pp. 43-79）は、感覚の部分にその座を持つ愛と可能知性とを厳密に分けたうえで、カヴァルカンティのアヴェロエス主義をこの分離のもとに基礎づけているが、それは、可能知性が各個体に結びつくのは表象像を介してであり、表象像もまた愛の経験の起源であり対象であるということをすっかり無視している。もし、アヴェロエスの思想における表象像のこうした位置を十分に考慮にいれるならば、カヴァルカンティの有名なカンツォーネ『婦人がわたしに願うのは』[*Donna mi prega*] の解釈は完全に書きかえられることになるのは明らかである。ファヴァーティの解釈は多くの点でより明敏なものだが、この本質的な点を見落としている（G. *Cavalcanti, Dino del Garbo e l'averroismo di B. Nardi*, in *Filologia romanza*, 1955)。一方、ショウはカヴァルカンティの愛の理論における表象像の重要性を見落としてはいないが、プネウマ理論を無視しており、結果として中世の表象理論《ファンタスモロジーア》の複雑さと豊かさを見失っている（*Cavalcanti's Theory of Love*, Toronto 1949)。

★23　SANCTI THOMAE AQUINATIS, *De unitate intellectus contra Averroistas*, ed. critica a cura di L. Keeler, Roma 1957, p. 42.（『知性の単一性について――アヴェロエス主義者たちに対する論駁』、水田英実訳、中世思想原典集成14、平凡社、一九九三年）。

★24　Cfr. ALEXANDRI DE AFRODISIA, *De sensu communi*, 42. 10.

★25　鏡の主題がペルシア＝アラビア世界のエロス的神秘主義においてもっていた意味の模範的

な再構成を、われわれはアンリ・コルバンに負っている（H. CORBIN, *En Islam iranien*, vol. III, Paris 1972, pp. 65–146）。コルバンの諸研究は清新体派の詩を理解するうえで重要である。このことはまた、人文諸科学にとって、細分化された専門分野を超えることがいかに必要であるかを再確認させてくれる。ただ「学際的な学」だけが、人間の諸現象を解釈するのに適しているのである。

★26　次を参照されたい。SANT'AGOSTINO, *De trinitate* XV–XXIII（*Patrologia latina*, 42, 1901）; ISACCO DI STELLA, *Sermo XXV in Sex*（in *ibid.*, 176, 91）。その他の例としては以下を見られたい。R. JAVELET, *Image et ressemblance au XIIe siecle*, Strasbourg 1967.

★27　AVERROIS Cordubensis, *Colliget libri VII*, Venetiis 1552, l. II, cap. xx.

★28　「アモルの手によってあなたは、その中に描かれた」（"per man d'Amor là entro pinta sete" [カンツォーネ『見つめながらも無慈悲なる心』[*La dispietata mente, che pur mira*, V. 22]]）。また別の場所では、似像は精神の中に（nella mente）ある（カンツォーネ『遺憾の思い募るばかり』[*E m'increse di me sí duramente*, v. 43]）。

第三節　「想像の精気」

★1　この問題全般に関しては、とくにアルベルトゥス・マグヌスに言及したヴィターレの次の論文「清新体派の詩における哲学的要素に関する研究」を参照されたい（G. VITALE, *Ricerche intorno all'elemento filosofico nei poeti del dolce stil novo*, in *Giornale dantesco*, XVIII, 1910, pp. 168–74）。諸精気は単に「魂の力が擬人化したもの」ではないとするヴィターレの見方は正しい。しかし彼は、プネウマ論と想像力の理論の間の関係を考慮に入れていないばかりか、果ては「諸精気とは、多くの煩瑣な理論の中のひとつ、多くの抽象の中のひとつ、多くの誤謬の中のひとつであった」と考えるにいたっている。ただロベール・クラインによる模範的な論究「巡礼の精気」のみが、想像力の理論、プネウマ＝媒体に関するネオ・プラトニズムの理論、そして魔術的・秘教的な理論の間の関連を明らかにすることで、中世のプネウマ＝想像力理論を再構成するための礎を築いた。R. KLEIN, *Spirito peregrino*, in *Revue d'Etudes Italiennes*, XI, 1965, pp. 197-236. 現在は次に所収されている。R. KLEIN, *La forme et l'intelligible*, Paris 1970, pp. 31-64. しかしクラインは、これらの理論を、単一の「建築」へと結びつけられたものとしてではなく、ただ因果関係によってのみ関連づけられた別個の「諸水準」としてとらえてしまったために、自らの発見から十分な結論を導きだすことができなかった（とくに恋愛詩に関して）。古代のプネウマ論の歴史に関しては、次を参照されたい。VERBEKE, *L'evolution de la doctrine du pneuma du Stoicisme a St. Augustin*, Paris-Louvain 1945.

★2 HIPPOCRATIS, *De flatibus* 3; De modo sacro 16; Regimen I, IX, X.

★3 W. JAEGER, *Diokles von Karystos*, Berlin 1938.

★4 ガレノスはこの説を批判し、プネウマは血液と混じりあって静脈内を循環するとみなしている。

★5 四一e。

★6 ネオ・プラトニズムにおけるプネウマ＝媒体論に関しては以下を参照されたい。PROCLUS, *The Elements of Theology*, a cura di E. R. Dodds, Oxford 1963, app. II.

★7 JAMBLIQUE, *Les mysteres d'Egypte*, testo critico e traduzione di E. Des Places, Paris 1966, p. 117.

★8 *De insomniis* (*Patrologia graeca*, 66, 1290).

★9　*Ibid.*, 1294.

★10　ダンテが『饗宴』の第二章第八節において、「われわれの夢の予知」について語りながら、この啓示を受けとる器官が「肉体的か非肉体的か」を自問したとき（「このことについてわたしが見いだすさまざまな見解に関して、わたしは肉体的か非肉体的かと言うのである」）、彼の念頭にあったのは、想像のプネウマが肉体的か非肉体的かという議論に違いない。

★11　キリスト教とネオ・プラトニズムの仲介者としてのシュネシオスに関しては、以下を参照されたい。H.-I. MARROU, *Sinesio di Cirene e il neoplatonismo alessandrino*, in *Il conflitto fra paganesimo e cristianesimo nel secolo IV*, Torino 1968.

★12　*Des Alfred von Sareshel Schrift de motu cordis*, Munster 1923, pp. 37 sgg.

★13　*Ibid.*, p. 45.

★14　「……そして目に向けられる精気は、より高くより微細になるので……」（"...Et cum altior et subtilior sit spiritus qui ad oculos dirigitur..." [GIOVANNI DI SALISBURY, *De septem septenis*, in *Patrologia latina*, 199, 952]）。これが清新体派詩人たちのいわゆる微細な精気である。以下を参照せよ。GUIDO CAVALCANTI, *E quel sottile spirito che vede*, in *Rimatori del dolce stil novo* cit., p. 38; *Pegli occhi fere un spirito sottile*, in *ibid.*, p. 39.

★15　視覚のメカニズム、およびそれに関する光学的な問題（イリュージョンから鏡の屈折にいたるまで）は、古代末期と中世の文化のような、「観想的な」文化においてもっとも熱心に議論された問題のひとつである。この問題がどのように末期古代から中世へと引き継がれたかについては、カルキディウスの『ティマイオス』註解（*Timaeus Platonis sive de universitate interpetribus M. T. Cicerone et Chalcidio una cum eius docta explanatione*, Lutetiae 1563, pp. 142 sgg.）や、ガレノス（*De Hippocratis et Platonis placitis*, 1. VII, capp. IV–V; さらに *De* oculis liber cit.; いずれもin *Operum* cit., t. V)、およびネメジウス（*Nemessi episcopi Premnon physicon a N. Alfano archiepiscopo Salerni in latinum translatum*, recognovit C. Burckardt, Leipzig 1917, pp. 75 sgg.）に要約されている。このプネウマ論を明確に把握することなしに、一三世紀の詩、とくに清新体派詩人たちの詩を読むことは不可能である。たとえば、『新生』の第一四章でダンテが記述する法悦的現象（生き残った「視覚の精気たち」）も、この視覚の「精気的」な概念との関連でのみ理解可能となる。

★16 AVICENNA, *De anima* III 8.

★17 *Galeno ascriptus liber de compagine membrorum*, cap. XI（in *Operum* cit., p. 332).

★18 GUGLIELMO DI SAN-THIERRY, *De natura corporis et animae*（*Patrologia latina*, 180, 712). この問題に関しては次の本の中のV・リカッロの指摘を参照されたい。UGO DI SAN VITTORE, *I tre giorni dell'invisibile luce. L'unione del corpo e dello spirito*, Firenze 1974, pp. 195-96.

★19 *De unione corporis et spiritus*（*Patrologia latina*, 177, 285).

★20 *Ibid.*, 287-88.

★21 ALCHERO DI CHIARAVALLE, *Liber de spiritu et anima*（*Patrologia latina*, 40, 789).

★22 *Picatrix: Das Ziel des Weisens*, von Pseudo-Magriti, London 1962, pp. 7 e 205.

★23 視線から生まれる愛と、目を通じての幻惑とを関連づける考え方は、すでにプルタルコスに見られる（*Symposiaka ploblemata*, 1. V, p. VII: *de iis qui fascinare dicuntur*.「あちこちをさまよう非常に移り気な視覚は、目から熱烈な一撃を放つ精気のおかげで、ある奇跡的な力をふりまく。そしてその効果によって、死すべき運命にある人間は、多くのことを成し遂げ経験するのである……。触る者、あるいは聴く者は、見る者、見つめられる者ほど傷つくことはない……。美しき者の姿は、いかに遠くから目に衝撃を与えるとしても、愛する者の魂に内なる火を点けるのである」)。

★24 ALCHERO DI CHIARAVALLE, *Liber de spiritu et anima* cit., 798, また CECCO D'ASCOLI, in *L'acerba* cit. における、*Sfera di Sacrobosco* への註解を参照されたい。

★25 かくして聖トマスは、「精気の本質は空気の物体に一致するかどうか」(Utrum substantia spiritualis corpori aereo uniatur) という問いに否定的に答え (*De spiritualibus creaturis*, art. VII)、またアルベルトゥス・マグヌスも、精気が霊魂と肉体の統一を媒介するということを否定している (*De sp. et resp.* I I, 8)。

第四節　愛の精気たち

★1 『饗宴』Ⅱ六、九。

★2 「多くの矢でぎっしりつまった滑らかな矢筒をもって、アモルはまず光線を通して目のひとつに姿を現わす。それゆえ見るものは誰でも、ただちに恋に落ちる。続いて愛されるものに向けて、あたかも槍を投げるように、幾たびも光線を投げかける」("...leva pharetra sagittis referta pluribus, quoniam principio amor per radium oritur unum oculorum; statim quippe ut quis aspexit, amavit; post frequentes ad rem amatam radios mittit, quasi tela jactat...")。これは、「なぜ愛する人々の体の先端は、熱かったり冷たかったりするのか」("Cur amantium extremae partes modo frigidae sunt, modo calidae?") という問いに答えたアフロディシアスのアレクサンデルの『問題集』第一書の一節である。アンジェロ・ポリツィアーノによるラテン語訳 (ANGELI POLITIANI *Opera*, Lugduni 1537, t. II, pp. 263-64a) を参照。

★3 カヴァルカンティ (*Rimatori del dolce stil novo*, cit., XI, vv. 9-12; XXVIII, vv. 4-7) に一

貫して認められる恋愛のプネウマ的メカニズムは、ダンテや清新体派の詩人たちにもまた見いだせるものである。

★4 *ibid.*, XXIX, v. 17; XXXI, v. 22.

★5 こうしたファンタスマの状態は、愛の理論とアヴェロエスの主張とのつながり——今日では、カヴァルカンティの周囲においても資料から裏づけられている（P. O. Kristeller, *A Philosophical Treatise from Bologna Dedicated to G. Cavalcanti*, in *Studi in onore di B. Nardi*, Firenze, 1955, vol. I, pp. 425-63 参照）——を理解するのに役立つ。アヴェロエスによれば、究極の至福とは、現世の人間によって到達可能であり、離在する実体を観想することのなかに存在する。このつながりはまた、愛の対象である表象像《ファンタスマ》の観想を通して、離在する実体の観想もまた可能になるという事実によっても証明される。トマス・アクィナスは、その著『対異教徒大全』の中でアヴェロエスの見解を引いている。「したがって観想的知性は、ある意味でその主体でもある表象像によってわれわれと結びついているので、能動知性もまた、それが観想的知性の形をとるかぎりにおいて、われわれと結びつくのは当然である。……離在する実体を知性認識することとは、能動知性に関わっているため、われわれは、観想的知性を認識するように、離在する実体を認識する。これは、人間の最高の幸福である。そこにおいて人間は、いわば神のごときものとなるのである」（"Oportet igitur quod, quum intellecta speculativa sint nobis copulata per phantasmata, quae sunt quasi quoddam subjectum eorum, etiam intellectus agens continuetur nobiscum, in quantum est forma intellectorum speculativorum...Unde cum ad intellectum agentem pertineat intelligere substantias separatas, intelligemus tunc substantias separatas, sicut nunc intelligimus intellecta speculativa; et hoc erit ultima hominis felicitas, in qua homo erit sicut quidam deus" [SAN TOMMASO,

Summa contra gentiles, l. III, cap. XLIII〕)。

★6　*Galeno ascriptus liber de compagine membrorum*, cit., cap. XI.

第五節　ナルキッソスとピュグマリオンの間

★1　G. BRUNO, *De gli eroici furori*, parte I, dialogo III, in BRUNO, *Opere italiane*, vol. II, Bari 1925, p. 339.

★2　チョーサーの「騎士の話」(『カンタベリ物語』)によく出てくることから、「アモル・ヘレオス」という表現の意味論的な歴史を再構成した功績は、次の研究に帰せられる(J. L. LOWES, *The «Lovers Maladys of Hereos»*, in *Modern Philology*, XI, april 1914, pp. 491–591)。残念ながらこの研究は、ロマンス語学者やイタリア文学研究者たちから無視されているように思われる。「愛と中世医学」に関する論文で、ヴィラノヴァのアルノルドスの著書『ヘロイクスと呼ばれる愛について』を引いているナルディも、この言い回しの起源を問題にしてはいないし、ロウズの研究にも言及してはいない(B. NARDI, *L'amore e i medici medioevali*, in *Saggi e note di critica dantesca*, Milano-Napoli 1964, pp. 236–67)。

★3　「分極化」というゲーテ的な概念の再発見は、われわれの文化を包括的に理解するために、ヴァールブルクが文化の科学に残してくれたもっとも実り豊かな遺産のひとつである。ヴァールブルクにおける「分極化」の概念については、ゴンブリッチの次の研究を参照(E. H. GOMBRICH, *A Warburg. An Intellectual Biography*, London 1970, pp. 241, 248〔『アビ・ヴァールブルク伝』、鈴木杜幾子訳、晶文社、一九八六年〕)。ヴァールブルクの思想についてはまた、次の拙論を参照。G. AGAMBEN, *A Warburg e la scienza senza nome*, in *Prospettiva Settanta*, luglio-settembre 1975.

★4　ゴルドンの引用の記述は、その大筋で、ヴィラノヴァのアルノルドスの記述と一致している（ARNALDI VILLANOVANI, *Praxis medicinalis*, Lugduni 1586）。もっとも古い記述はおそらく、コンスタンティヌス・アフリカヌス（cc. 1020-87）の *Pantechni* や *Viaticum* の記述であろう。前者は、ペルシアの医者アリ・イブン・アッバース・アル・マシュ（ラテン語圏ではアリ・アッバースとして知られる）の『王の書』[*Liber regius*] の翻訳であり、後者は一〇世紀後半に編まれたアラブの著作の翻訳である。

★5　アルノルドスもまた同じような位置付けをしている。他の医者たちは、もっと一般的に、「想像的な能力の腐敗」[corruptio virtutis imaginative] について語っている。

★6　『煉獄篇』一八歌、三五―三六行。

★7　中世の心理理論は、その深い洞察力によって、欲望の力 [vis appetitiva] を想像力に基づかせている。たとえば次を参照。「渇望し欲望する力は、それが望むか、それとも拒むかする形相が思い描かれるときに、その他の力を動かして、それが動くようにさせる」（"...vis appetitiva et desiderativa, que, cum ymaginatur forma que appetitur aut respuitur, imperat alii virtuti moventi ut moveat..." [JEAN DE LA ROCHELLE, *Tractatus de divisione multiplici potentiarum animae*, a cura di P. Michaud, Paris 1964]）。さらにヴィラノヴァのアルノルドスも、その『交接について』[*De coitu*] で次のように言う。「さらに交接には三つのものがある。想像的な考えから生まれる欲望、精気、そして体液」（"Tria autem sunt in coitu: appetitus ex cogitatione phantatica ortus, spiritus et humor"）。

★8　ARNALDO DA VILLANOVA, *De amore qui heroycus nominatur*, cap. II, in ARNALDI VILLANOVANI *Praxis medicinalis* cit.

★9　アルノルドスは同じ章で次のように続けている。「同じように、望まれているものが存在しない場合には、人は陰鬱になる。抱擁によって、大量の空気が長いあいだ心の回復に向けられ、強い精気によって、長く内に詰まっていた熱とともに放出されるので、深い嘆息の放射は、そこに生まれるのである」（"Similiter et in absentia rei desideratae tristatur et cum ad comprehensum, diu cordis recreatione copiosus aer attractus, forti spiritu cum vaporibus diu praefocatis interius expellatur, oritur in eisdem alta suspiriorum emissio"）。

★10 『饗宴』、一八六b。

★11 『クラテュロス』、三九八c—e、水地宗明訳、プラトン全集2、岩波書店、一九七四年。

★12 英雄崇拝に関しては、ローデの次の研究『プシュケ』がなお有益である。E. ROHDE, *Psyche*, Freiburg im Breisgau 1890-94; trad. it. Bari 1970, pp. 150-203. 精神的な病の原因としての英雄については次を参照。HIPPOCRATIS, *De morbo sacro* I vi 360. さらにドッズの見解も参照。E. R. DODDS, *The Greeks and the Irrational*, Berkeley-Los Angeles 1951, p. 77（『ギリシャ人と非理性』、岩田靖夫・水野一訳、みすず書房、一九七二年）。

★13 JAMBLIQUE, *Les mysteres* cit., II, 6 e *passim*; Proclo, *In Platonicum Alcibiadem de anima atque daemone*, in aedibus Aldi, Venetiis 1516（Trad. lat. di Marsilio Ficino).

★14 HIEROCLIS, *Commentarium in Aurem carmen* III 2.

★15 『エピノミス』、九八四e—九八五b、水野有庸訳、プラトン全集14、岩波書店、一九七五年。

★16 *Timaeus Platonis sive de universitate* cit., p. 97.

★17 APULEI Madaurensis platonici, *Liber de deo Socratis*, Amstelodami 1662, p. 336.

★18 PSELLUS, *De daemonibus*, trad. lat. di Marsilio Ficino, in aedibus Aldi, Venetiis 1516, p. 51.

★19 DIOGENE LAERZIO, VIII 32.

★20 失われた著作『愛について』(STOBEO, IV 20. 67)の断片で、プルタルコスは次のように書いている。「ある人たちによれば、愛とはひとつの病であり、別の人々によれば、欲望、友情、狂気である……」。アプレイウスは『道徳哲学』(*De Philosophia morali*)で、「もっとも卑しい愛」を「身体の病」として語っている。

★21 プルタルコスによれば、「いったいアモルの歯と爪はどのようなものなのか。不安、嫉妬……」(STOBEO, IV. 20. 68)という。

★22 『ネストリウス派教説』では、空気のダイモンは「エリオス」[ηέριος]という綴りで表わされているが、それは、「ヘレオス」[Hereos]の説明としても可能であろう(*Oracles chaldaïques*, testo critico e traduzione di E. Des Places, Paris 1971, fr. 91 e 216)。

★23 E. PANOFSKY, *Studi di iconologia. I temi umanistici nell'arte del Rinascimento*, trad. it. Torino 1962, p. 168(パノフスキー『イコノロジー研究』、浅野徹他訳、ちくま学芸文庫、二〇〇二年)。

★24 *In Platonis rem publicam*, I, p. III Kroll. 『ネストリウス派教説』には次のようにある。「呪文はこう言っている。なんじは、空気の流れにのって突進してくる少年にも似た炎を見るだろう。あるいは、声を発するが形のない炎かもしれない。またあるいは、地面の上を音を立てながら渦巻いていくまばゆい光かもしれない。あるいは、煌々と輝く光の馬かもしれない。あるいはまた、黄金の衣をまとうか、それとも裸で、手に弓をもって、はやる馬の背中の上に立った、焼け付くような少年かもしれない」(*Oracles chaldaïques* cit., fr. 146)。もし私のこのような仮説が正しいとすれば、息を吹きこまれた偶像というネオ・プラトニズム的な心霊術と愛の理論との間には、密接な関連があることがたしかめられるだろう。また、想像的なプロセスとしての愛が、中世の文化においてもっていた「偶像崇拝的な」性格にも、新たな光が投げかけられるだろう。愛が偶像崇拝に結びつけられていたことは、詩人たちが頻繁にナルキッソスやピュグマリオンを呼びだしていることから証明されるが、それに加えて、愛する者たちが偶像崇拝者として描かれていたことからもわかる。たとえば、「サン・マルティーノの画家」の作とされるルーヴル美術館の盆絵には、鉤爪の二人のエロスをともなった有翼の女性の裸体像が崇めるかのように、愛に落ちた何人かの名だたる男たちが描かれている。偶像崇拝（あるいはむしろイドラ崇拝）が、中世末期においては、物質的なイメージの崇拝というよりも、むしろ精神的なイメージの崇拝を指していたことは、注目に値する。「目が見るものではなく、霊魂が自分のためにつくりだすものが、ここでイドラと呼ばれる」（"Idorum enim hic appellat speciem quam non vidit oculus, sed animum sibi fingit." [PIETRO LOMBARDO, *In epistolam I ad Corinthios*, in *Patrologia latina*, 191, 1602]）。「それぞれの人が望み崇めるもの、それが、その人にとって神である。……しかし彼らは、新しい神を考えだし、別の仕方で心に思い描いている。それゆえ、彼ら自身が、偶像の神殿なのである」（"Quod enim quisque cupit et veneratur, hoc illi deus est... Illi autem cogitant recentem deum, et alia huismodi fingunt in corde; et ita ipsi sunt templa simulacrorum..." [*Commentarius in Psaltum LXXIX*, in *ibid.*, 191, 772]）。ネオ・プラトニズムの心霊術（プロクロスの引用の一節を参照）に関して言うなら、それはまさしく、ファンタスマ、あるいは精神的なイメージの幻覚的な呼びだしに基づいていた。グノーシス主義のテクストでは、「婚礼の部屋」における「像」ないしは「像」との結合がしばしば語られるが、それもおそらく、同じようなタイプの神秘的・空想的な実践を指している。恋愛詩の理論が、その救済論的な含蓄を明らかにするのは、こうした基礎においてである。マルシリオ・フィチーノの周辺における「偶像崇拝的」実践については、次を参照せよ。D. P. WALKER, *Spiritual and Demonic Magic from Ficino to Campanella*, Warburg Institute, London 1958（D・P・ウォーカー『ルネサンスの魔術思想――フィチーノからカンパネッラへ』、田口清一訳、平凡社、一九九三年）。

第六節　「終わりなき悦び」

★1　『霊魂論』、四二〇b（山本光雄訳、全集6、岩波書店）を参考に訳出しおろした。

★2　*In librum Aristotelis De interpretatione libri sex* in *Patrologia latina*, 46, 406.

★3　*De interpretatione*, tr. II, cap. I, BEATI ALBERTI MAGNI, *Opera omnia*, Lugduni 1651.

★4　*Ibid*., cap. II.

★5　*De Hippocratis et Platonis placitis*, l. II, pp. 98 sgg.（in *Operum* cit.）. カルキディウスもまた次のように述べている。「声もまた、胸の内から、すなわち心臓から、心臓の中心に豊富にある精気から発せられる、とも言われる」（"Vocem quoque dicunt e penetrali pectoris, idest corde, mitti, gremio cordis nitente spiritu..." [CALCDIO, *Timaeus Platonis* cit., p. 135]）。

★6　たとえば、グイド・カヴァルカンティを参照。「茫然としてか弱い声よ、／おまえは嘆きながら、痛ましい心臓から出てくる」（"Tu, voce sbigottita e deboletta, / ch'esci piangendo de lo cor dolente..." [in *Rimatori del dolce stil novo* cit., XXXVI]）。

★7　"dal suo spirito procede / che parla in me, ció ch'io dico rimando." グイド・カヴァルカンティはXXIとXXVを、チーノ・ダ・ピストイアはCLXを参照（in *Rimatori del dolce stil novo* cit., pp. 39, 41, 212）。

★8　『饗宴』（Ⅲ・二・三）におけるダンテの愛の定義、「愛されるものと霊魂との精気の合体」[unimento spirituale de l'anima e de la cosa amata] は、文字どおりに受けとられるべきである。「精気の」［spirituale］という形容は、ここで、愛の合体の媒介となるプネウマ＝ファンタスマ的な絆を指している。

★9 西洋の思想における記号の形而上学については、本書第四章、第一節を参照せよ。

★10 プロヴァンス語の 'joi' という単語は、それ自体、トルバドゥールの詩的でかつエロティックな経験をみごとに要約しているが、語源学的に見るなら、言語の実践にも結びついている。つまり、「肉体の戯れ」［Ludus］に対する「言葉の戯れ」［Jocus］からおそらく由来していると考えられるのである（CAMPROUX, *La joie civilisatrice des troubadours*, in *La table ronde*, n. 97, gennaio 1956）。さらに、グイットーネ・ダレッツォの表現、「上機嫌の悦び」［gioiosa gioi］、「わたしが眺める悦びととても愛らしい悦び」［gioa in cui viso e gioi' tant'amorosa］、「語る悦び」［gioi' di dire］を参照（*Rimatori del dolce stil novo* cit., p. 244）。「愛の悦び」［joi d'amor］という表現で、「愛の」という属格は、主格の意味でもまた理解されなければならない。詩とは「愛の悦び」である。それはちょうど、ギリシアの彫像が、「神の彫像／悦び」［ἄγαλμα τοῦ θεοῦ］であったのと似ている（アガルマ［ἄγαλμα］は、「私は楽しむ、私は歓喜する」という意味のアガロマイ［ἀγάλλομαι］からきている）。この観点から見るなら、一三世紀の愛の詩は、心のイメージに優位を与えるという点で、ギリシア彫刻の「子孫」とも考えられる。アレキサンドリアのクレメンスが、キリスト教徒の神を「精神の彫像」［ἄγαλμα νοητόν］であるとみなすことができたのも、その意味においてである。'ἄγαλμα' という概念については、ケレーニイの研究「彫像《アガルマ》、似像《エイコン》、影像《エイドロン》」［KERÉNYI, *Agalma, eikon, eidolon*, in *Archivio di filosofia*, 1962］を参照。

カンツォーネの一部をさして「スタンツァ」と呼ぶ使い方は、「住居」、「天幕」、さらには「詩句」を意味するアラビア語の 'bayt' から由来している。アラビアの著作家たちによれば、

'bayt' という用語はまた、欲望が差し向けられる人物を讃えるためにつくられた詩の主要な節、とりわけ欲望の対象が表現されている節を指している (E. W. LANE, *Arab-English Dictionary*, s. v. 'bayt')。

★11 *Vita nova* XVIII 6.

★12 ベルナール・マルティの次のような美しいイメージを参照せよ。「こうして私は単語を編みこんでいき、/音を完成させる。/抱擁で舌を/絡みあわせるように」('C'aisi vauc entrebescant / los motz e l so afinant: / lengu'entrebescada / es en la baizada' [ed. Hoepffner, Paris 1929, p. 11])。「愛」を意味するホラポッロのヒエログリフに模範的に表現されているのも、このような愛の「交錯」[entrebescamen] のトポロジー的な絡みあいである (ORI APOLLINIS Niliaci, *De sacris Aegyptiorum notis*, Parisiis 1574, p. 55r の表紙裏の図を参照)。

★13 「この愛はいつも、終わりなく、いつも募るばかりということを知っている。われわれは、その行為を行なって、悔やんでいるという人を、誰も聞いたことがない」('Amor enim iste sua semper sine fine cognoscit augmenta, et ejus exercuisse actus neminem poenituisse cognovimus' [ANDREA CAPPELLANO, *Trattato d'amore* cit., II, VI])。グイド・デッレ・コロンネの「終わりのない悦び」[gioi che mai non fina] もまた同じものである (*Poeti del '200* cit., p. 99)。

★14 L. SPITZER, *L'interpretazione linguistica delle opere letterarie*, in *Critica stilistica e semantica storica*, Bari 1965, p. 66.

第四章　倒錯したイメージ

第一節　オイディプスとスフィンクス

★1　ここで私が言及しているアレゴリーの擁護とは、『ドイツ悲劇の根源』（一九二八年）に含まれているものである。それはたしかにベンヤミンの著作のうちでもっとも読まれる機会の少ないものだが、おそらく彼のもっとも深遠な意図が実現されている唯一の著作であると言えよう。彼がアレゴリーについて述べていることがまさにアレゴリーであると言えるほど、この著作はその構造上、アレゴリーの持つ亀裂を再現して見せている。「アレゴリーは空虚に流れ込む。悪いのはただ、アレゴリーが永遠の深遠性を保管し、そこにのみ存在し、ただひたすらアレゴリーとなるその瞬間、それとは違う何ものかを意味するようになるということである。つまり、まさにアレゴリーが表象しているものの非‐存在を意味するのである……。この悪循環の知はいかなる対象も持たない……。それはキルケゴールがこの言葉に込めた深い意味においての〈おしゃべり〉である」。

★2　象徴へのヴァールブルクの関心は、当然のごとく彼を「インプレーザ」への関心へと導くこととなった。ヴァールブルクのイメージに対する独特の取り組みはむしろ、彼がそれぞれのイメージを一種の「インプレーザ」のように見なしていたという点に特徴があるといえる。そうした「インプレーザ」としてのイメージによって、生き生きとした緊張感をはらむエングラムが、集団記憶へと受け継がれていくのである。

寓意図像に関しては、M・プラーツの研究（M. PRAZ, *Studies in Seventeenth Century Imagery, Studies of the Warburg Institute*, 3, London 1939）以降はとりわけ以下の文献を参照せよ。E. H. GOMBRICH, *Icones Symbolicae, The Visual Image in Neoplatonic Thought*, in *Journal of Warburg and Coutauld Institute*, XI, 1948（ゴンブリッチ「シンボリック・イメージ」大原まゆみ訳、『シンボリック・イメージ』所収、平凡社、一九九一年）。また、ロベー

ル・クラインの次の研究も参照せよ。R. KLEIN, *La théorie de l'expression figurée dans les traites italiens sur les imprese*, in *Bibliotheque d'Humanisme et Renaissance*, XIX, 1957.

★3「われわれはそれ（象徴）に近づくやいなや、不快な思いをする。さまざまな〈問題〉の中で歩き回っている気がする」（HEGEL, *Estetica*, ed. it. a cura di N. Merker, Torino 1967, p. 349）。

★4「もしわれわれがこのような限界の中で、象徴芸術を分類する原理を問うならば、この原理とは、芸術が真の意味とそれに一致した形式に向かうかぎりにおいて、真の芸術といまだ矛盾している内容と、その内容にそれほどふさわしくない形式との間の〈闘争〉であることがわかるだろう。……この点に関して、すべての象徴芸術は、意味と形式との適合、不適合のたえまのないコントラストとしてみなすことができる。それゆえその各段階は、異なる種類の象徴表現というよりも、同じ矛盾のさまざまな段階や様態であると言える」（*ibid.*, p. 359〔ヘーゲル『美学講義』〔長谷川宏訳、作品社、上巻、三四七頁〕を参考に訳出しおろした〕）。

★5 *ibid.*, p. 354（ヘーゲル前掲書、三四二―三頁）。

★6 J. LACAN, *L'instance de la lettre dans l'inconscient*, in *Ecrits*, Paris 1996, p. 497（J・ラカン「無意識における文字の審級あるいはフロイト以後の理性」、『エクリⅡ』所収、佐々木孝次他訳、弘文堂、一九七七年）。

★7 かつては謎を解くことができなければ、絶望の果てに死という帰結が待ち受けていた。ギリシアの言い伝えによれば、ホメロスやカルカスが命を落としたのも、そのためであったという。

★8 舞踏と迷宮の密接な関連については、以下の論文を参照せよ。ケレーニイいわく、「本来なら迷宮に関するあらゆる研究は舞踏から出発するのでなくてはならない」（KERÉNYI, *Laby-*

rinth-Studien, Zürich, 1950, p. 77［カール・ケレーニイ「迷宮の研究」、『迷宮と神話』所収、種村季弘他訳、弘文堂、一九七三年］）。

★9　ヘラクレイトス、断片一〇を参照せよ。「連結［Συνάψιες］の解説をしよう——その性質は以下のように定義できる。全体でかつ全体でない、調和でかつ不調和、適合でかつ不適合。またその作用は以下のように方向づけられる。全体から個へ、個から全体へ」。

★10　「デルポイに神託所をもつ神は、語る［λέγει］のでも、隠す［κρύπτει］のでもなく、しるしを見せる［σημαίνει］のだ」。

第二節　固有のものと固有でないもの

★1　“Duplex est modus loquendi, unus secundum propriam locutionem; alius modus est secundum figurativam, sive tropicam, sive symbolicam locutionem.” SANCTI THOMAE *De veritate*, p. 23, a. 3.

★2　「神聖なるものにおいては、否定こそが真実で、肯定は不適切であるがゆえに、口では言い表わすことのできない物事の神秘によりふさわしいのは、似ていない像による表示の方である。……高徳の神学者たちの神秘的な叡知は、この違いを正しく利用している。つまり、われわれの中にある質料的なものに対しては、ふしだらな画像を崇めることを許しておかないが、まさしく像の歪みによって、霊魂のより高い部分を鼓舞し刺激するのである。この歪みは、質料に縛られた者にとってすら、真実らしくも正しくも見えないほどのものである。このように不合理な形相こそが、聖なるものの瞑想の真実に近いのである」（PSEUDO-DIONIGI L'AREOPAGITA, *De coelesti hierarchia*, cap. II, 3）。

★3　「シンボルにおいては、絵と語とが、あるいは俗人たちが言うように、肉体と魂とが合体している」('Symbolum pictura et lemmate constat, seu, ut loquitur vulgus, corpore et anima' [PETRUS ABBAS, in *C. F. Menestrerii Philosophia imaginum*, Amstelodami 1695])。あるいはまた、パオロ・ジョーヴィオの「魂と肉体の正しい比例」という表現も参照せよ(PAOLO GIOVIO, *Dialogo dell'imprese militari et amorose*, Venezia 1577)。

★4　E. TESAURO, *Cannochiale aristotelico, o sia idea delle argutezze heroiche vulgarmente chiamate imprese e di tutta l'arte simbolica et lapidaria contenente ogni genere di figure e inscrittioni espresive di arguti e ingegnosi concetti esaminate in fronte co' rettorici precetti del divino Aristotele*, Torino 1652.(テザウロ、『アリストテレスの望遠鏡、広くインプレーザと呼ばれている英雄的機知の着想、および神の如きアリストテレスの修辞学の規則に照らして検証された、機知や綺想を表わすあらゆる種類の像や銘を含むすべての象徴や碑銘の芸術の着想』)。

★5　E. H. GOMBRICH e E. KRIS, *The Principles of Caricature*, in E. KRIS, *Psychoanalitic Explorations in Art*, New York 1952.(『芸術の精神分析的研究』所収、馬場礼子訳、岩崎学術出版、一九七五年)。

★6　PIETRO LOMBARDO, in R. JAVELET, *Image et ressemblance au XIIe siecle. De saint Anselme à Alain de Lille*, Strasbourg 1967, pp. 240 sgg.

★7　HEGEL, *Estetica* cit., p. 480.

★8　*Das Unheimliche*, in *Imago*, t. V, 1919.(「無気味なもの」、高橋義孝訳、フロイト著作集3、人文書院、一九六九年)。

★9　HEGEL, *Estetica* cit., p. 407.

★10　E. BENVENISTE, in *Remarques sur la fonction du language dans la decouverte freudienne*, in *La psychanalyse*, I, 1956.(バンヴェニスト「フロイトの発見におけることばの機能

についての考察」、『一般言語学の諸問題』所収、岸本通夫監訳、みすず書房、一九八三年)。この論文がいかに重要であるかは、ラカンの論文「無意識における文字の審級」よりも一年前に著わされたという事実からも察することができるであろう(*L'instance de la lettre dans l'incosciente*, in *La psychanalyse*, 1957 [「無意識における文字の審級」、『エクリⅡ』所収、前掲])。その論文でラカンは、意味作用に関する考えを発展させることになる。このときから、「無意識のレトリック」という概念は、精神分析学者と言語学者の間でよく知られるものになった。だが、それに関して決定的な一歩はまだだれも踏みだしてはいない。また、無意識はレトリックをもつのではなくて、無意識それ自体がレトリックなのだと明言した者もいない。

★11 もちろん、われわれの批判は、このようにオーソドックスな象徴の概念に向けられているのであって、フロイト主義のラカン的な解釈にではない。

★12 この図解から導かれるように、フェティッシュは、対象と同一視されるのではなくて、対象と母のペニスとの間に、相互否定(×のしるしによって示されている)によって開けられた間隙の中に据えられるのである。

★13 J. HYPPOLITE, *Commentaire parlé sur la «Verneinung» de Freud*, in Lacan, *Ecrits* cit., p. 887. (「フロイトの否定(Verneinung)についての、口述による評釈」、ラカン『エクリⅡ』所収、前掲)。

★14 アリストテレス『詩学』五七b、今道友信訳、全集17、岩波書店。

★15 ヤコブソンの定義は、次を参照。R. JAKOBSON, *A la recherche de l'essence du language*, in *Diogene*, n. 51, 1965. 二番目の定義については次を参照。A. HENRY, *Metonimie et metaphore*, Paris 1971. 転用という根強い考えは、ラカンにまで見られるほどである。事実ラカンは、こう書いている。メタファーは、「二つのシニフィアンの間からほとばしりでる。その一方は、他方にとって代えられ、意味作用の連鎖の中で、その場を占める」。しかし、次のように付け加えてもいる。「隠されたシニフィアンは、連鎖の残りの部分との関係（メトニミー的な）のおかげで、存在することになる」（*Ecrits* cit., p. 507）。とって代えられたものが存在するという代理のパラドックスにこそ、メタファーの秘密は探られなければならない。

★16 SCIPIONE AMMIRATO, *Il rota ovvero delle Imprese*, Firenze 1598.

★17「それでは、真理とは、何なのであろうか？ それは、隠喩、換喩、擬人観などの動的な一群であり、要するに人間的諸関係の総体であって、それが、詩的、修辞的に高揚され、転用され、飾られ、そして永い間の使用の後に、一民族にとって、確固たる、規準的な、拘束力のあるものと思われるに到ったところのものである。……すべての直観上の隠喩が、個性的で、無類のものであり、それ故に一切の標題づけからいつも逃れ出ることができるのに対して、概念という大きな建築物は、ローマの納骨堂のもつ固定した規則正しさを示しており、数学に特有なあの厳密さと冷たさとを、論理学において呼吸しているのである。この冷たい吐息に触れた者は、概念もまた、骰子と同じように骨製で八角形でまたそれと同様に転置できるものでありながら、やはり、隠喩の残滓としてのみ残っているにすぎないということを、……ほとんど信ずることはできないほどであろう。……あの原始的な隠喩の世界を忘却することによってのみ、つまり、人間的幻想力という原能力から熱い流動体となって流れ出て来る根源的な形象の集団が硬化し凝固することによってのみ、つまり、この太陽、この窓、この机こそ、真理それ自体であるという、打ち勝ち難い信念によってのみ、つまるところ要するに、自分が主観であることを、しかも芸術的に創造活動する主観であることを、人間が忘却することによってのみ、人間というものは、幾ばくかの安らぎと、安心感と、首尾一貫性とを以て生きることができるのである」（『哲学者の書』、渡辺二郎訳、ニーチェ全集3、理想社、一九六五年）。

第三節　壁と襞

★1　F. DE SAUSSURE, *Cours de linguistique générale*, ed. critica di R. Engler, Wiesbaden 1967, cap. III, p. 3.（ルドルフ・エングラー『校訂版・一般言語学講義』）。

★2　ソシュールは、友人や弟子たちにこう公言していた。「この主題に関する本については、想像すらできないでしょう。著者の確固とした考えを打ち出さなければならないのですから」（エングラー『校訂版』p. IX）。一九一五年の初版の編纂者、バイイとセシュエですら、『講義』のためのソシュールの手稿を詳しく調べても、弟子たちの講義ノートと一致するものを何も見いだせなかったときの驚きを、その序文に書き記している。「ソシュールはその日その日に論述のメモを走り書きした草稿を、片っ端から破りすてていた！」（「初版のはしがき」、『一般言語学講義』、小林英夫訳、岩波書店、一九七〇年）。おそらくこの破りすては偶然ではなかっただろう。

★3　もっともすぐれた弟子メイエの回想を参照。「彼（ソシュール）は以前、比較文法に関してそれまで書かれたことのなかったほどすばらしい本を著わしていた。そこにはアイデアがちりばめられ、堅固な理論に貫かれており、多くの弟子たちの注目するところとなった。しかしながら、彼は、自らの運命を全うすることはなかったのだ」（A. MEILLET, *Ferdinand de Saussure*, in *Linguistique historique et linguistique général*, vol. II, Paris 1952, p. 183）。ソシュールの「神話」は、すでにこの論文にも顔をのぞかせているが、バンヴェニストの一九六四年の論文における「三つの肖像」のテーマにおいて、なおいっそう顕著になっている。「まずは天才的な少壮の学者、学問への輝かしいデビューを飾る〈若き神のような美男〉。続いて、兄弟によって描かれたパリ時代の肖像にしたがうなら、瞑想的で謎めき、しかも内的な要請に心を張りつめた若い男。そして最後のイメージは、少々疲れてはいるが、威厳を保った初老の紳士。物思いにふける不安げなその眼差しの中に、それ以後彼をとらえることになる問いを宿している」(*F. de Saussure a l'Ecole des Hautes Etudes*, in *Annuaire de l'Ecole pratique des Hautes Etudes*, 1964-65)。

★4 *Note inedites de F. de Saussure*, in *Cahiers F. de Saussure*, 12, 1954.

★5 バンヴェニスト「ソシュール没後半世紀」、『一般言語学の諸問題』所収、岸本通夫監訳、みすず書房、一九八三年。

★6 エングラー『校訂版』こそが、厳密な意味で、批判的と定義しうる唯一のものである。

★7 「この沈黙が隠しているドラマは悲痛であったにちがいありません。それは年とともにその度を加えてゆき、そしてついに解決を見ることがなかったのです」(バンヴェニスト、前掲書)。

★8 *Lettres de F. de Saussure*, in *Cahiers F. de Saussure*, 21, 1964.

★9 *Note inedites de F. de Saussure* cit., p. 63.

★10 SAUSSURE, *Cours* cit., p. 272.

★11 *Ibid.*

★12 *Note inedites de F. de Saussure* cit., p. 64-65.

★13 「われわれは逆に次のことを深く確信している。つまり、言語の領土に足を踏み入れる者は誰でも、天上と地上のあらゆる類似から見捨てられていると言えるということである」(*Note inedites de F. de Saussure* cit., p. 64)。

★14 言語の現象をその総体において説明しようとすると、狭い意味での記号論的な観点では不十分であるということを、もっとも鋭く自覚していたのはバンヴェニスト(つまり、われわれの考えによれば、言語の科学に新しい「状況」をもたらした言語学者）である。バンヴェニストは、言語の二重の意味生成（シニフィアンス）を区別し、それを「記号論的様態」と「意味論的様態」と定義する。前者は「認識され」、後者は「理解され」なければならず、両者の間には移行はない。また彼は、記号論的な記号の概念（シニフィアンとシニフィエのポジティヴな統一体としての）がもはや有効ではなくなるような、意味の問題の「別の側面」を研究しようとする。バンヴェニストのこうした観点は、意味作用のオイディプス的概念と、スフィンクス的概念とを対比させることによって、われわれが本書で輪郭づけようとしてきたことと、同じ領域に向かっている。

★15　J. DERRIDA, *De la grammatologie*, Paris 1967.（ジャック・デリダ『根源の彼方に——グラマトロジーについて』、足立和浩訳、現代思潮社、一九七二年）を参照。

★16　はっきりと公言するにせよ、そうでないにせよ、デリダも含めて、フランスの現代思想のかなりの部分は、その基礎をハイデガーに負うている。

★17　すでにアリストテレスは、人間の言語の意味論的な性格を、想像力に結びつけていた。またプラトンにもすでに見られるメタファーによれば、想像力のイメージは、「霊魂に書き記すこと」とみなされている（本書第三章第二節も合わせて参照——訳者）。

★18　'ar-'という語根から派生するこうした用語の星座の中にはまた、サンスクリット語 rta［秩序］、イラン語 arta［秩序］、ラテン語 ars［法則、性質、才能］、ritus［慣習］、artus［関節］、ギリシア語 ἀραρίσκω も含まれる。E. BENVENISTE, *Le vocabulaire des institutions indo-européennes*, Paris 1969, vol. II, p. 101.（バンヴェニスト『インド＝ヨーロッパ諸制度語彙集II——王権・法・宗教』、蔵持不三也他訳、前田耕作監修、言叢社）。

★19　L. SPITZER, *Classical and Christian Ideas of World Harmony*, Baltimore 1963.

★20　Fr. 8, 51, 54.

★21　「画家の晩年作の中にあるのは、／現前へともたらされるものの襞、／つまり単純となり、実現され、克服され、／同時に、神秘にみちた同一性へと変貌した現前そのものの襞である。／詩と哲学の共‐存へと導くひとつの隘路が、／そこに開かれるのではないだろうか?」("Im Spätwerk des Malers ist die Zwiefalte / von Anwesendem und Anwesenheit einfaltig / geworden, «realisiert» und verwunden zugleich / verwandelt in eine geheimnisvolle Identität. / Zeigt sich hier ein Pfad, der ein Zusam- / mengehören des Dichtens und des Denkens / führt?" [M. HEIDEGGER, *Cezanne, in Gedachtes*, in RENÉ CHAR, *L'Herne*, Paris 1971])。

訳者あとがき

本書は、Giorgio Agamben, *Stanze: La parola e il fantasma nella cultura occidentale*, Giulio Einaudi editore, Torino 1977 e 1993 の全訳である。「スタンツァ」とはイタリア語で「部屋」や「住まい」を意味する。が、それはまた同時に「詩節」を、つまりそこに詩（とりわけ中世末期の恋愛詩）の技法（「愛の悦び」）が保管されている場＝トポスをも意味する。つまりこの言葉には、トポグラフィックでかつ想像的（ある場合には妄想的）、しかもそのうえエロティックですらある意味が内包されているのである。本書においてこの「スタンツァ」は、言葉とイメージの両面でいわば西洋文化を象徴してきたひとつの空間のモデルとしてとらえられる。そしてさまざまなものがこの「スタンツァ」を横切っていく。清新体派に代表される恋愛詩はもちろんのこと、中世の物語や写本挿絵、「怠惰」や「メランコリー」をめぐる表象、エンブレムやインプレーザ、玩具、フェティッシュと商品、万国博覧会、ダンディズム、果ては精神分析や修辞学、言語の理論にいたるまで。

とするなら、西洋においてこれほどまでに豊饒なる部屋が設えられるようになるには、一体どのようなバックグランドがあったのだろうか。著者は、それを知覚の理論、とりわけ視覚的なイメージの形成や役割をめぐる中世の心理理論——それゆえ当然アリストテレスも射程に入ることになる——にまでさかのぼって跡づけようとする〔第三章の第二節「鏡の前のエロス」および第三節「想像の精気」等〕。この種のテーマはややもすると講壇哲学調の難解な議論に傾きやすいが、アガンベンは見事なまでの筆さばきでそこに新しい生命の息を吹きこむ。するとそこに蘇ってくるのは、もはや身体や欲望や感情から切り離された認識の源泉としての視覚ではなくて、それらと強く結びつくことで視覚や視覚的イメージ（表象像《ファンタスマ》）が想像力の中で演じることになる重要な役割である。しかもこのファンタスマは、一種の物質的な存在（プネウマ、精気《スピリト》）とも合体することによって身体中を駆けめぐり、恋に落としたり、詩を歌わせたり、ときには心の病におとしいれたりする。哲学から医学・生理学、さらには光学論、宗教書、恋愛詩、図像等にいたるまで豊富な一次資料を自在に横断しながら筆者は、中世における愛と想像力と言葉が織りなす目の眩むような世界を、われわれに見せてくれるのである。「スタンツァ」とはまさに、ファンタスマと欲望と言葉の循環が開示する「場なき場」のことであり、そこに「愛の悦び」が保管されている。

しかしながらこの「スタンツァ」は、本来的にある種のパラドックスを孕んでいる。アガンベンが浮かびあがらせようとするのも、実はこのパラドックスの諸相にほかならない。中世の恋愛詩において、欲望の対象は決して所有されることはない。対象へ到達することが不可能であるがゆえに、歌う、歌い続けるという可能性が生まれてくるのである（第三章「言葉と表象像」）。また、中世の教父たちの著作において積極的に評価されていた「怠惰」な退行も、喪失や欠乏に原因しているというよりも、むしろ募り高まる欲望に由来するもので、「自己の欲望の道を、欲すると同時に遮断している」ダブルバインドの状態にも比せられる。ルネサンスにおいて創造的行為の担い手にまで格上げされたメランコリー気質は、瞑想の対象としてのみあるものを所有（抱擁）の対象に変えようとする貪欲だが空回りの性向によって特徴づけられる（第一章「エロスの表象像」）。バロックでおおいに流行したエンブレムやインプレーザ（モットー入りの象徴図案）は、註釈すると同時に隠蔽する。カリカチュアは、モデルに似ていると同時に似ていない、あるいは似ていないがゆえに似ている（第四章の第二節「固有のものと固有でないもの」）。

さらに筆者は、教父たちの直観的な心理学や中世の愛の理論の中に、フロイトの精神分析の遠い祖先を探りあてる。知的にきわめて柔軟でしかも確実なその跳躍は、着地のお手並みもまた鮮やかである。一方、恋愛詩や中世の表象理論を分析している箇所で、本文中にしばしば挿入される図式は、後期ジャック・ラカンのそれを連想させるところがある。本書の全体を通底するキータームとして意識的に選択されている「ファンタスマ」という言葉そのものが、ある意味でアリストテレスから中世の表象理論と、精神分析の幻想の理論とを一本の糸でつないでいるとも言えるだろう。われわれは慣例に倣ってこの語に、中世の議論では「表象像」、精神分析にかかわる議論では「幻想」という訳語をあてた（ちなみにサブタイトルにも、「ファンタスマ」が「言葉」と並んで使われているが、こちらは「イメージ」というより広義の訳語がふさわしかろうと判断した）。

第二章「オドラデクの世界で」の中心テーマ、フェティッシュあるいは物神の議論についてもまた同様のパラドックスが指摘できる。フェティッシュとは、否定によって不在（フロイトによれば母のペニス）を存在へと換えるメカニズムのことなのであり、ものと人間との関わりは、そうした否定性の側からこそ、もっとも鮮やかに逆照射されると筆者は考える。近代において芸術作品は、徹底的にこの物神化のプロセスを推し進める。その第一人者ボードレールは、文字どおりフェティシストであった。洒落男ブランメルに体現されるダンディズムもしかり。それは、無－頓着（否定性）を徹底的に意識し、存在の地平に上らせることにほかならない。ボードレールやリルケを魅了した玩具や人形は、外にあるのでも内にあるのでもなく、その間の「潜在的な空間」、つまり「場なき場」に存在している。

最後に、言語の理論さえも実はこの「スタンツァ」を横切っていくことが明らかにされる（第四章「倒錯したイメージ」）。筆者によれば、これまでの記号の理論の過ちは、オイディプスの側に立っていた点にある。つまり、謎めいたシニフィアンの後ろにシニフィエが隠されていると思いこみ、その覆いをとろうとする「傲慢」さである。逆に、シニフィアンとシニフィエの亀裂、深淵、不可能なる連結に気づかせてくれるスフィンクスの側に立ってこそ、意味作用の新たなモデルを見つけることができる。アガンベンは、ソシュール自身がすでにこの深淵に気づいていて、ある種の「袋小路」に迷いこんでいたことを指摘する。近代記号論の創始者とも目されるこの言語学者は、決してシニフィアンとシニフィエのポジティヴな統合として言語という記号をとらえていたわけではなかった。その著『一般言語学講義』は、記号論の開幕ではなくて、その閉幕を告げているのだ、と。

このように「スタンツァ」とは、現前と不在、認識と異化、肯定と否定、現われと隠蔽、歓迎と拒絶、接近と離反、親しいものと無気味なもの等々、という相反する両極が互いに交叉しあいながら共存するパラドキシカルな領域である。それゆえ本書の最後でヘラクレイトスの「連結」に言及される（ハイデガーを経由しつつ）のも偶然ではない。くりかえすが、アガンベンが意図するのは、こうしたボロメオの結び目に、つまり物の此岸で、しかも人間の彼岸にある客観的とも主観的とも言えない「場なき場」の内に西洋文化の研究の照準を合わせることである。プロローグでも述べられているように、批評とは、詩と哲学の間で引き裂かれてしまった言語の統一を再発見することだというハイデガー的な信念も、そこから生まれる。しかし彼は、それがいかに困難な試みであるかをもはっきりと自覚している。少なくとも人文科学の領域においてわれわれは、容易に対象を所有したり、同化したりすることは不可能である。こうしてアガンベンの批評それ自体が、「スタンツァ」というトポスを横切っていくことになる。そしてそこにおいて、彼の批評は、所有しえないものを享受し、享受しえないものを所有しようと試みるのだ。巧みに距離をとりながら核心に接近していくその手法は、さながら「迷宮のダンス」のごとくである。ここにこそ本書の最大の魅力は存在する。

それゆえ、どの節も浩瀚な資料と豊富な材料に裏づけられているにもかかわらず、それぞれの議論がいわゆる歴史主義的な実証主義や原典主義と断固一線を画そうとするのも十分にうなずけるところである。その証拠に、同じくヴァールブルクに刺激を受けながらも、パノフスキー流の決定論的解釈には辛い点を付けていることが、本書の所々からうかがえるのである。その意味でまた本書は、いわゆる転倒物とははっきりと区別されなければならないだろう。つまり、魔術にせよ体液論にせよ占星術にせよ、いずれにしても西洋の合理主義が抑圧してきたとされるものの復権（いまやわれわれはその種の言説にはうんざりしている）を素朴に唱えているわけでもないのだ。

本書の初版は一九七七年にさかのぼる。ヴァールブルクの他にも、本書の随所からポスト構造主義の早い反響が聞き取れるのも、それゆえ偶然ではないだろう。しかも十六年の歳月を経て、一九九三年に同じエイナウディ社から再版されたことは、この研究が決して過去形になっていないことの証である。いや、むしろいっそうその真価が認識されてきていると言うべきであろうか。再版されるやたちまち、フランス語や英語にも翻訳されている。

著者のジョルジョ・アガンベンは一九四二年の生まれ、この『スタンツェ』は彼の処女作である。また、マッシモ・カッチャーリと同様、ベンヤミンのイタリア語版の編集者としても知られる。その仕事は、芸術や文化を論じたものと、社会批判や政治思想にかかわるものの二つに大別できる。近著『神聖なる／呪われたる人間』では、民主主義と全体主義とを結びつける不思議な連続性に関して鋭い洞察と警告が展開され、高い評価を得ていると聞く。また現在彼はヴェローナ大学で美学・哲学を講じるが、現代芸術についても積極的な発言を続けている（昨年のカッセルのドクメンタでの講演等）。雑誌等に訳された短文を除くと、アガンベンのわが国への紹介は、おそらくこの翻訳が最初ということになるのではないだろうか。これを機に、彼の優れた仕事がわが国の読者にも届けられることを期待してやまない。

私事にわたるが、わたしがこの本と出会ったのは、ルネサンスの文学と絵画における女性の表象をめぐる問題について調べていた頃であった（その仕事の一端は昨年の秋に『ルネサンスの美人論』として人文書院より上梓された）。有名なペトラルカの『カンツォニエーレ』の中のラウラの描写に関して、いろんな参考文献を当たっていたとき、英語圏の研究者が『スタンツェ』に言及していたのに目がとまったのである。さっそくとりよせてみて、わたしはまず、その内容の広がりと領域横断的な知性に圧倒された。こうして大学院の学生たちと集中的に読み始めたのが、この翻訳のきっかけとなった。美学や美術史の学生だけでなく、映像論、中世哲学、倫理学の学生も参加して、この読書会はわたしにとってても大変有意義なものになった。石田美紀（二章二節）、多賀健太郎（三章一節）、関沢和泉（三章二節）、松原知生（三章三節）、北垣千依（三章四節）、生田ゆき（四章一節）が、それぞれ下訳をかってでてくれた。とはいえもちろん、訳文の最終的な責任はすべて岡田にある。読者諸賢のご批判を仰ぎたい。

この訳書ができあがるまではさらに多くの友人たちのお世話になった。まず、ありな書房の松村豊氏を紹介して下さった、埼玉大学の伊藤博明氏に心から感謝したい。美学美術史の後輩、加藤素明氏にはギリシア語をチェックしてもらった。ファックスや電話でのぶしつけな問い合わせにも快く答えてくれた、フランス文学の旧友たち、青山学院大学の露崎俊和氏、都立大学の小倉孝誠氏、立教大学の小倉和子氏にもお礼を言いたい。そしてもちろん、編集の松村豊さんに。松村さんとは、これが初めての仕事になった。なお最後に、あえて予告めいたことを付け加えさせていただくなら、今、芸術や文化について積極的に発言しているイタリアの批評家＝思想家が非常におもしろい。一人はもちろんジョルジョ・アガンベンであり、さらにマッシモ・カッチャーリとマリオ・ペルニオーラがいる。ペルニオーラについては、この千年終末期の表象文化や社会現象を、バロック的な修辞との対比で読み解こうとする『エニグマ』が、拙訳（金井直との共訳）で、松村さんとの三番目の仕事として近いうちに刊行の予定である。

一九九八年八月二二日　京都にて

岡田温司　識

ちくま学芸文庫版　訳者あとがき

予想だにしていなかった。アガンベンの名が今日、これほど広く知られるようになろうとは。その著作が次々と翻訳されることになろうとは。ちょうど十年前にこの翻訳を上梓した時点では。もちろんそれは、ひとえにわたしの不勉強によるものではあったが、当時、イタリアの大きな本屋さんに行っても、哲学書や思想書のコーナーにアガンベンの本がまとめて並べられている光景を目にすることは、ほとんどなかったと記憶している。ウンベルト・エーコやジャンニ・ヴァッティモらとは対照的に。つまり、本国イタリアにおいても、その著作が大いに注目され、その名声がとどろくようになったのは、ここ十数年のことにすぎないのである。そのひとつの切っ掛けとなったのが、『スタンツェ』初版から十八年の歳月を隔てて一九九五年に発表された『ホモ・サケル』と、その三年後の『アウシュヴィッツの残りのもの』の世界的な成功であったことは、もはや言うを俟たないであろう。

とはいえ、この間も彼はもちろん、思考を中断していたわけでも、筆を休めていたわけでもない。一九七八年の『幼年期と歴史』、一九八二年の『言語と死』、一九八五年の『散文の理念』、一九九〇年の『到来する共同体』、そして一九九三年の『バートルビー』（ドゥルーズとの共著）と、言語や芸術、哲学や政治をめぐる独自の思索の成果を、比較的コンスタントに世に問うてきたのである。しかし、それにもかかわらず、本国イタリアでこの思想家はかつて、どちらかというと周縁的な存在とみなされてきた。お膝元で、その名が言及されたり、その著作が引かれたりするのがきわめて少なかったことが、何よりもそれを物語っている。彼自身もまた、みずからの思索の土俵を、どちらかというとフランスの現代思想に求めていたように思われる。その意味では、今日の彼の名声は、フランスから逆輸入されてきたものだという言い方も可能かもしれない。

かくして状況は一変した。それに拍車をかけたのが、ドゥルーズやデリダらフランスの立役者たちの相次ぐ死である。いまやアガンベンはおそらく、世界でもっとも重要な思想家のひとりに数えられるといっても過言ではない。『ホモ・サケル』とともに着手された権力の系譜学あるいは近代政治の考古学は、近著『王権と栄光――経済と支配の神学的系譜学のために』（二〇〇七年）において、また新たな局面を迎え、これまでの政治神学や生政治にくわえて、経済とそれらとの関係性という意表をつくテーマが、例のごとく博覧強記に論じられているのである。こうした「ブーム」のなか、彼の思想的形成への関心も高まってくる。その証拠に、弱冠二十八歳の処女作『中味のない人間』（一九七〇年）が四半世紀後に再版され（一九九四年）、その後も版を重ねている。くわえて、本書『スタンツェ』も、一九九三年、二〇〇六年と再版が繰り返されているのである。想像力や表象をめぐって、古代から現代まで、神話から精神分析まで、多彩なテクストを自在かつアナクロニックに渉猟してみせる本書は、優れてイメージの思想家であるアガンベン本人にとっても、思い入れの大きい一冊であるにちがいない。

この文庫版を機に、アガンベンの著作がさらに広い読者層に受け入れられ、ひいてはそれが、イタリアの思想や文化や芸術への関心をいっそう高める契機となるなら、訳者としてこれに勝る喜びはない。最後になったが、いくつかの困難を乗り越えて出版にこぎつけていただいたちくま学芸文庫編集長の大山悦子さんに心より感謝の気持ちを捧げたい。

二〇〇八年一月　京都にて

訳者識

人名索引

ア 行

アヴィセンナ（Avicenna） 163-165, 168, 181, 183, 196, 207, 209, 230

アヴェロエス（Averroè） 163-164, 169-170, 172, 175-178, 180, 182-183, 217-218

アウグスティヌス（Agostino） 77, 163, 243, 245-246

アッバース，ペトルス（Abbas, Petrus） 283

アブラハム，カール（Abraham, Karl） 49-50, 53

アプレイウス（Apuleio） 243, 246

アフロディシアスのアレクサンデル（Alessandro di Afrodisia） 212

アポリネール，ギヨーム（Apollinaire, Guillaume） 106

アリ・アッバース（Haly Abbas） 44, 193

アリエス，フィリップ（Ariès, Phippe） 121-122

アリストテレス（Aristotele） 16-17, 36-37, 42-43, 56, 60, 63, 149, 153, 157-162, 169-171, 177-178, 182, 186, 192, 221, 223, 238, 254-256, 270, 276-277, 292, 297, 306

アルチュセール，ルイ（Althusser, Louis） 86

アルフレッド・アングリクス（Alfredo Anglico） 194

アルベルティ，ロマーノ（Alberti, Romano） 59, 63

アルベルトゥス・マグヌス（Alberto Magno） 58, 168, 256-257

アンドレアス・カッペラヌス（Andrea Cappellano） 57, 173

イアンブリクス（Giamblico） 190, 240

イェーガー，ヴェルナー（Jaeger, Werner） 187

イサク・ステルラ（Isacco di Stella） 201

イプツィウス（Ipazia） 193

イポリット，ジャン（Hyppolite, Jean） 291

ヴァザーリ，ジョルジョ（Vasari, Giorgio） 70, 74

ヴァッラ，ロレンツォ（Valla, Lorenzo） 313

ヴァトー，アントワーヌ（Watteau, Antoine） 236-237

ヴァールブルク，アビ（Warburg, Aby） 13, 128, 226, 234, 238, 267

ヴァレスコ・ディ・ターランタ（Varesco di Taranta） 232

ヴァレリー，ポール（Varély, Paul） 105, 114

ウィニコット，ドナルド・W（Winnicotto, Donald W.） 124

ヴィラノヴァのアルノルドス（Arnoldo da Villanova） 233, 239

ヴィラモーヴィッツ＝メレンドルフ，ウルリヒ・フォン（Wilamowitz-Moellendorff, Ulrich von） 125

ウィリアムズ，ウィリアム・カーロス（Williams, William Carlos） 114

ヴィンケルマン，ヨーハン・ヨアヒム（Winckelmann, Johann Joachim）

88
ウィント，エドガー（Wind, Edger）75, 115
ウェルギリウス・マロ，プブリス（Vergilius Maro, Publius）218, 231
ヴェルナー，ハインツ（Werner, Heinz）76
ヴェルフリン，ハインリヒ（Wölfflin, Heinrich）115-116
エラシストラトス（Erasistorato）187
エルンスト，マックス（Ernst, Max）109, 114
エングラー，ルドルフ（Engler, Rudolf）300
オウィディウス（Ovidio）130, 132-133, 229
オーヴェルニュのギヨーム（Guglielmo d'Auvergne）42
オッフェンバック，ジャック（Offenbach, Jacques）108
オーデン，ウィスタン・ヒュー（Auden, W. Hugh）114
オブリスト，ヘルマン（Obrist, Hermann）109
オリゲネス（Origene）209
オリバシウス（Oribasio）239
オルテガ・イ・ガゼー，ホセ（Ortega y Gasset, Jose）71, 75, 115

カ 行

カヴァルカンティ，グイド（Cavalcanti, Guido）128, 168, 172, 178, 203, 209, 212-213, 217-218, 233, 259
カッツ，ヤーコプ（Cats, Jacob）283
カフカ，フランツ（Kafka, Franz）33, 107, 286
カリュストスのディオクレス（Diocle di Caristo）187
カルキディウス（Calcidio）243-244
ガレノス（Galeno）163, 170, 187, 223, 259
ガンのヘンリコス（Enrico di Gand）46
ギース，コンスタンタン（Guys, Constantin）96
偽ディオニュシオス・アレオパギテス（Pseud-Dionigi l'Areopagita）279
キルケゴール，セーレン（Kierkegaard, Sören）30, 315
ギルピン，ウィリアム（Gilpin, William）70
ギーロー，カール（Giehlow, Karl）280
クライスト，ハインリヒ・フォン（Kleist, Heinrich von）106
クライン，ロベール（Klein, Robert）128, 206
クラウス，カール（Kraus, Karl）76
クラフト＝エービング（Krafft-Ebing, R. von）76
グランヴィル（Grandville）93-94, 97-100, 107-109, 286
クリュシッポス（Crisippo）188
クリス，エルンスト（Kris, Ernst）284
クリバンスキー，レイモンド（Klibansky, Raymond）153
クリマクス，ヨアンネス（Climaco, Giovanni）31, 34
クロイツァー，フリードリヒ（Creu-

zer, Friedrich) 285
クールベ，ギュスターヴ（Courbet, Gustave） 86
クレー，パウル（Klee, Paul） 106
クレルヴォーのアルケルス（Alchero di Chiaravalle） 56, 201, 204
ケレーニイ，カール（Kerényi, Karl） 125
ゴーギャン，ポール（Gauguin, Paul） 86
コスタ・ベン・ルカ（Costa ben Luca） 193-194, 197
ゴセルム・フェディ（Gaucelm Faidit） 132
ゴーティエ，テオフィル（Gautier, Theophile） 108
コルバン，アンリ（Corbin, Henri） 128
コンシュのギヨーム（Guglielmo di Conches） 166
コンスタンティヌス・アフリカヌス（Costantino Africano） 41, 44, 193, 197
コンディヴィ，アスカーニオ（Condivi, Ascanio） 70, 75
ゴンブリッチ，エルンスト・H（Gombrich, Ernst H.） 284

サ 行

ザクスル，フリッツ（Saxl, Fritz） 40
サド，ドナシャン・アルフォンス・フランソワ・ド（Sade, Donatien Alphonse François de） 74
サン＝ヴィクトルのフーゴー（Ugo di San Vittore） 40-41, 162, 198-199, 201, 222, 260, 279
サン＝ティエリーのギヨーム（Guglielmo di Saint-Thierry） 197-198, 260
「サン・マルティーノの画家」（Maestro di San Martino） 250
シェリング，フリードリヒ・W・J・フォン（Schelling, Friedrich Wilhelm Joseph von） 286
ジェルソン，ジャン（Gerson, Jean） 218
ジャコモ・ダ・レンティーニ（Giacomo da Lentini） 145, 147-149, 169
ジャン・ド・マン（Jean de Meung） 130, 132-134, 136, 264
シュネシオス（Sinesio di Cirene） 56, 190-193, 207-208
シュレーゲル，アウグスト・ヴィルヘルム・フォン（Schlegel, A. Wilhelm von） 11
シュレーゲル，フリードリヒ・フォン（Schlegel, Friedrich von） 10, 70-71, 115
ジョヴァンニ・ディ・パオロ（Giovanni di Paolo） 174
ジョット・ディ・ボンドーネ（Giotto di Bondone） 25, 247-248
ジョーンズ，アーネスト（Jones, Earnest） 289
スピッツァー，レオ（Spitzer, Leo） 263
スミルノフ，ヴィクター（Smirnoff, Victor） 76
セザンヌ，ポール（Cézanne, Paul） 236, 311-312
ゼノン（Zenone di Cizio） 187-188
ソシュール，フェルディナン・ド（Saussure, Ferdinand de） 272, 277, 292, 299-303, 305-306

ゾラ，エミール（Zola, Emile） 86
ゾルガー，カール・W・フェルディナント（Solger, Karl W. Ferdinand） 10, 115

タ 行

ダンテ・アリギエーリ（Dante Alighieri） 8, 130, 145, 149, 162, 169, 182, 184, 190, 192, 194, 203, 207-208, 218, 231, 236, 253-254, 258-259, 261, 266
チェッコ・ダスコリ（Cecco d'Ascoli） 204
チーノ・ダ・ピストイア（Cino da Pistoia） 259
ツァラ，トリスタン（Tzara, Tristan） 115
ツェラン，パウル（Celan, Paul） 75, 106
ディオゲネス・ラエルティウス（Diogene Laerzio） 245
ディーノ・デル・ガルボ（Dino del Garbo） 169
デカルト，ルネ（Descartes, René） 205
テザウロ，エマヌエレ（Tesauro, Emanuele） 282, 298
テニエル，ジョン（Tenniel, John） 286
デューラー，アルブレヒト（Dürer, Albrecht） 37, 40, 46-47, 61-62, 64, 235
ドーデ，レオン（Daudet, Léon） 94-95
トマス・アクィナス（Tommaso d'Aquino） 29, 32, 168, 178, 180, 278,

ナ 行

ナポレオン一世ボナパルト（Napoleone I Bonaparte） 111
ニーチェ，フリードリヒ（Nietzsche, Friedrich） 297, 300
ノヴァーリス（Novalis, pseudonimo di Friedrich von Hardenberg） 10, 71

ハ 行

ハイデガー，マルティン（Heidegger, Martin） 19, 28-29
バイロン，ジョージ・ゴードン（Byron, George Gordon） 111
ハーヴェイ，ウィリアム（Harvey, William） 205
パウンド，エズラ（Pound, Ezra） 114
パクストン，ジョーゼフ（Paxton, Joseph） 81, 84
パスカシウス・ラドベルトゥス（Pascasio Radberto） 32
ハズリット，ウィリアム（Hazlitt, William） 110
バタイユ，ジョルジュ（Bataille, George） 113
パノフスキー，エルヴィン（Panofsky, Ervin） 40, 46, 247
バルザック，オノレ・ド（Balzac, Honoré de） 104, 105
バルベー・ドールヴィイ，ジュール＝アメデ（Barbey d'Aurevilly, Jules-Amédée） 104, 105
バルベリーノ，フランチェスコ・ダ（Barberino, Francesco da） 168, 247
バンヴェニスト，エミール（Benveniste, Emile） 300

ピエル・デッラ・ヴィーニャ（Pier della Vigna） 148
ヒエロクレス（Ierocle） 240-241
ビネ，アルフレッド（Binet, Alfred） 73-74, 117
ヒポクラテス（Ippocrate） 246-247, 259
ピュタゴラス（Pitagora） 240, 245
ビンゲンのヒルデガルト（Hildegard von Bingen） 41, 43
フィチーノ，マルシリオ（Ficino, Marsilio） 38, 44, 46, 58-59, 209
フィリタス（Filita） 10
フィリポン，シャルル（Philippon, Charles） 295-296
フェネオン，フェリクス（Fénéon, Félix） 10
プセルス（Psello） 243-244
ブラウン，ノーマン（Brown, Norman） 112
プラトン（Platone） 12, 17, 38, 152-156, 173, 235, 239, 241, 259
ブランメル，ジョージ（Brummell, George） 97, 99-100, 105, 109-112
フーリエ，シャルル（Fourier, François Marie Charles） 74, 93-94
ブリューゲル，ピーテル父（Brueghel Pieter il Vecchio） 25
プルースト，マルセル（Proust, Marcel） 154, 178
プルタルコス（Plutarco） 246-247
ブルーノ，ジョルダーノ（Bruno, Giordano） 226
ブルワー＝リットン，エドワード（Bulwer-Lytton, Edward） 111
フレーヴィチ，ヴィトルト・フォン（Hulewicz, Witold von） 78, 83
フレンガー，ウィルヘルム（Fraenger, Wilhelm） 94
フロイト，ジグムント（Freud, Sigmund） 48-56, 60, 63, 68-74, 78, 108, 109, 117, 161, 235, 275, 286-291, 295, 297
プロクロス（Proclo di Costantinopoli） 240-241
ブロス，シャルル・ド（Brosses, Charles de） 74, 77, 117
ベイコン，ロジャー（Bacone, Ruggero） 168
ヘーゲル，ゲオルク・W・F（Hegel, Georg Wilhelm Friedrich） 10-11, 86, 91, 185, 268, 270, 273-274, 285
ペトラルカ，フランチェスコ（Petrarca, Francesco） 263
ヘラクレイトス（Eracrito d'Efeso） 276-277, 310
ヘルダー（Helder, J. Gottfried von） 280
ヘルダーリン，フリードリヒ（Hölderlin, Friedrich） 14, 22
ベルトラン・ド・ボルン（Bertran de Born） 144
ベルナール・ゴルドン（Bernardo Gordonio） 227, 230, 232-233
ベルナール・ド・ヴァンタドゥール（Bernart de Vantadorn） 132
ベン，ゴットフリート（Benn, Gottfried） 106, 114
ベンヤミン，ヴァルター（Benjamin, Walter） 10, 81, 94-95, 108, 267
ボーヴェのウィンケンティウス（Vincenzo di Beauvais） 44
ボエティウス（Boezio） 255, 257
ポオ，エドガー・アラン（Poe, Edgar Allan） 91, 114, 286

ボス，ヒエロニムス（Bosch, Hieronymus） 88, 93-94, 107
ボードレール，シャルル（Baudelaire Charles） 87-92, 95-96, 100, 103, 105-108, 118-119, 128
ボナ，レオン（Bonnat, Léon Joseph Florentin） 86
ホフマン，エルンスト・テオドール・アマデウス（Hoffmann, Ernst Theodor Amadeus） 108, 286
ホラポッロ（ホルス・アポッロ）（Horapollo） 6, 64, 280-281
ポルピュリオス（Porfilio di Tiro） 189-190, 208-209, 243

マ 行

マゴス，シモン（Magus, Simon） 128
マティス，アンリ（Matisse Henri） 106
マネ，エドゥアール（Manet, Édouard） 86
マラルメ，ステファーヌ（Mallarmé, Stéphane） 71, 106, 114, 263-264
マルクス，カール（Marx, Karl） 79-83, 86, 88, 100-102, 112, 117
マロ，クレマン（Marot, Clément） 130
ミケランジェロ・ブオナッローティ（Michelangelo Buonarroti） 70
ミケルシュテッテル，カルロ（Michelestaedter, Carlo） 316
ミンコフスキー，ウジェーヌ（Minkowski, Eugène） 95
ムージル，ローベルト（Musil, Robert） 17
メイエ，アントワーヌ（Meillet, Antoine） 301
メッソニエ，エルネスト（Meissonier, Ernest） 86
メルクリアーレ，ジロラモ（Mercuriale, Girolamo） 58
モース，マルセル（Mauss, Marcel） 74, 102, 113
モスタッチ，ヤーコポ（Mostacci, Jacopo） 148
モーパッサン，ギイ・ド（Maupassant, Henri René Albert Guy de） 86
モロー，ギュスターヴ（Moreau, Gustave） 31
モンターレ，エウジェニオ（Montale, Eugenio） 106

ヤ 行

ヤコブソン，ロマン（Jakobson, Roman） 292
ヤコポーネ・ダ・ベンヴェヌート（Jacopone da Benvenuto） 32
ヨークのアルクイン（Alcuino di York） 43

ラ 行

ライプニッツ，ゴットフリート・W・フォン（Leibniz, Gottfried Wilhelm von） 313-314
ライモンドゥス・ルルス（Raimondus Lullus） 58
ラカン，ジャック（Lacan, Jacques） 128, 155
ラスキン，ジョン（Ruskin, John） 86
ラファーター，ヨーハン・カスパール（Lavater, Johann Casper） 285
ラ・ロシェッルのヨアンネス（Jean de la Rochelle） 168

ランボー，アルチュール（Rimbaud, Arthur） 104, 106, 316
リカルドゥス・アングリクス（Ricardus Anglicus） 168
リーパ，チェーザレ（Ripa, Cesare） 177
リルケ，ライナー・マリア（Rilke, Rainer Maria） 22, 78, 82–83, 99, 119–121
ルナール，ジャン（Renart, Jean） 141–142, 144, 150
ルーベンス，ピーテル・パウル（Rubens, Peter Paul） 39
レオナルド・ダ・ヴィンチ（Leonardo da Vinci） 167
レチフ・ド・ラ・ブルトンヌ（Restif de la Bretonne, N.-E.） 74, 134
ロウズ，ジョン・リビングストン（Lowes, John Livingston） 239
ロゾラート，ギイ（Rosolato, Guy） 76
ロートレアモン（Lautréamont） 106
ロレンツォ・デ・メディチ（Lorenzo de' Medici） 38

本書は一九九八年一〇月二〇日、ありな書房から刊行された。

風水
エルネスト・アイテル
中野美代子／中島健訳
中国の伝統的思惟では自然はどのように捉えられているのか。陰陽五行論・理気二元論から説き起こし、風水の世界を整理し体系づける。（三浦國雄）

コンヴィヴィアリティのための道具
イヴァン・イリイチ
渡辺京二／渡辺梨佐訳
破滅に向かう現代文明の大転換はまだ可能だ！　人間本来の自由と創造性が最大限活かされる社会をどう作るか。イリイチが遺した不朽のマニフェスト。

重力と恩寵
シモーヌ・ヴェイユ
田辺保訳
「重力」に似たものから、どのようにして免れればよいのか……ただ「恩寵」によって。苛烈な自己無化への意志に貫れた、独自の思索の断想集。ティボン編。

工場日記
シモーヌ・ヴェイユ
田辺保訳
人間のありのままの姿を知り、愛し、そこで生きたい――女工となった哲学者が、極限の状況で自己犠牲と献身について考え抜き、克明に綴った、魂の記録。

青色本
L・ウィトゲンシュタイン
大森荘蔵訳
「語の意味とは何か」。端的な問いかけで始まるこのコンパクトな書は、初めて読むウィトゲンシュタインとして最適な一冊。（野矢茂樹）

法の概念〔第3版〕
H・L・A・ハート
長谷部恭男訳
法とは何か。ルールの秩序という観念でこの難問に立ち向かい、法哲学の新たな地平を拓いた名著。批判に応える「後記」を含め、平明な新訳でおくる。

解釈としての社会批判
マイケル・ウォルツァー
大川正彦／川本隆史訳
社会の不正を糺すのに、普遍的な道徳を振りかざすだけでは有効でない。暮らしに根ざしながら同時にラディカルな批判が必要だ。その可能性を探究する。

生き方について哲学は何が言えるか
バーナド・ウィリアムズ
森際康友／下川潔訳
倫理学の中心的な諸問題を深い学識と鋭い眼差しで再検討した現代における古典的名著。倫理学はいかに変貌すべきか、新たな方向づけを試みる。

思考の技法
グレアム・ウォーラス
松本剛史訳
知的創造を四段階に分け、危機の時代を打破する真の思考のあり方を究明する。『アイデアのつくり方』の源となった先駆的名著、本邦初訳。（平石耕）

ポパーとウィトゲンシュタインとのあいだで交わされた世上名高い10分間の大激論の謎

デヴィッド・エドモンズ／ジョン・エーディナウ
二木麻里訳

このすれ違いは避けられない運命だった？　二人の思想の歩み、そして大激論の真相に、ウィーン学団の人間模様やヨーロッパの歴史的背景から迫る。

大衆の反逆

オルテガ・イ・ガセット
神吉敬三訳

二〇世紀の初頭、《大衆》という現象の出現とその功罪を論じながら、自ら進んで困難に立ち向かう《真の貴族》という概念を対置した警世の書。

死にいたる病

S・キルケゴール
桝田啓三郎訳

死にいたる病とは絶望であり、絶望を深く自覚し神の前に自己をすてる。実存的な思索の深まりをデンマーク語原著から訳出し、詳細な注を付す。

ニーチェと悪循環

ピエール・クロソウスキー
兼子正勝訳

永劫回帰の啓示がニーチェに与えたものは、同一性の下に潜在する無数の強度の解放である。二十一世紀にあざやかに蘇る、逸脱のニーチェ論。

世界制作の方法

ネルソン・グッドマン
菅野盾樹訳

世界は「ある」のではなく、「制作」されるのだ。芸術・科学・日常経験・知覚など、幅広い分野で徹底した思索を行ったアメリカ現代哲学の重要著作。

新編　現代の君主

アントニオ・グラムシ
上村忠男編訳

労働運動を組織しイタリア共産党を指導したグラムシ。獄中で綴られたそのテキストから、いま読み直されるべき重要な29篇を選りすぐり注解する。

孤島

ジャン・グルニエ
井上究一郎訳

「島」とは孤独な人間の謂。透徹した精神のもと、話者の綴る思念と経験が啓示を放つ。カミュが本書との出会いを回想した序文を付す。（松浦寿輝）

ハイデッガー『存在と時間』註解

マイケル・ゲルヴェン
長谷川西涯訳

難解をもって知られる『存在と時間』全八三節の思考を、初学者にも一歩一歩追体験させ、高度な内容を読者に確信させ納得させる唯一の註解書。

色彩論

ゲーテ
木村直司訳

数学的・機械論的近代自然科学と一線を画し、自然の中に「精神」を読みとろうとする特異で巨大な自然観を示した思想家・ゲーテの不朽の業績。

倫理問題101問　マーティン・コーエン　榑沼範久訳

何が正しいことなのか。医療・法律・環境問題等、私たちの周りに溢れる倫理的なジレンマから101の題材を取り上げて、ユーモアも交えて考える。

哲学101問　マーティン・コーエン　矢橋明郎訳

全てのカラスが黒いことを証明するには？　コンピュータと人間の違いは？　哲学者たちが頭を捻った101問を、譬話で考える楽しい哲学読み物。

解放されたゴーレム　ハリー・コリンズ／トレヴァー・ピンチ　村上陽一郎／平川秀幸訳

科学技術は強力だが不確実性に満ちた「ゴーレム」である。チェルノブイリ原発事故、エイズなど7つの事例をもとに、その本質を科学社会的に繙く。

存在と無（全3巻）　ジャン゠ポール・サルトル　松浪信三郎訳

人間の意識の在り方（実存）をきわめて詳細に分析し、存在と無の弁証法を問い究め、実存主義を確立した不朽の名著。現代思想の原点。

存在と無Ⅰ　ジャン゠ポール・サルトル　松浪信三郎訳

Ⅰ巻は、「即自」と「対自」が峻別される緒論「存在の探求」から、「対自」としての意識の基本的在り方が論じられる第二部「対自存在」まで収録。

存在と無Ⅱ　ジャン゠ポール・サルトル　松浪信三郎訳

Ⅱ巻は、第三部「対他存在」を収録。私と他者との相剋関係を論じた「まなざし」論をはじめ、愛、憎悪、マゾヒズム、サディズムなど具体的な他者論を展開。

存在と無Ⅲ　ジャン゠ポール・サルトル　松浪信三郎訳

Ⅲ巻は、第四部「持つ」「為す」「ある」を収録。この三つの基本的カテゴリーとの関連で人間の行動を分析し、絶対的自由を提唱。（北村晋）

公共哲学　マイケル・サンデル　鬼澤忍訳

経済格差、安楽死の帮助、市場の役割など、私達が現代の問題を考えるのに必要な思想とは？　ハーバード大講義で話題のサンデル教授の主著、初邦訳。

パルチザンの理論　カール・シュミット　新田邦夫訳

二〇世紀の戦争を特徴づける「絶対的な敵」殲滅の思想の端緒を、レーニン・毛沢東らの《パルチザン》戦争という形態のなかに見出した画期的論考。

自然権と歴史
レオ・シュトラウス
塚崎智／石崎嘉彦訳
自然権の否定こそが現代の深刻なニヒリズムをもたらした。古代ギリシアから近代に至る思想史を大胆に読み直し、自然権論の復権をはかる20世紀の名著。

生活世界の構造
アルフレッド・シュッツ／トーマス・ルックマン
那須壽監訳
「事象そのものへ」という現象学の理念を社会学研究で実践し、日常を生きる「普通の人びと」の視点から日常生活世界の「自明性」を究明した名著。

哲学ファンタジー
レイモンド・スマリヤン
高橋昌一郎訳
論理学の鬼才が、軽妙な語り口ながら、切れ味抜群の思考法で哲学から倫理学まで広く論じた対話篇。哲学することの魅力を堪能しつつ、思考を鍛える！

ハーバート・スペンサーコレクション
ハーバート・スペンサー
森村進編訳
自由はどこまで守られるべきか。リバタリアニズムの源流となった思想家の理論の核が凝縮された論考を精選し、平明な訳で送る。文庫オリジナル編訳。

ナショナリズムとは何か
アントニー・D・スミス
庄司信訳
ナショナリズムは創られたものか、それとも自然なものか。この矛盾に満ちた心性の正体を、世界的権威が徹底的に解説する。最良の入門書、本邦初訳。

日常的実践のポイエティーク
ミシェル・ド・セルトー
山田登世子訳
読書、歩行、声。それらは分類し解析する近代的知が見落とす、無名の者の戦術である。領域を横断し、秩序に抗う技芸を描く。（渡辺優）

反解釈
スーザン・ソンタグ
高橋康也他訳
《解釈》を偏重する在来の批評に対し、《形式》を感受する官能美学の必要性をとき、理性や合理主義に対する感性の復権を唱えたマニフェスト。

声と現象
ジャック・デリダ
林好雄訳
フッサール『論理学研究』の綿密な読解を通して、「脱構築」「痕跡」「差延」「代補」「エクリチュール」など、デリダ思想の中心的〝操作子〟を生み出す。

歓待について
ジャック・デリダ
アンヌ・デュフールマンテル序論
廣瀬浩司訳
異邦人＝他者を迎え入れることはどこまで可能か？ギリシャ悲劇、クロソウスキーなどを経由し、この喫緊の問いにひそむ歓待の（不）可能性に挑む。

省察
ルネ・デカルト
山田弘明訳

徹底した懐疑の積み重ねから、確実な知識を探り世界を証明づける。哲学入門者が最初に読むべき、近代哲学の源泉たる一冊。詳細な解説付新訳。

方法序説
ルネ・デカルト
山田弘明訳

「私は考える、ゆえに私はある」。近代以降すべての哲学は、この言葉で始まった。世界中で最も読まれている哲学書の完訳。平明な徹底解説付。

社会分業論
エミール・デュルケーム
田原音和訳

人類はなぜ社会を必要としたか。社会はいかにして発展するか。近代社会学の嚆矢をなすデュルケーム畢生の大著を定評ある名訳で送る。（菊谷和宏）

公衆とその諸問題
ジョン・デューイ
阿部齊訳

大衆社会の到来とともに公共性の成立基盤は衰退した。民主主義は再建可能か？ プラグマティズムの代表的思想家がこの難問を考究する。（宇野重規）

旧体制と大革命
A・ド・トクヴィル
小山勉訳

中央集権の確立、パリ一極集中、そして平等を自由に優先させる精神構造――フランス革命の成果は、実は旧体制の時代にすでに用意されていた。

ニーチェ
ジル・ドゥルーズ
湯浅博雄訳

〈力〉とは差異にこそその本質を有している――ニーチェのテキストを再解釈し、尖鋭なポスト構造主義的イメージを提出した、入門的な小論考。

カントの批判哲学
ジル・ドゥルーズ
國分功一郎訳

近代哲学を再構築してきたドゥルーズが、三批判書を追いつつカントの読み直しを図る。ドゥルーズ哲学が形成される契機となった一冊。新訳。

基礎づけるとは何か
ジル・ドゥルーズ
國分功一郎／長門裕介／西川耕平編訳

より幅広い問題に取り組んでいた、初期の未邦訳論考集。思想家ドゥルーズの「企画の種子」群を紹介し、彼の思想の全体像をいま一度描きなおす。

スペクタクルの社会
ギー・ドゥボール
木下誠訳

状況主義――「五月革命」の起爆剤のひとつとなった芸術＝思想運動――の理論的支柱で、最も急進的かつトータルな現代消費社会批判の書。

論理哲学入門
E・トゥーゲントハット／U・ヴォルフ
鈴木崇夫／石川求訳

論理学とは何か。またそれは言語や現実世界とどんな関係にあるのか。哲学史への確かな目配りと強靭な思索をもって解説するドイツの定評ある入門書。

ニーチェの手紙
茂木健一郎編・解説
塚越敏／眞田収一郎訳

哲学の全歴史を一新させた偉人が、思いを寄せる女性に綴った真情溢れる言葉から、手紙に残した名句まで――書簡から哲学者の真の人間像と思想に迫る。

存在と時間 上・下
M・ハイデッガー
細谷貞雄訳

哲学の根本課題、存在の問題を、現存在としての人間の時間性の視界から解明した大著。刊行時すでに哲学の古典と称された20世紀の記念碑的著作。

「ヒューマニズム」について
M・ハイデッガー
渡邊二郎訳

『存在と時間』から二〇年、沈黙を破った哲学者の後期の思想の精髄。「人間」ではなく「存在の真理」の思索を促す、書簡体による存在論入門。

ドストエフスキーの詩学
ミハイル・バフチン
望月哲男／鈴木淳一訳

ドストエフスキーの画期性とは何か？《ポリフォニー論》と《カーニバル論》という、魅力にみちた二視点を提起した先駆的著作。（望月哲男）

表徴の帝国
ロラン・バルト
宗左近訳

「日本」の風物・慣習に感嘆しつつもそれらを〈零度〉に解体し、詩的素材としてエクリチュールとシーニュについての思想を展開させたエッセイ集。

エッフェル塔
ロラン・バルト
宗左近／諸田和治訳
伊藤俊治図版監修

塔によって触発される表徴を次々に展開させることで、その創造力を自在に操る、バルト独自の構造主義的思考の原形。解説・貴重図版多数併載。

エクリチュールの零度
ロラン・バルト
森本和夫／林好雄訳註

哲学・文学・言語学など、現代思想の幅広い分野に怖るべき影響を与え続けているバルトの理論的主著。詳註を付した新訳決定版。（林好雄）

映像の修辞学
ロラン・バルト
蓮實重彥／杉本紀子訳

イメージは意味の極限である。広告写真や報道写真、そして映画におけるメッセージの記号を読み解き、意味を探り、自在に語る魅惑の映像論集。

入門経済思想史　世俗の思想家たち
R・L・ハイルブローナー
八木甫ほか訳
何が経済を動かしているのか。スミスからマルクス、ケインズ、シュンペーターまで、経済思想の巨人たちのヴィジョンを追う名著の最新版訳。

分析哲学を知るための
哲学の小さな学校
ジョン・パスモア
大島保彦／高橋久一郎訳
数々の名テキストで哲学ファンを魅了してきた分析哲学界の重鎮が、現代哲学を総ざらい！　思考や議論の技を磨きつつ、哲学史を学べる便利な一冊。

表現と介入
イアン・ハッキング
渡辺博訳
科学にとって「在る」とは何か？　科学は真理を捉えられるのか？　現代哲学の鬼才が20世紀を揺るがした問いの数々に鋭く切り込む！　（戸田山和久）

社会学への招待
ピーター・L・バーガー
水野節夫／村山研一訳
社会学とは、「当たり前」とされてきた物事をあえて疑い、その背後に隠された謎を探求しようとする営みである。長年親しまれてきた大定番の入門書。

聖なる天蓋
ピーター・L・バーガー
薗田稔訳
全ての社会は自らを究極的に審級する象徴の体系、「聖なる天蓋」をもつ。宗教について理論・歴史の両面から新たな理解をもたらした古典的名著。

人知原理論
ジョージ・バークリー
宮武昭訳
「物質」なるものなど存在しない――。バークリーの思想的核心が、平明このうえない訳文と懇切丁寧な注釈により明らかとなる。主著、待望の新訳。

デリダ
ジェフ・コリンズ
鈴木圭介訳
「脱構築」「差延」の概念で知られるデリダ。現代思想に偉大な軌跡を残したその思想をわかりやすくビジュアルに紹介。丁寧な年表、書誌を付す。

ビギナーズ　哲学
デイヴ・ロビンソン文
ジュディ・グローヴズ画
鬼澤忍訳
初期ギリシャからポストモダンまで。社会思想や科学哲学も射程に入れ、哲学史を見通すビジュアルガイド。哲学が扱ってきた問題が浮き彫りになる！

ビギナーズ　倫理学
デイヴ・ロビンソン文
クリス・ギャラット画
鬼澤忍訳
正義とは何か？　なぜ善良な人間であるべきか？　倫理学の重要論点を見事に整理した、道徳的カオスの中を生き抜くためのビジュアル・ブック。

ちくま学芸文庫

スタンツェ　西洋文化《せいようぶんか》における言葉《ことば》とイメージ

二〇〇八年三月十日　第一刷発行
二〇二一年四月二十日　第三刷発行

著者　ジョルジョ・アガンベン
訳者　岡田温司（おかだ・あつし）
発行者　喜入冬子
発行所　株式会社　筑摩書房
東京都台東区蔵前二―五―三　〒一一一―八七五五
電話番号　〇三―五六八七―二六〇一（代表）
装幀者　安野光雅
印刷所　株式会社精興社
製本所　株式会社積信堂

ISBN978-4-480-09131-4 C0170